John Bentley Mays
In den Fängen der schwarzen Hunde

John Bentley Mays

In den Fängen
der schwarzen Hunde

Mein Leben mit der Depression

Aus dem Amerikanischen von Sonja Hauser

Mit 11 Abbildungen

Piper
München Zürich

Die Originalausgabe erschien 1995 unter dem Titel
»In the Jaws of the Black Dogs«
bei Viking/The Penguin Group, Toronto.

Abbildungen: © Richard Rhodes

Redaktion der deutschen Ausgabe:
Ingrid Veblé-Weigel

ISBN 3-492-03995-2
© John Bentley Mays, 1995
Deutsche Ausgabe:
© Piper Verlag GmbH, München 1999
Satz: Satz für Satz. Barbara Reischmann, Leutkirch
Druck und Bindung: Ebner Ulm
Printed in Germany

Für Stephen Godfrey,
der dieses Buch nicht lesen wird

INHALT

ZUR DEUTSCHEN AUSGABE

In den Fängen der schwarzen Hunde ist eine ganz persönliche Auseinandersetzung mit der chronischen Depression, keine medizinische Abhandlung. Aber meine Geschichte wäre alles andere als vollständig ohne die – in manchen Fällen hilfreichen, in anderen Fällen schlicht wirkungslosen (oder bisweilen auch schrecklichen) – Behandlungsmethoden für diese furchtbare Krankheit, die im Lauf der Jahrhunderte erprobt wurden.

Besagte Behandlungsmethoden haben oft zu Kontroversen Anlaß gegeben, die sich in Nordamerika Mitte der neunziger Jahre, also in der Zeit, als ich das vorliegende Buch fertigstellte, besonders zuspitzten. Genau wie andere Beobachter nahm ich diese Debatte ernst und schrieb auch ernsthaft darüber. Die entsprechenden Passagen dieses Buches über die psychiatrischen Auseinandersetzungen jener Jahre sind mir alles andere als peinlich, obwohl ich ziemlich erstaunt war, als die Diskussionen sich genauso schnell wieder verzogen, wie sie aufgekommen waren, fast wie ein Sommergewitter. Aus diesem Grund erscheint mir ein kurzes Vorwort zur deutschen Ausgabe angebracht.

Von den erstaunlichen Hoffnungen, die so mancher Psychiater einmal in Prozac (Fluctin) als Wundermittel gegen die Depression setzte, und über die in dem vorliegenden Buch ausführlich berichtet wird, ist heutzutage kaum noch die Rede. Fast alle informierten Patienten und Ärzte wissen, daß Prozac und verwandte Mittel die Symptome der Depression bei vielen (wenn auch nicht allen) Menschen zumindest eine Weile bis zu einem gewissen Grad (wenn auch nicht vollständig) lindern. Mehr können wir vermutlich von einem Medikament gegen eine so merkwürdige und schwer zu fassende Krankheit auch nicht verlangen.

Verstummt ist zum Glück – zumindest in Nordamerika – auch die heftige, viel diskutierte Polemik der Scientologen gegen Prozac, die in dem vorliegenden Buch als ernsthafte Bedrohung des Wohlbefindens leichtgläubiger oder auch nur von der Ungenauigkeit der Medizin frustrierter Depressiver zitiert wird. Der Rückzug der Scientologen aus der Debatte läßt sich leicht erklären. Das Urteil über die Medikamente ist gefällt; sie haben sich als sicher und wirksam erwiesen. Die Fortschritte der pharmazeutischen Industrie besonders im Hinblick auf Psychopharmaka haben ein Umfeld geschaffen, in dem unzählige Depressive nicht mehr nur von Hilfe träumen müssen, sondern sie tatsächlich erhalten können.

Natürlich meine ich hier die Depressiven, die wissen, was los ist mit ihnen, die ihrem Arzt glaubwürdig ihre Symptome erklären können und begreifen, wie die Behandlungsmöglichkeiten aussehen – und die natürlich auch das Geld haben, die Behandlung zu bezahlen, für die sie sich entscheiden.

Viele Menschen jedoch, die unter Depressionen leiden, sind zu alledem nicht in der Lage. Zahlreiche Sprachen und Kulturen besitzen keine Terminologie für die klinische Depression. Sie haben lediglich verächtliche Ausdrücke für diejenigen, die mit der Mattigkeit sowie der Lähmung des Geistes und der Seele, welche so typisch für die Krankheit sind, zu kämpfen haben. Gesundheitsorganisationen in den ärmeren Ländern der Welt haben oft nicht genug Mittel, um die teuren Medikamente zur Verfügung zu stellen, die helfen könnten, die Depression zu lindern – eine Krankheit, die keinerlei Rücksicht auf Rasse, Religion, Geschlecht, kulturellen und wirtschaftlichen Hintergrund nimmt. Um einen Aspekt würde ich das vorliegende Buch gerne ergänzen: Um die Forderung nach besserer Information über die kulturellen Hürden, die Depressive überwinden müssen, und nach größerem Einfühlungsvermögen seitens der Regierungen und Gesundheitsexperten. Ansonsten würde ich kein einziges Wort an diesem Buch verändern wollen.

Toronto, im Januar 1999   *John Bentley Mays*

Depression schreiben

Dieses Buch ist ein Leben mit den schwarzen Hunden der Depression. Ich habe es auf einer dickichtbegrenzten Lichtung geschrieben und mich beim Schreiben manchmal gefragt, ob ich es fertigstellen würde, bevor die mörderischen Hunde auf leisen Pfoten wiederkämen, um den Text und mich fortzuschleppen. Denn wer unter Depressionen leidet, kann nie sicher sein, daß er das, was er gerade begonnen hat, auch zu Ende führen wird; sicher ist für ihn letztlich nichts, nur, daß die schwarzen Hunde irgendwann zurückkommen werden, wenn sie lange genug ihre Kreise um die Lichtung gezogen haben.

Manchmal tauchen sie ganz überraschend auf, verwirrend für den, der mit ihren Gewohnheiten nicht vertraut ist. Das kann an einem zarten Frühlingsmorgen sein, wenn eine leichte Brise die Ahnung von neuem Leben herüberweht. Es kann in jenen wunderbaren Wochen sein, wo im Garten die ersten Triebe die Erde und die graue Schneekruste beiseiteschieben, um in die kalte Luft hinauf zu stoßen und Knospen zu treiben. Die Hunde können wiederkommen, wenn wir gerade dabei sind, unser Lieblingsspiel zu gewinnen, oder unmittelbar bevor wir eine Arbeit zum Abschluß bringen wollen, die unsere Karriere abrunden oder uns einen langgehegten Traum erfüllen wird, oder während wir gerade in erotischer Stimmung sind oder ein Anklang von sehnsüchtigem Verlangen sich anschickt, die Monotonie unseres Lebens zu durchbrechen.

Die schwarzen Hunde kehren unter Umständen auch in Gestalt des vertrauten Elends wieder – nach einem Versagen, einem gesellschaftlichen Fauxpas oder einer langen Zeit der Unentschlossenheit –, denn Menschen, die unter chronischen Depressionen leiden, haben mit den gleichen Kränkungen, Verlusten, Frustrationen, Schwierigkeiten und Ärgernissen zu kämpfen wie der Rest der Menschheit.

Aber wir wissen auch um andere Dinge, von denen Menschen ohne Depressionen nur aus der Ferne oder durch den Zerrspiegel der Sprache etwas mitbekommen. In diesem Buch geht es genau darum: Wie die Gedanken plötzlich verschwimmen und sich zerstreuen, ohne Vorwarnung oder Anlaß, wie sich üppige Felder unvermittelt in Wüsten verwandeln; darum, daß man der Lust und des Mitgefühls beraubt wird – man vergießt Tränen ohne Ende, leidet Qualen ohne Grund und Erklärung, ohne Sinn und Wert.

Dies ist auch ein Buch über die Sehnsucht, die Sehnsucht, Teil der weinenden, jauchzenden Menschheit rund um mich herum zu sein – und über das Wissen um die Strafe, die die schwarzen Hunde den Depressiven in ihrer Sehnsucht nach einer solchen Erfüllung auferlegen. Immer wieder hat man mir Liebe geschenkt; dann spürte ich den Funken der Liebe auch in mir, doch schon bald züngelte nur noch die Flamme des verzweifelten Hasses gegen den, der mir seine Liebe schenken wollte. Ich erlebte, wie meine niedergedrückte Seele beim Anblick der Freude eines anderen von Langeweile oder Neid gepackt wurde – und in solchen Augenblicken wäre mir der Tod lieber gewesen als wieder einmal die Isolation inmitten des Glücks der anderen.

Es gibt sehr viele Bücher über Depression. Das vorliegende gehört nicht dazu. Es ist *geschriebener*, nicht *beobachteter* Schmerz; der Text eines depressiven Schriftstellers, ein Testament, die verwundete menschliche Natur aufs Papier übertragen, ins Helle, auf die Lichtung im dunklen Wald, bevor die schwarzen Hunde unentrinnbar zurückkommen.

Wenn ich meine Tagebücher der letzten dreißig Jahre durchgehe, kann ich genau ausmachen, wann die Hunde jeweils begonnen haben, ihre Kreise um die Lichtung zu ziehen. Es sind die Augenblicke, in denen sich ganz allmählich Lügen in das Webmuster der Tagebucheinträge schleichen. Anfangs sind diese neuen Lügen noch klein, halbwegs plausible Erklärungen für die ersten Unregelmäßigkeiten in den vorhersehbaren Rhythmen des Lebens, die ersten Risse im Gefüge der gesellschaftlichen Rituale.

Wenn ich mit der vertrauten Lethargie aufwachte, es nicht schaffte aufzustehen und mich vor dem Mittagessen anzuziehen, oder wenn ich den Nachmittag damit verbrachte, diese seltsamen kleinen Depressionstränen zu weinen – da haben wir die Lüge schon –, dann lag das nur an dem trübseligen Geräusch, wenn der Wind den Winterregen gegen die Fensterscheiben trieb, oder an der bitteren, unerbittlichen Kälte, die der Februar manchmal mit sich bringt. Und wenn das Wetter wunderbar war, dann fiel mir schnell irgendein anderer Grund ein. (Das Leben mit der Depression macht einen im Lauf der Jahre ziemlich erfinderisch.)

Natürlich hatte das Wetter nichts mit diesen Gedanken zu tun. Schlechtes Wetter macht viele ganz gesunde und vernünftige Menschen niedergeschlagen – aber weil ich nicht so vernünftig bin, lasse ich mich davon vielleicht auch nicht so stark beeinflussen. Wenn ich nicht gerade in meinem Lügentopf herumrühre, genieße ich die kältesten Tage des Winters sehr – den strahlend lobelienblauen Himmel, den fahlseidenen Sonnenschein auf blühenden weißen Narzissen, der die Luft erwärmt. Abgesehen von den schweren Sommergewittern liebe ich den kalten Herbst- und Frühlingsregen am meisten.

Doch sobald mein stummer alter Feind sich wieder anschleicht, vergesse ich das alles und gebe den Dingen die Schuld, die am nächsten liegen – manchmal sogar dem Wetter, das ich normalerweise genieße. Dann wirbeln Gedanken über meine Wertlosigkeit wirr in meinem Kopf herum und vertreiben alle freundlicheren Gedanken; und schon bald entgleitet eins nach dem anderen meiner Kontrolle. Ich bezahle keine Rechnungen mehr, bringe den Müll nicht mehr hinaus, lasse die Bücher ungelesen neben meinem Stuhl liegen, schreibe nicht an meinem Artikel weiter. Dann habe ich mit all jenen Dingen zu kämpfen, für die ich *alles andere*, nur nicht meine Depressionen verantwortlich mache: die unangenehme Trockenheit des Geistes, die gelähmte Wahrnehmungsfähigkeit für alles, was schön ist und angenehm, die sich hinziehende Erschöpfung, der nicht beizukommen ist. Und am allerschlimmsten: das Bild der nahenden Hunde, das sich in mein Hirn einbrennt, das Bild meiner selbst als überflüssig, als Abfall, als Ruine.

Unerledigte Dinge beginnen sich anzusammeln, sich wie eine Schlammschicht um meine Beine aufzutürmen, werden mehr und mehr zu einem dicken Sediment von Nichtstun, von Nichtwertsein etwas zu tun. Die widerwärtige Schicht wächst und wächst; die Erschöpfung, ja Lähmung, läßt sich nicht mehr beeinflussen, und irgendwann stehe ich völlig bewegungsunfähig da, in steinhart gewordener Galle.

Die Lügen – *das ist nur das Wetter, um die Jahreszeit ist es immer so* – beschränken sich auf meine Tagebucheinträge und meine einsamen Grübeleien in einer Zeit, als meine Umwelt schon längst die Symptome wahrgenommen hatte. Es hat keinen Sinn, meine Frau oder meine Freunde anzulügen, die mit diesen Symptomen zu vertraut sind, als daß ich sie täuschen könnte. Weil sie diese Krankheit und das, was sie ihnen und mir angetan hat und immer wieder antut, verabscheuen, sind sie nicht mehr gewillt, meinen grundlosen Klagen geduldig zu lauschen. Also schreibe ich, oder besser gesagt: Die Depression schreibt *mich* – jede Träne ein Buchstabe; jedes Wort in der dämonischen Litanei des Selbsthasses ein Teil des höllischen Vokabulars, das wahrscheinlich so alt ist wie die Welt.

Dann kommt das Ende der Lügen und des Selbsthasses und der Selbstvorwürfe; dann nähern sich die schwarzen Hunde. Die Lügen hören auf. Oder, genauer ausgedrückt: Das *Melodrama*, das Dahinsiechen in den abgedroschenen, verlogenen Phrasen der Sprache hat ein Ende. All das macht einer neuen, emotionslosen »Objektivität« Platz. Ich nehme mich selbst als Beute wahr.

In präzisen Tagebucheinträgen gestehe ich mir schließlich die Rückkehr der Depression ganz offen ein. Ich liste die immer stärker werdenden Symptome auf, wobei ich hin und wieder noch durch einen wohlbekannten klagenden Kommentar eine leichte Schärfe hinzufüge, häufiger jedoch komme ich ohne aus. Die Liste sieht immer gleich aus: Lustlosigkeit, Erschöpfung, eingeschränkte Konzentrationsfähigkeit, Unfähigkeit, die leichtesten Aufgaben zu erledigen; Kopfschmerzen, das Schwinden der Lebensfreude und -ziele. Doch die analytische Sprache, die ich bemühe, entspringt nicht meinem Herzen oder meinem Geist; sie ist genauso wenig originell wie meine wiederholten Klagen. Sie entstammt vielmehr Fallstudien und medizinischen Berichten, ist das Porträt eines namenlosen, ausgelöschten Niemand, des Gegenstands wissenschaftlicher Literatur über die Depression.

Ich habe die Texte gelesen, die mir jetzt einen Sinn für Ordnung geben, vorgeblich, um mich mit der wissenschaftlichen Sprache der Depression zu befassen – doch eigentlich ging es mir darum, mich mit der Seh- und Schreibweise dieser Texte zu beschäftigen. Das ist die Poesie des Skalpells, des spritzenden Blutes, des Entblößens von Haut-, Fett-, Muskelschichten, der Erforschung des Nichts im Innern mit der Spitze schimmernden Metalls. Wenn ich mich selbst als *Fall* beschreibe, nehme ich mich auf angenehm obszöne Weise als Objekt wahr. Die verschärfte Subjektivität schwindet, jetzt, da die Zyste, die *Seele*, geöffnet ist; das, was übrig bleibt, ist Fleisch, getötet durch das Eindringen medizinischer Autorität, erstarrend, erkaltend.

Daß wir so ruhig über den Tod reden, werden Menschen, die nicht unter Depressionen leiden, wahrscheinlich am allerwenigsten verstehen. Auch mir macht es Mühe, mich an jene dunkle Seligkeit zu erinnern, weil ich jetzt aus einem anderen Frieden heraus schreibe. Aber so viel weiß ich noch: Daß alles nur noch verachtenswert und unecht erscheint – Musik und Kunst, die Schönheit der wilden Blumen am Straßenrand oder des blauen Winterhimmels, der Geruch der feuchten, sich allmählich erwärmenden Erde im Frühling. Vielleicht ist der Tod gar nicht mehr so abscheulich, wenn die einzige Alternative der Selbsthaß ist, wenn man seine Zeit damit vergeudet, sich in Tränen aufzulösen, in Selbstmitleid zu zerfließen, sich in die Isolation einzuschließen.

Wenn die schwarzen Hunde sich nicht zurückziehen – was sie oft auf rätselhafte Weise tun, wobei sie uns jeder moralischen Kraft und psychischen Energie beraubt zurücklassen –, dann ist der seelische Boden bereitet, mit den süßen Todesphantasien vollgesogen, aus dem diese Art dunkler Seligkeit aufkeimen kann.

Nicht allen Depressionen schenken die schwarzen Hunde diesen perfekten Abschied, bevor sie uns töten, mit unseren eigenen Händen. Ich habe diese absolute Ruhe nur ein paarmal erlebt. Wenn sie kam, schwanden alle Ängste vor der Qual des Selbstmordes wie die Nebel vor der Sonne eines neuen Tages. Dann waren meine Gedanken erfüllt von der Aussicht auf den endlosen Frieden jenseits jener unmittelbar bevorstehenden, in meinen Augen nur noch sehr kleinen Störung, des leichten, fast schmerzlosen Einschnittes oder Schrittes, der notwendig wäre, um in jenes absolute, friedliche Nichts zu gelangen.

Die mörderischen Qualen, die mich in Chaos und gräßliche Schwierigkeiten getrieben hatten, waren verschwunden. In meinem Innern war es klar und ruhig, und ich konzentrierte mich nur noch auf die Dinge, die zu meinem Selbstmord führen würden. Was blieb, war, mit Michel Foucaults Worten ausgedrückt, »ihn zu schmücken, die Einzelheiten zu arrangieren, die Bestandteile zu finden, ihn sich vorzustellen, ihn sich zu wählen, Rat darüber einzuholen, ihn zu einem Werk ohne Zuschauer zu gestalten, das nur für die eigene Person existiert, ausschließlich für jenen kürzesten kleinen Augenblick des Lebens«.[1]

Ein jüdisches Sprichwort warnt: *Man muß sich in acht nehmen vor einem stillen Wasser, vor einem stillen Hund und vor einem stillen Feind.*[2]

Der Ratschlag ist wunderbar, wenn auch unbrauchbar. Die Depression wohnt in Dunkelheit und Stille, und deshalb erahnen wir sie nicht und sind auch nicht in der Lage, ihr auszuweichen. Sie lauert im Gefüge und in den tieferen Schichten der Sprache und erzeugt etwas, das vielleicht wie eine Variante des ganz alltäglichen Lebens erscheint, es aber nicht ist. Die Depression ist »ein *anderes* Leben«, schreibt die französische Psychoanalytikerin Julia Kristeva. Mit dem normalen Erleben und Überleben anderer Menschen verglichen handelt es sich dabei lediglich um eine Simulation, »unlebbar, schwer von Alltagssorgen, vergossenen oder zurückgehaltenen Tränen, völliger Verzweiflung, manchmal glühend heiß, dann wieder matt und leer, ein unbelebtes Dasein, das, obwohl bisweilen angespornt durch meine Bemühungen, es zu verlängern, jederzeit zum Sprung in den Tod bereit ist«.[3]

Es ist nicht nur ein Leben, das keinem anderen gleicht, sondern auch ein einzigartiges Übel: Es hat nichts mit dem Verfall des Fleisches oder plötzlichen Krankheiten zu tun. Es tötet nicht unmittelbar, zum Beispiel durch die Zerstörung eines lebenswichtigen Organs; es entstellt nicht dauerhaft das Gesicht und richtet auch keinen Schaden an Drüsen oder Venen an, den ein Chirurg feststellen könnte. Obwohl die Psychiater die Depression weiterhin als Krankheit betrachten, läßt sie sich nicht durch Feuer, Gift oder Skalpell auslöschen. Anders als eine kranke Leber oder ein Magentumor wiegt sie nichts; wie ein Vampir wirft sie keinen Schatten.

Jedenfalls bleibt sie so lange ohne Schatten, bis sie sich mit Hilfe der Sprache zur Sichtbarkeit verdichtet. Dieses Buch ist ein Versuch, das Unsichtbare sichtbar zu machen. Es ist nicht immer in sich schlüssig, eine Mischung aus unterschiedlichen Stimmen und Klängen. Es ist zum Teil das, was die Ärzte sehen und hören, aufschreiben und Depression nennen: das vom Kummer umwölkte Gesicht, das Jammern und Selbstmitleid, die zusammengesunkene Gestalt auf dem Stuhl.

Es besteht auch aus einer Reihe von Kommentaren und unterschiedlichsten Tagebucheinträgen. Manche dieser Einträge triefen vor Wut und dem Wunsch nach Selbstauslöschung; von anderen verstehe ich selbst nur ein Wort hie und da. Wenn diese Texte hier aufgenommen, in diesem Buch festgehalten sind, manchmal auch wider mein besseres Wissen, dann geschieht dies nicht zu dem Sinn und Zweck, den Leser anzuekeln oder zu verwirren, sondern ihm, auf die einzige Weise, die mir bekannt ist, den verrückten Haß zu zeigen, den wir immer wieder insgeheim gegen uns selbst richten – diese Wahrheit würde aus dem Blick geraten, wenn hier lediglich in wohlgeformten Umschreibungen oder einer Art »Objektivität« berichtet würde.

Aus Gründen, die ich nicht erklären kann, vielleicht auch aus keinem erfindlichen Grund, habe ich jenen abgrundtiefen Haß kennengelernt, bin jedoch am Leben geblieben, um über ihn schreiben zu können.

Andere, viele andere, hatten nicht die Gelegenheit dazu. Deshalb ist dieses Buch nicht nur »ein anderes Leben«, sondern auch so etwas wie ein Rätsel, allein deswegen, weil ich und der Text existieren. Unter chronischen Depressionen zu leiden und darüber zu schreiben, ist in gewisser Hinsicht ein Widerspruch in sich.

Das heißt nicht, daß jede Depression notwendigerweise im Tod enden muß. Nein, viele haben die schwarzen Hunde im Dämmerlicht des Waldes erblickt, sind von ihnen in ihre Höhle verschleppt worden, und haben es trotzdem überlebt. Wir wissen eigentlich nur mit letzter Sicherheit, daß die Hunde unsere Zerstörung, unseren Tod wünschen; abgesehen davon wollen sie unsichtbar bleiben, von niemandem wahrgenommen. Wenn ich in diesem Buch in einem ganz bestimmten Sinn das Schicksal herausgefordert habe, dann nur, um die schwarzen Hunde vorzuführen.

Ich habe nicht vor, dieses Buch als seriöse oder maßgebende Fachpublikation erscheinen zu lassen. Freud hat einmal über einen Autor wie mich geschrieben: »Endlich muß uns auffallen, daß der Melancholiker sich doch nicht ganz so benimmt wie ein normalerweise von Reue und Selbstvorwurf Zerknirschter. Es fehlt das Schämen vor anderen, welches diesen letzteren Zustand vor allem charakterisieren würde, oder es tritt wenigstens nicht auffällig hervor. Man könnte am Melancholiker beinahe den gegenteiligen Zug einer aufdringlichen Mitteilsamkeit hervorheben, die an der eigenen Bloßstellung eine Befriedigung findet.«[4]

Es hat mir große Freude bereitet, dieses Buch zu schreiben – vermutlich sollte man es deshalb mit Argwohn betrachten. Die aufdringliche Mitteilsamkeit, die Freud als charakteristisch für neurotisches Verhalten erachtet, ist im Grunde ein brodelndes Schweigen, der Wille zu verbergen, den wir nicht immer ganz auslöschen können, nicht einmal dann, wenn wir versuchen, die Depression in ihrer ganzen Komplexität zu schreiben.

Sie sind also gewarnt.

KAPITEL EINS

Eine Kindheit im Licht

Am Anfang waren der Sommer und Spring Ridge, die Baumwollplantage meines Vaters im Süden, sowie mein Zimmer in der Morgendämmerung, der kalte Kamin und die kleinen gelben Möbel, erhellt vom ersten Schein der Sonne, zerschnitten durch den Schatten der grünen Lamellen an den Fensterläden. Immer, am Anfang: Ich in meinem Zimmer in dem Haus des zornigen Schweigens am Rande des Grundes von Spring Ridge, mitten in den Hügeln von Louisiana, landeinwärts vom Red River.

Unweit östlich des Hauses verlief undeutlich der Saum des weiten, feuchten Tieflandes, ein allmähliches Absinken des Bodens zu den Sümpfen und Altwassern, die sich träge zwischen Schlammwällen zum Fluß wanden. Ich war kaum älter als vier, unwesentlich größer als ein Hund, und schlich mich auf dem Weideland beim Haus an Grillen heran, pflückte ganz allein Brombeeren in den Büschen, grub im warmen Schlamm des Baches nach Flußkrebsen – alles, um nicht in das zornige Haus zu müssen. Wenn nicht gerade die schwarze Mammy oder die weiße Mutter rief, folgte ich fremden Geräuschen und Spuren immer weiter hinein ins Dickicht und Gestrüpp.

Die Mokkassinschlangen – häßlich, übellaunig, die Backen gefüllt mit Gift, aber zu träge, um wirklich gefährlich zu sein – erwachten beim Klang meiner Schritte aus ihrem kühlen Schlaf, rollten von den Baumstämmen ins sonnengefleckte Wasser und schlängelten sich über den warmen sumpfigen Flußarm weg. Ich wußte, daß es hier irgendwo Alligatoren gab, und ich sehnte mich danach, einen von ihnen aufzuspüren – monströs, urweltlich, dösend im warmen Wasser, das schwielige Maul und die kalt funkelnden Augen knapp über der Wasseroberfläche. Doch ich sah nie einen.

Am Anfang waren das Zimmer auf der südlichen Seite meines zornigen Vaterhauses, und das erste Licht der sommerlichen Morgendämmerung, dann der Lastwagen und mein Vater, der mich auf die Ladefläche hob, hoch zu den Arbeitern, die zu weit weg wohnten, um zu Fuß zu kommen. Wir machten unsere

Runde mit dem Pickup Truck im frühen Licht – mein Vater, sein Vormann und ich –, um die Feldarbeiter in ihren Hütten tief in den Kiefernwäldern oder am Ende schmaler Feldwege abzuholen, die sich in den Wäldern verloren und irgendwann zu den Häusern führten, in denen die Arbeiter wohnten, so tief drinnen im Gestrüpp, daß wir sie niemals sahen. Ich erinnere mich an den wundervollen Duft der Kiefernholzfeuer an den sehnigen schwarzen Armen der Arbeiter und in ihrer Kleidung.

Mittags, wenn von Vaters Truck ein Hupzeichen kam, führte mich Big Joseph, der seinem patriarchalischen Namen alle Ehre machte und mit dem zusammen ich am Morgen Baumwolle pflückte, an seiner sanften schwarzen Hand zum schattigen Rand der Felder. Dort pißte er schwer wie ein Pferd ins Unkraut, und dann aßen wir die Brote, die wir dabei hatten, während mein Vater neben dem Pickup Truck mit weißen Männern in khakifarbenen Hosen, khakifarbenen Hemden und schwarzen Ledergürteln redete. Nach dem Essen breitete Big Joseph meine Decke im Schatten der Büsche am Feldrand aus, damit ich ein bißchen schlafen konnte.

Von meinen Nachmittagsschläfchen erinnere ich mich an folgendes: an den Glanz des Sonnenlichts auf den Brombeeren, die in Trauben von den Dornengestrüppen hingen; an die weiß glühende Sonne, vor der sich die dunkle Silhouette über mir abhob; an Big Josephs sanfte Stimme, jetzt weit, weit weg, die mir sagte, ich solle zu ihm auf die Felder kommen, wenn ich etwas brauchte; schließlich die Stimme meines Vaters, noch weiter weg und immer undeutlicher, die mit den weißen Männern in khakifarbenen Hosen und Hemden sprach, ganz weit weg.

Die spätnachmittägliche Luft stand träge und staubig über den Feldern; die Arbeiter schleppten ihre vollen Baumwollsäcke durch das goldene Licht der untergehenden Sonne langsam zum Pickup Truck meines Vaters, ich mitten unter ihnen, meine kleine weiße Hand in Big Josephs riesiger schwarzer.

Wenn wir dann nach dem Essen im Haus saßen, das sommerliche Tageslicht hinter den trockenen Bäumen schwand, die

Leuchtkäfer sich unter Myrten und Magnolien vom Rasen erhoben und der Haß im Haus zusammen mit der Dunkelheit heraufstieg, hörte ich die Stimme von Präsident Roosevelt im dunkel getäfelten Salon, die Botschaft vom Krieg aus dem gewölbten dunkelbraunen Gehäuse des Radios.

Ich war nicht gern in dem Raum, wenn düsteres Schweigen sich zwischen Mutter und Vater, Eltern und Kindern herabsenkte wie ein schwerer Vorhang. Also verschwand ich in einen anderen Teil des Hauses, in Essies oder Mammys Hände, die den Staub des Feldes und den Schweiß des Tages von meinem nackten, weißen Körper schrubbten, in die trübe Brühe in der Wanne.

7. November 1964

Trockenes Laub raschelt auf dem Gehsteig, zerbröselt unter meinen Füßen, unter trockenen Ästen, die von Tag zu Tag kahler werden ... Die erste Woche im November und so wenig geschafft; die Zeiger der Uhr kreisen durch die Stunden, und ich habe keine Zeit dort – am liebsten würde ich die Zifferblätter aller Uhren zerbrechen und die Glocken abschaffen ...

Die Blätter auf den Hügeln sind bunte Fahnen, die dem Himmel verkünden, daß die Erde nicht aufgeben wird, und wir werden im Licht neu erstehen. Fahnen aus verrottendem Stoff werden von den Zerstörern nur als ramponierte Symbole anderer Zerstörer, Ausbeuter des Bodens, erinnert. Aber die Fahnen der Blätter werden weiter existieren, sogar in unserer zerstörerischen Zeit, im panischen Schrecken, mich umzudrehen und mich immer dort vorzufinden, das Objekt meiner Wünsche und letztendlichen Auslöschung. Meine Absichten werden unrein. Ist dies der unausweichliche magnetische Norden meiner Sehnsucht – ich, Stahlspitze, verhärtet zu einem Menschen, der die Sünden des Vaters in die künftigen Generationen trägt?

24

Von dem Licht, das ich als Kind liebte, war mir nichts wertvoller als das Abendleuchten, das sich unter dem Pekanbaum und in den Rosengärten meiner Großmutter sammelte, sich langsam verstärkte, bis sich die Leuchtkäfer von Gras und Büschen erhoben und sich schließlich über den Rasen treiben ließen.

Auf diesem duftenden Stück Land, rund um das geräumige Haus meiner Mutter, rund um das rosig-gelbe Haus mit dem weißen Rahmen, in dem Hügelstädtchen Greenwood – niemals im Haus meines Vaters weiter unten, in Spring Ridge – lag das emotionale Zentrum all dessen, was ich war und später sein sollte.

Die sanfte Abenddämmerung verweilte ein bißchen auf der südlichen Veranda, ein Schimmer nur noch, der langsam hinter den großen Feigenblättern verglühte. Der üppige Geruch des Zigarrenrauchs von meinem Großvater und den Plantagenbesitzern und den Händlern der Gegend hing in der Luft, wenn die Männer mit ihren weißen Hemden und dunklen Krawatten rauchten und sich mit meinem Vater und Großvater über die Baumwolle, die Politik, den Krieg und das Wetter unterhielten. Das hier war mein Frieden, inmitten der Männer, die in der warmen Abendluft, gekühlt durch den Deckenventilator auf der Veranda, redeten.

Während sie redeten, saß ich zu Füßen dieser Männer und spielte mit den Spielsachen, mit denen schon mein Vater in jenem Haus gespielt hatte, mit seiner gußeisernen, bemalten Eisenbahn, seinen Buchstabenwürfeln aus Holz: Und obwohl ich weder die Bedeutung der Buchstaben auf den Würfeln noch die in den Büchern kannte, sah ich mir die bunten Bilder in seinen riesigen, zerlesenen »Buster Brown«-Comicbüchern im ersterbenden Licht an.

Manchmal wurde ich auch unruhig und ging hinein, zu den verglasten Bücherregalen in der Bibliothek, und holte einen Band heraus, den meine Großeltern, mein Vater und Tante Vandalia, seine Schwester, schon viele Jahre vor mir geliebt hatten. Ich erinnere mich an den Geruch vergilbenden edwardianischen

Papiers, an tanzende Blumenkinder auf bunten Lithographien, an die Brüchigkeit der Seiten, die vom zu häufigen Lesen eingerissen waren.

Dann wieder, wenn die Männer Zigarren rauchten und die Frauen Limonade tranken im Salon, ging ich in den Flur, wo das schwarze Grammophon stand, schob eine schwere, harte Scheibe aus dem Stapel in dem Schränkchen daneben hinein, betätigte die Kurbel, setzte mich, die Knie bis zum Kinn hochgezogen, auf die Treppe und hörte mir ein ums andere Mal die knisternden Aufnahmen der schönsten Stimmen auf der Welt an, aus der Zeit vor dem anderen Krieg, als mein Vater noch ein Junge war.

In jenem Haus der Musik, in den Räumen mit den dunklen Holzstühlen und -tischen, den Narzissentapeten, inmitten des Geruchs von Puder und alten Papieren meiner Großmutter und Plätzchen, die die Köchin meiner Großmutter buk – dort, nur dort, im Geruchsgedächtnis jener vergangenen Architektur, ist jene Abenddämmerung, in der ich einst den Rest meiner Tage erleben wollte, und in die ich in meinen Träumen immer noch zurückkehre.

Ich werde Sie mit der Sprache an jenen Ort führen, Sie glauben machen, daß ein so wunderbarer Ort tatsächlich existierte – und weil Sie glauben wollen, werden Sie auch glauben, und mich wird es mit Befriedigung erfüllen, wenn Sie den Zauber nachempfinden.

30. September 1965

Ich wäre gern eine Motte, unbeeindruckt von Kerzen, angezogen nur vom großen Feuer, damit ich den Schein mit meiner Asche noch heller machte.

Dann verschwindet der Schatten, der Todesschatten, der auf den Pfad des Jungen fällt, auf seine zerfetzten Überreste. Denn wieder sitzt der Peiniger an der Tür; Harpyien lauern über der Tür, sie putzen ihr ölig schwarzes Gefieder – Wieder werfen Erinnerung und Furcht ihre Schatten auf den Schutzwall des Geistes. Ich glaube, Gott ist der Gott des Friedens und der Vernunft – nicht der lauernden Ängste, die mich in der schrecklichen Nacht heimsuchen ...

Vergangene Nacht lag ich auf meinem schmalen Bett auf dem Rücken, als Gott sich ins Nichts zurückzog, und ich hörte das Schlagen unheilverkündender Flügel, die die Saat meines Körpers mit dem Wind auf felsigen Boden trugen, in den mondlosen Himmel ... Ich habe die schrecklichen, zuckenden Flügel der unheilbringenden Engel gehört, den Schlaf im fahlen Lakenblitz ihrer Nähe erstickt.

Heute, jetzt, schreibe ich im Friedhof meiner Familie oben auf dem Hügel, auf dem zerbrochenen Webstuhl der Gebeine, auf dem mein Körper in Dunkelheit gewebt wurde. Mein Vater, mein Großvater, meine Onkel – Fleisch, begraben und verwest, vor so vielen Jahren begraben, jetzt die Ruinen von begrabenen Körpern, still im schwächer werdenden Licht des späten Nachmittags – die Sonne, geschmolzen, fällt hinter den Bäumen in die Nacht, hinter den grünen, von der spätsommerlichen Hitze müden Bäumen, bereit für den ersten Frost, noch Monate entfernt.

Ich werde nie wieder hierher kommen, nie wieder Veilchen auf das Grab meines Vaters legen ... und der Chor der Grillen und Heuschrecken, die sich in den müden Ästen der Friedhofsbäume sammeln, eine tödliche Klangflut in den Büschen – dieser wissende, theologisierende, rationale Kontinent bin ich, bin zugrunde-gerichtet und nutze mich ganz allmählich ab, durch die Wellen jener trockenen Musik ...

Ich stehe ganz kurz vor der Vereinigung unentfremdeter Realität, vor dem Tod, den ich suche, der mich sucht – doch die Versöhnung findet noch nicht statt,

und ich kann keine Worte hören, die die Zeit sprechen.
Alle Sprache ist in kosmischer Aphasie erstarrt.

Über dieses Schreiben meines Lebens, jedwedes Weitererzählen, fallen Dunkelheit und Blut.

Immer zuerst das Blut eines schwarzen Mannes, der erschossen wurde, eines Feldarbeiters, der in der Nacht durch die Felder zurück zum Haus meines Vaters in Spring Ridge gestolpert, auf die Veranda gekrochen und zusammengebrochen war. Ich sah zu, wie das Blut unter dem Körper des Sterbenden hervorquoll, sich in einem rot schimmernden Halbschatten um seinen Körper sammelte.

Dann war da das Blut meines Vaters, das in eine sommerlich ausgedörrte Landstraße in Oklahoma sickerte, wo er im August 1947 starb, vielleicht ermordet, jedenfalls liegen gelassen wurde – verloren für mich. Ich erfuhr erst Wochen, nachdem meine Mutter die Nachricht erhalten und ihn hatte beisetzen lassen, von seinem Tod. In jenen Wochen wuchs eine Mauer des Schweigens um den zerschundenen Körper meines Vaters, den ein Mann vom Zirkus fand, nachdem er ihn auf einer dunklen Straße in Oklahoma überrollt hatte.

Nach dem Tod meines Vaters verkaufte meine Mutter seine Gewehre und Farmausrüstung und holte mich im Sommer meines siebten Lebensjahres von Spring Ridge weg. Voller Scham und im Stich gelassen von der Familie meines Vaters – diese gab unerbittlich ihr die Schuld, ihn in den Suff und schließlich auch in den Tod getrieben zu haben, weil seine Familie den Gedanken nicht ertrug, daß er selbst dafür verantwortlich war – und mit einem kleinen Sohn, um den sie sich kümmern mußte, suchte Anne Bentley Mays Zuflucht unter dem Dach ihrer älteren, unverheirateten Schwester, meiner Tante Antoinette, in einer nahe gelegenen Stadt.

Damals, daran erinnere ich mich noch – beim Umzug von der Baumwollplantage in die Stadt, von der Land- in die Stadtschule –, öffnete sich jene blutende Dunkelheit in meinem

Innern das erste Mal. Bis dahin, sogar im Haus des Zornes, hatte ich gewußt, wo jeder stand; mit der Muttersprache hatte ich die Hierarchie gelernt und meine kleinen Hände in die der Menschen gelegt, die mir in der gesellschaftlichen Rangordnung der Südstaaten am nächsten standen. Obwohl ich noch nicht einmal sieben Jahre alt war, kannte ich meinen Platz in der Gesellschaft ganz genau. Dann plötzlich wurde ich ins soziale Abrutschen, in die soziale Mobilität der Menschen gestoßen, wie sie in der amerikanischen Nachkriegsdemokratie gang und gäbe war, und fand keinen Platz mehr zum *Sein*. Ein anderer Junge hätte die Veränderung, die Loslösung vom Plantagenleben, möglicherweise als befreiend empfunden. Doch ich hatte das Gefühl, daß mir der Boden unter den Füßen weggezogen, mir die Wurzeln herausgerissen wurden und sie jetzt in der unerbittlichen Sonne eines neuen gesellschaftlichen Daseins in Amerika vertrockneten.

Dann war da wieder das Blut, diesmal das helle Blut meiner Mutter, das in ihre Kissen sickerte während der immer häufiger auftretenden Lungenblutungen, weil der Krebs sie in dem Zimmer neben dem meinen ganz allmählich dahinraffte. Und zusammen mit der Erinnerung an ihr Sterben kommt auch die Erinnerung an die Krebsausdünstungen, die die Luft im Haus verpesteten. Sie verflogen erst an dem Tag, an dem die Krankheit sie schließlich aufgefressen hatte und sie weggebracht wurde, fünf Jahre, nachdem mein Vater verschwunden war und zum letzten Mal weiße Baumwolle von den heißen Feldern geerntet worden war.

An dem Nachmittag im Spätfrühling, an dem meine Mutter starb, weinte ich ein bißchen, und dann weinte ich überhaupt nicht mehr – ich empfand nichts, weder Kummer noch Trauer. Nach jenem Nachmittag weinte ich viele Jahre lang nicht mehr in Anwesenheit eines anderen, und niemals mehr über den Tod eines anderen Menschen. In der merkwürdigen Logik der Leere, an deren Stelle sich früher ein Junge befunden hatte, hätte Weinen bedeutet, sich den Verlust einzugestehen und damit die Liebe; und zu lieben oder geliebt zu werden – das heißt, sich Verlust und Trauer preiszugeben –, war für mich bereits etwas Schreckliches geworden. Ich nahm diesen Mangel meines Daseins, jene nie verheilende Wunde in meinem Innern, wahr, wollte sie aber nicht empfinden. Vielleicht konnte ich sie auch nicht empfinden, denn mittlerweile hatte ich vermutlich die Taktik der stummen, unsichtbaren Selbstauslöschung erlernt.

Und warum auch nicht? In den Augen der Menschen, die meine Mutter überlebt hatten, war ich nun kein Junge mehr, sondern ein Problem. Für die Tante, in deren Haus ich lebte, war ich eine unerwünschte Last, die der vorzeitige Tod ihrer verwitweten Schwester ihr auferlegt hatte. Für den Alkoholiker-Vater meiner Mutter, der immer besoffen in irgendeinem Zimmer im Haus meiner Tante herumlag, war ich nur ein weiteres hungriges Maul, das es zu stopfen galt – und dabei kriegte er selbst den Hals nicht voll genug. Ich war ein Nachzügler. Meine älteren Schwestern, die von zu Hause ausgezogen waren und geheiratet hatten, hatten sich kaum je für mich interessiert; und jetzt, da beide Elternteile tot waren, schwand auch noch dieses flüchtige Interesse.

Von niemandem umsorgt, unerwünscht und von niemandem gebraucht, von Vater und Mutter im Stich gelassen, ersann ich eine merkwürdige Strategie, die sich noch vor meinem zwölften Lebensjahr zu einem kühlen Verhaltensmuster verfestigte. Ich umsorgte nichts und niemanden, löschte jegliches Bedürfnis in mir aus, jemanden zu brauchen oder zu begehren. Ich trennte mich rigoros und ein für allemal von dem Körper, den alle anderen vor mir im Stich gelassen hatten. Und weil mein Körper weiterhin existierte, wenn auch nur als leere Hülle, beschloß ich, ihn mit der Erinnerung an meinen Vater zu füllen, wollte auf ewig der wunderbare Junge werden, der er vor seinem Niedergang gewesen war.

Diese neue, hartnäckige Sehnsucht – nach der Auslöschung im Jetzt und der Reinkarnation im Körper eines anderen, meines

Vaters, und in einer anderen Zeit – bedeutete, daß ich aufhören mußte zu existieren. Doch weil der Körper, der im Jahre 1941 geboren worden war, mein Körper, trotzdem immer weiter existierte, wurde jeder Augenblick meines Lebens von Selbstmitleid und Unzufriedenheit geprägt.

Das letzte Ziel war natürlich die Auslöschung des Selbst. Das hatte ich kurz nach meinem Umzug in die Stadt begriffen, als ich in einer Frauenzeitschrift einen rührseligen Artikel über einen kleinen Jungen entdeckte, der sich selbst ertränkt hatte. Die Lektüre dieser Geschichte war wie die Antwort auf ein unausgesprochenes Gebet; bis dahin hatte ich mir nicht vorstellen können, daß es einen bewußten Weg ins Vergessen gab.

Der wundervoll tröstende Gedanke an Selbstmord durch Ertrinken ließ mich mehrere Tage lang nicht los und linderte meine Verzweiflung. In der Pause zog ich mich in den entlegensten Winkel des Schulhofs zurück, setzte mich hin und träumte davon, ganz langsam in das warme, träge, sumpfige Flußwasser zu gleiten, das Wasser tief einzuatmen, während mein Körper hinabsank und mein Geist von Schlaf, von Auslöschung übermannt wurde. Erst Jahre später erfuhr ich, daß Selbstmord nichts mit den schönen Träumen zu tun hat, die ich auf dem Schulhof hatte, sondern mit Gewalt, und ziemlich sicher mit Schmerzen in jenen schrecklichen Augenblicken zwischen dem Akt selbst und dem Vergessen. Es sollte noch Jahre dauern, bis ich in jenem friedlichen Traum das endgültige Herannahen der schwarzen Hunde erkannte.

Damals jedoch bestand ich lieber auf der zweitbesten Alternative nach der Auslöschung, darauf, das Haus meiner Tante in der Stadt zu verlassen, damit ich zusammen mit meiner Großmutter, meiner Tante und meinem Onkel in dem edwardianischen Haus auf dem Land leben konnte, in dem mein Vater als Junge gewohnt hatte. Dort konnte der moderne Junge jener andere Junge, sein Vater, sein und sich endlich von seinem ungeliebten Körper, dem Körper, den niemand wollte, befreien.

Für die Schwester meiner Mutter war dieser Entschluß – egal, wie wünschenswert aus ihrer eigenen Perspektive – undenkbar. Sie hatte meiner sterbenden Mutter geschworen, daß ich im Glauben der Christian Scientist Church erzogen werden würde, der Sekte, der sie selbst, meine Mutter, meine Großmutter, meine Urgroßmutter und meine Schwestern angehörten. Das hieß, daß Tante Antoinette mich nicht ziehen lassen konnte. Zwar lernte ich Jahrzehnte später, sie von ganzem Herzen zu lieben, doch damals verachtete ich sie und ihr Stadthaus, ihre vage Frömmigkeit, den Gestank vom Wein und Urin meines Großvaters und die Schule, in der ich ständig herumgestoßen wurde, weil ich die Regeln jener sich wandelnden städtischen Nachkriegswelt nicht kannte.

Die zufällige Entdeckung der Masturbation war für mich so etwas wie ein Wunder, auf seine Art so hilfreich wie der Gedanke an Selbstmord – wieder eine neue Methode, die Sehnsucht nach Vertrautheit abzureagieren, ohne diese Vertrautheit selbst zuzulassen. Ich entdeckte, daß ich ganz ohne sexuelle Phantasien ziemlich schnell zum Orgasmus gelangen, Sex ohne Sexualität, Scham oder das Risiko haben konnte, jemanden in die stumme Heimlichkeit zu lassen, die ich vor der Außenwelt abschirmte. Für die meisten Heranwachsenden ist die Masturbation ein erster wichtiger Schritt zur sexuellen Reife; für mich jedoch war sie das tägliche Training für die Auslöschung erotischer Phantasien, so etwas wie eine Probe des Selbstmordes, ein Abtöten der Sinne.

In jenen Jahren handelten die Träume, die ich mir selbst erlaubte, niemals von Sex, sondern von der Busfahrt nach Greenwood, wo Onkel Alvin mich an der Haltestelle abholte, um mich zu Großmutter zu bringen, wo im Eßzimmer mit den polierten Eichenmöbeln und dem alten Silber schon das Abendessen auf mich wartete. Sobald es wärmer wurde, aßen wir an einem weiß gedeckten Tisch auf der hinteren Veranda, jenseits lagen weite Felder, die süß nach frisch gemähtem Heu, falschem Jasmin und alten Rosen dufteten.

Die Samstage verbrachte ich allein damit, der Junge zu sein, der mein Vater meiner Meinung nach gewesen war – mit seinen Waldläufer- und Indianerbüchern zusammengerollt auf einem alten Ledersessel vor dem Kamin im Schlafzimmer oder in den Sümpfen tief in den Wäldern jenseits des Friedhofs, wo ich leere Vogelnester sammelte oder Pläne für den winzigen Flieger zeichnete, den ich eines Tages bauen würde, genau wie der, den er einmal als Bausatz gekauft, zusammengesetzt und im Alter von sechzehn Jahren über dem Ort in die Lüfte hatte steigen lassen. Am Sonntagmorgen besuchte ich die kleine elegante Kirche meiner Großmutter; mittags versammelten wir uns am großen Tisch und aßen Hühnchen, das die schwarze Köchin köstlich gebraten hatte. Der Sonntagnachmittag schließlich wurde überschattet von der immer größer werdenden Furcht vor der Fahrt zurück in die Stadt, in das Haus, das nach dem Wein und Urin meines Großvaters stank, in die Schule, wo man mich wegen der merkwürdigen Geschichten auslachte, die ich über eine Kindheit – meine eigene und doch nicht meine eigene, erlebt bereits vor fünfzig Jahren – erzählte.

Schließlich, im Sommer meines fünfzehnten Lebensjahres, kam ein Sonntagnachmittag, an dem die Furcht zu stark wurde. Der Haß, der in mir aufstieg, die brennende Sehnsucht nach dem verlorenen Paradies, das ich glaubte, im Haus meiner Großmutter gefunden zu haben, all das führte dazu, daß ich nicht mehr zurück in die Stadt wollte. Also blieb ich; sehr zum Kummer meiner Tante Antoinette kam ich nie mehr zurück. In jenem Herbst schrieb ich mich an der Schule ein, die auch mein Vater besucht und mit Auszeichnung abgeschlossen hatte, von allen geliebt – zumindest hieß es in den Geschichten über ihn so; und mein besessener Traum von seinem Leben, das jetzt das meine war, richtete sich daran aus.

Mein Vater, der an jenem Tag mitten im Sommer gebo-
ren wurde, ist jetzt ein Mythos für mich. Ich kann
mich nicht an seine Stimme erinnern – ich versuche es,
aber ich kann mich nicht erinnern. Nächte voller Trä-
nen fallen mir wieder ein, die ich noch Jahre nach sei-
nem Tod ins Kissen weinte; Tage fallen mir ein, an de-
nen ich im Friedhof neben seinem Grab saß und nur
die Stille hörte, nicht die Vögel und auch nicht das Flü-
stern des Windes in den trockenen Ästen ... die einzi-
gen Silben, die die Stille störten: zwei weiße Klänge,
die Grabsteine von Großvater und Vater ...

Wie, Vater, konntest du hierher kommen, in diesen
Universitätssaal, so weit von allem, was du warst? Wie
konntest du es ertragen, deinen Sohn, deinen erstgebo-
renen und einzigen Sohn, nackt und wehrlos zu sehen
in dieser Zukunft, von der du nichts wußtest?

Ich würde dich umarmen, wenn du mich ließest,
nackt auf deiner Brust liegen und deinem geliebten
Herzen lauschen, das jetzt nicht mehr schlägt, dich vor
der Wut der Sterne und der Jahre und des Hasses schüt-
zen, die auch meine Seele verwüstet haben ...

Dann würde deine Liebe endlich die Erinnerungen
wegwaschen, und mein Blut würde meinen Geist rein-
waschen und all die bitteren Erinnerungen wegspülen
und deinen Körper reinigen. Ich würde dem Leben in
dir lauschen, das mein Leben ist, und dann mit dir in
das Nichtlebende und die Stille gehen, mich unwissend
bis zu dem Zeitalter der Zeitalter neben dich legen ...

In dem August, in dem ich mich aufs Land absetzte, verbrachte
ich viel Zeit mit Gedanken über die Schule, die ich vom folgenden Herbst an besuchen würde. In den letzten heißen Sommer-
tagen stellte ich mir vor, daß ich aus der grell-bunten Kultur der

fünfziger Jahre in eine sepiafarbene Fotografie marschieren würde, in der ich wieder einen Platz in der alten, stabilen Dorfordnung hätte, die im Gehirn meiner Großmutter, in ihrem Haus und bei ihren Bekannten noch immer existierte.

Doch obwohl ich die Stadt verlassen und zu den Spielsachen und Büchern, den Fetischen aus der Kindheit meines Vaters, gezogen war, konnte ich die schmalen, unerbittlichen Zeiger der Uhr nicht anhalten. Als ich am ersten Schultag viel zu elegant – vielleicht auch nur ein bißchen altmodisch – gekleidet in der Schule eintraf, hatte ich es mit einer Gesellschaft von Jungen mit Entenschwänzen und Mädchen mit haarsprayverstärkten Turmfrisuren, mit Basketballspielern, mit Fans von Frank Sinatra und Elvis Presley zu tun – mit einer Gesellschaft also, die der in der städtischen High-School, die ich verlassen hatte, ländlich verkleinert bis aufs Haar glich.

Doch es tröstete mich festzustellen, daß die »guten« Jungen und Mädchen, die Kinder der damaligen Schulkameraden meines Vaters, mit denen ich während meiner Wochenendausflüge nach Greenwood hin und wieder gespielt hatte, an der Schule das Sagen hatten. Sie wählten aus ihren eigenen Reihen diejenigen, die besonders ehrenvolle Ämter bekleiden durften; sie legten stillschweigend die Kleider- und Verhaltensregeln fest und bestimmten, wer zur Schulelite gehörte und wer nicht. Meine Aufnahme in den Kreis der Privilegierten war sicher – das glaubte ich zumindest.

Genauso, wie ich mich jahrelang in einen dunklen, klapprigen Schlupfwinkel aus alten Fotos, vagen Geschichten über meinen Vater, aus Büchern und Erinnerungen an eine lichtdurchwirkte Kindheit zurückgezogen hatte, genauso hatten sich meine privilegierten High-School-Kameraden ihren Platz in der rasch sich verändernden amerikanischen Kultur der frühen sechziger Jahre gesucht. In meinen sepiafarbenen Fotografien waren die Schwarzen des Ortes immer noch Bedienstete, und die Weißen waren die Elite, die Herren; in der realen Welt jedoch geriet die Rassentrennung immer mehr ins Kreuzfeuer. Meine

Altersgenossen akzeptierten diese Veränderung im großen und ganzen; ich konnte sie damals nicht tolerieren.

Ein weiteres – für mich noch viel bedrohlicheres, die Hierarchie noch nachhaltiger untergrabendes – Problem war die stillschweigende Verabschiedung von der Ethik, die bis dahin seit der Zeit vor der Generation meines Großvaters unter den ländlichen Teenagern in den Südstaaten gegolten hatte. Sie sah für die Mädchen die voreheliche Jungfräulichkeit vor, für die Jungen die Hurerei und Sauferei außerhalb des Ortes, die Verachtung und Ächtung der sogenannten »gefallenen Mädchen«, Mußheiraten oder Verbannung für Unverheiratete aus derselben sozialen Schicht, wenn sie ein Kind erwarteten, sowie irgendwann eine lebenslange Ehe, die die beiden Partner fest im stählernen Netz derer, die im Ort das Sagen hatten, verschweißte. Ich muß wohl kaum erwähnen, daß diese »Ethik« immer schon mehr der Fiktion als der Realität angehört hatte, obwohl sie natürlich hin und wieder als Vorwand für ansonsten willkürliche Bestrafung oder Belohnung herhalten konnte.

Dem traditionellen weißen Matriarchat, dem meine Großmutter und meine Tante Vandalia angehörten, war nicht entgangen, daß sich Veränderungen anbahnten. Im Land war eine neue, beunruhigende Lässigkeit in puncto Sex und Scheidung zu spüren, ein entspannteres gesellschaftliches Verhalten, das weder die Schicklichkeit noch die kultivierte Heuchelei der strikt nach Kodes agierenden Kulturen nötig hatte. Sie beklagten sich darüber, aber es nützte nichts: Meine Altersgenossen hatten das Interesse an der Wiederholung der alten Strukturen und Reglements verloren, an den moralischen Finessen und den Machttaktiken zur Kontrolle des Ortes, der ohnehin bald die Domäne anderer, modernerer Menschen werden würde. Keiner meiner intelligenten, ambitionierten Freunde hatte die Absicht, in Greenwood zu bleiben; nach der Universität würde auch keiner von ihnen hierher zurückkehren. Das hieß, daß die ältere Generation ihrem sicheren Schicksal entgegenging. In meinen letzten High-School-Jahren, meinen letzten Jahren in Greenwood, war ich hin und hergerissen zwischen meiner Sehnsucht, meinen Altersgenossen und ihren Eltern zu gefallen, indem ich all die neuen Dinge tat, die auch sie taten, und meinem stummen inneren Abscheu vor ihrer sexuellen, gesellschaftlichen, intellektuellen *Amerikanisierung*.

Anläßlich meines High-School-Abschlusses verlieh mir die dort herrschende Clique die Auszeichnung, die für gewöhnlich dem komischsten Kauz aus ihrer Mitte vorbehalten war: *Absolvent mit den größten Erfolgschancen.*

9. Dezember 1966

Ich erinnere mich an die schweren Gewitter, die am Nachmittag aus dem Südwesten kamen und mich aus den Wäldern oder meinen Verstecken ins Haus jagten, als ich noch klein war.

Ich erinnere mich an die Sonnenuntergänge hinterher, an die goldenen Lichtstrünke und -gischten, die hinter westwärts nach Texas ziehenden schwarzen Wolken hervorkamen … Ich erinnere mich an den schattigen Rand der Plantage, ein Geschenk des Vaters an den Sohn, ein Hochzeitsgeschenk des Großvaters an meinen Vater, beide tot, begraben, nur noch Knochen in dem Hügel, in dem meine Familie ihre Leute begräbt – und der Süden, und die Vergangenheit, die der Süden ist

– Ich bin jetzt so müde, so müde der Jetzigkeit von dem allen – aber die Orte im Süden, in der Vergangenheit, gehören mir, Quellen, zu denen ich zurückkehren kann, wenn mein Hals trocken ist. Dies alles kann ich mir ins Gedächtnis rufen, wenn alles andere nichts mehr ist, oder bis ich keinen Geist zum Erinnern habe, bis ich in die völlige Nichtexistenz übergegangen bin, der mein Vater immer zustrebte und der ich ebenfalls zustrebe, zusammen mit allen Lebenden –

Acht Jahre vergingen zwischen meinem Abschluß an der Greenwood School und dem kritischen Sommer des Jahres 1967, als ich in Irland arbeitete und krank wurde – undeutliche, kaum erinnernswerte Jahre an einer Universität im Süden, dann altmodische English Studies, Philologie, Bibliographieren und ähnliches im Norden. Das alles war ein langsames, stipendiengefördertes Dahintreiben einer Doktorarbeit in Literatur, die ich mir bestenfalls vage vorstellen konnte. Ich hatte keine Freunde; das immer klarer werdende Ziel war das letztendliche Verschwinden an einen Ort, an dem Freunde nicht mehr nötig waren.

Egal, wie pervers es anderen erschienen wäre, wenn ich mein Unterfangen jemandem mitgeteilt hätte: Die ersten Umrisse dieses Verschwindens trugen immer noch erkennbare menschliche Züge. Der Plan sah eine allmähliche Ablösung von der demokratischen, liberalen und säkularisierten Kultur vor, in die ich nach dem Tod meines Vaters ausgesetzt worden war, und die Herausbildung eines kleinen autokratischen und keuschen Reichs des Geistes. Meine Exzentrik war ganz typisch amerikanisch; sie reichte von der albernen *Vermittelalterlichung* der Magnaten im Stil von Citizen Kane bis zu den hysterischen transatlantischen Flucht- und Wanderbewegungen und der antidemokratischen *Arroganz* von T. S. Eliot und Ezra Pound. Meine weiterführende Beschäftigung mit Altenglisch diente einem ähnlichen Zweck: Zuerst die Doktorarbeit, dann die Anstellung an einem kleinen Elite-College in den Südstaaten, wo ich endlich in die Literatur und die Obskurität, in eine imaginäre feudale Vergangenheit, die nicht nur anti-amerikanisch, sondern vor allen Dingen antimodern wäre, verschwinden könnte.

Ich kann nicht genau sagen, wann dieses Bedürfnis nach Selbstauslöschung sich zu etwas anderem zu konturieren und verfinstern begann, zu einer Bedrohung, die mir nie von der Seite wich, auch nicht in meinen Träumen. Die quälende Angst, daß ich nie in der Lage sein würde, meinen Plan zu realisieren, *daß der Körper, mit dem ich geboren worden war, nie verschwinden würde*, bemächtigte sich meiner, als ich mich an die Arbeit für meinen Abschluß machte, in einer Geistesverfassung, die ich damals »der Norden« nannte.

Dort, im Heimatland jener bedrohlichen Horde von *Amerikanern*, lernte ich zum erstenmal junge Menschen aus der Nähe kennen, die sich jenseits des hierarchischen Universums im Haus meiner Großeltern bewegten – das ein Universum von Bediensteten und Herren gewesen war, gesellschaftlich Gleichgestellten, Über- und Unterlegenen; jeder menschlichen Ordnung waren gesetzartige Regeln eingeschrieben gewesen, die all diese Ordnungen zu einem Ganzen zusammengefügt hatten. Außerhalb der Universität, so glaubte ich, lagen nur das Chaos und die gefährlichen Strömungen der modernen, sich zu Vororten formierenden Welt. Ich beschloß, meine Forschungsarbeiten so schnell wie möglich abzuschließen und dann den Norden für immer zu verlassen. Doch während ich mich auf die höheren Abschlüsse vorbereitete, die es mir ermöglichen sollten, in den Süden zurückzukehren, hielt ich um so verzweifelter an der moralischen Struktur und der gesellschaftlichen Etikette der edwardianischen Kindheit in den Südstaaten fest, die ich selbst nie erlebt hatte, an einem antiquierten aristokratischen Auftreten, das ich mir aus Geschichten, Familiengewohnheiten und einer Gefühllosigkeit zusammenzimmerte, welche dem Snobismus ähnelte, ohne Snobismus zu sein.

Eine Abendesseneinladung bei Kommilitonen, einem Paar aus New York, beispielsweise, mußte ich ausschlagen, weil die beiden nicht verheiratet waren; ich konnte mir nicht vorstellen, zusammen mit einem Mann und einer Frau an einem Tisch zu sitzen, die nicht verheiratet waren, aber offen zusammenlebten. Von dem Augenblick an, wo wir uns im Norden kennengelernt hatten, fühlte ich mich sehr von einem ausgesprochen klugen Kommilitonen aus dem Süden angezogen, der von der theoretischen Mathematik zur englischen Mediävistik übergewechselt war – bis ich entdeckte, daß seine ländliche Familie genau das war, was meine Verwandten »unkultiviert« genannt hätten: letztlich nur eine höfliche Umschreibung des englischen Begriffs *white trash*, weißer Abschaum. Danach konnte ich die Beziehung nicht mehr aufrechterhalten. Der altertümliche gesellschaftliche Kodex, nach dem ich weiter zu leben versuchte, verfügte, daß Angehörige dieses *white trash* ausnahmslos unzuverlässig, hinterhältig und verschlagen waren, besonders, wenn sie sich eine dünne Schicht akademischer Bildung zulegten. Die unrealistische Welt, in der ich mich bewegte, wurde immer weniger handhabbar; überall brachen Risse auf. *Ich erreiche nichts, weil ich nichts bin, der Grund und die Ursache für unzählige Fehler*, lautet ein Tagebucheintrag, den ich niederschrieb, als ich fünfundzwanzig war. *Ich bin zu düsteren Listen und Verzeichnissen geworden, mechanisch. Wenn ich hasse, tue ich es kalt und gefühllos. Es darf keine unvermittelten Bewegungen in diesem Zurückgleiten geben, nichts, was Aufmerksamkeit erregen könnte – nur den Rückzug in das erlöschende Licht, dann die Nacht, dann nichts.*

Dunkle, ungebündelte, aufgelöste Nacht; im Keller meiner selbst raschelt das Ungeziefer zwischen den Seiten getaner Arbeit . . . Diese Seiten sind beschmutzt mit Widersprüchen, Aufzeichnungen von formlosen, fallenden Tagen – wild wuchernde Berichte von Versuchen, Versagen, weiterem Versagen. Doch jedesmal, wenn der emsige Geist den Fehler in sich selbst findet, muß ich die Schablone wegreißen, um an die Fakten zu gelangen; und wieder finde ich strukturlose Konstellationen, Unendlichkeiten des Nichts. Nicht einmal mehr das Echo der Stimme Gottes, meines Herrn, kann ich ausmachen in der Dunkelheit unter dem Brombeergestrüpp am Rande der Baumwollplantage. Ich bin dort so alt geworden, so alt.

Damals war mir nicht bewußt, wieviel Energie ich darauf verwendete, einen imaginären Körper zu konstruieren, der mir sinnlich und intellektuell völlig unterworfen wäre, einen Mechanismus, der in der Welt innerhalb meiner Dunkelheit funktionierte. Ich haßte den wertlosen Körper, mit dem ich geboren worden war; er schien immer nur *zu fordern* und *zu drängen*. Wenn ich ihn durch Masturbieren befriedigte, tat ich es ohne Vergnügen oder Phanta-

sie, hastig, nur um das quälende Drängen der Unterwelt loszu-
werden. Es kam mir nie in den Sinn, mir ein Pornoheft zu kaufen
oder eine erotische Geschichte zu lesen; ich hatte keinerlei sexuelle Phantasie, und ich wollte auch keine.

Der imaginäre Körper, den ich mir aufbaute, forderte dagegen
nichts und war mir in fast jeder Hinsicht zu Willen. Wenn es
mir gelungen wäre, ihn vollständig zu formen, hätte dieser Körper mich in die Lage versetzt, einen versteinerten, antiquierten
Humanismus zu spielen, den ich selbst produziert, inszeniert
und dargestellt hätte bis zu meinem Tod, umgeben von den
ramponierten Requisiten einer verlorenen Welt des Adels, der
Würde und der Autorität.

Ich erinnere mich an einen Herbstnachmittag, an dem ich
mich auf ein Seminar in amerikanischer Literatur vorbereitete: Plötzlich hörte ich das Ticken der Uhr in meiner eigenen
Seele in der düsteren Eingangspassage von Herman Melvilles
Moby Dick – »Immer, wenn mir der Mißmut am Mundwinkel
zerrt und nieselnder November in die Seele einzieht, wenn ich
unwillkürlich vor den Fenstern der Sargtischler stehenbleibe
und hinter jedem Leichenzug hertrotte, der mir in die Quere
kommt.«

Wenn die Kreise der schwarzen Hunde enger werden, bringen
sie oft die Sicherheit, über die Ishmael nachsann, als er seine Rei-
setasche durch die nebligen, nächtlichen Straßen schleppte, um
der unerträglichen Müdigkeit der Welt zu entrinnen. »Ja, der
Leib ist das Haus, und die Augen sind die Fenster drin. Schade
freilich, daß Ritzen und Schlupflöcher nicht dichter verputzt
sind; es hätte wohl hie und da ein bißchen Charpie hineinge-
stopft werden können. Doch zum Bessermachen ist's nun zu
spät. Die Welt ist fertig, in die Kuppel ist der Schlußstein einge-
setzt, und der Bauschutt ist schon seit einer Million Jahren abge-
fahren.«[5]

Wie andere zeitgenössische Melancholiker, aber anders als
Ishmael, mein romantischer Vorgänger, habe ich nie den Drang
verspürt, Sargwerkstätten oder Beisetzungen mir Unbekannter

zu besuchen. Wir haben kein Bedürfnis, düstere Schauplätze aufzusuchen, Orte, die dem Selbstmitleid entsprechen, das sich zusammen mit der Depression nähert, weil wir selbst zu einem solchen Ort geworden sind. Wir sind sowohl der Sarg, in dem die Kinder, die wir einmal waren, aufgebahrt liegen, als auch die Leichen. Wir sind gleichzeitig Leichenzug und Totengräber, Trauernde und Priester; wir sterben wieder und wieder, werden in ein Armengrab hinabgelassen, in den lebenden Tod unserer Krankheit. Unsere Hände nehmen nach der Beisetzung auch den Stift und tragen ins Kirchenbuch ein, daß wieder ein Mensch gestorben ist, ein neuerlicher Sieg der Sinnlosigkeit, die nach Meinung der Depressiven die Welt beherrscht.

Der klapprige, melancholische Körper, der für mich in dieser Welt gelebt hätte, wenn ich ihn vollständig ausgeformt hätte, wäre eine Ausgeburt der Tugendhaftigkeit und Schicklichkeit gewesen, der zur Schau getragenen Romantik und gänzlich un-romantischen Enthaltsamkeit. Dieser Körper hätte auch pein-lich genau alle Glaubensgrundsätze befolgt und wäre fromm gewesen – die einzigen Qualitäten, die ich nicht auf mehr oder weniger natürlichem Wege von meiner Familie mitbekam, wes-halb ich sie praktisch aus dem Nichts erschaffen mußte. Ihre Konstruktion begann, als ich noch ein Teenager war, und zwar als ganz allmähliche, aber starke Hinwendung zur Episcopal Church, und fand ihren krönenden Abschluß in meiner Auf-nahme in diese Kirche im Herbst 1966.

Ihre Faszination lag für mich in der ehrwürdigen intellektuel-len und literarischen Tradition des Anglikanismus, mit dem mich meine Forschungsarbeiten in Englisch vertraut gemacht hatten. Die Episcopal Church war zwar zur Zeit der amerikani-schen Revolution vom Staat abgetrennt worden, verkörperte aber immer noch so etwas wie einen Schrein, in dem eine breite, humanistische Bildung gewürdigt, liberale Frömmigkeit erwar-tet und prunkvolle altmodische Zeremonien ganz ohne Scham oder Verlegenheit abgehalten wurden – und das alles in Räumlichkeiten, die vom Geruch etablierter gesellschaftlicher Macht und Respektabilität durchdrungen waren.

Vielleicht waren die Motive für meinen Übertritt ziemlich verdreht, aber er erfolgte damals ohne jeglichen Zynismus oder Opportunismus. Schon in jungen Jahren, als ich an der Universität zum erstenmal selbstbewußte Atheisten kennenlernte, reagierte ich bestürzt auf ihre Lässigkeit, auf die selbstgefällige Schlichtheit der Vorstellung, daß man eine altehrwürdige Idee von solch immenser Bedeutung für die westliche Kultur wie den Theismus sowie seine historischen Formen und Riten einfach *ignorieren* konnte. Ich glaubte damals nicht, daß er sich ignorieren läßt, und glaube es immer noch nicht.

Mich jedenfalls hatte ein einfacher Morgengottesdienst der Episcopal Church mit Herz und Seele gefangen genommen, als ich noch ein Teenager war. Noch Jahre nach diesem Gottesdienst besuchte ich die Episcopal Church in allen Orten, in denen ich lebte. Ich informierte mich über ihre Geschichte und Theologie und beschäftigte mich mit ihrer Verbindung zu den alten und vorreformatorischen Kirchen. Zwar hätte ich das damals noch nicht so ausgedrückt, aber im Anglikanismus hatte ich den prachtvollen alten Mantel gefunden, in den ich den nackten Körper hüllen konnte, welchen ich aus Staub, Fotos, Erinnerungen und den Geschichten und Vorgaben anderer Menschen konstruiert hatte. Wenn der Bischof mir ernst die Hand auflegte, bestätigte das meine imaginäre Distanz zum amerikanischen Fundamentalismus, Populismus und vulgären Antikommunismus und auch zu der modernen Massendemokratie, die ich so haßte.

Weil sie es hatten kommen sehen, sprachen meine Verwandten, die der Christian Scientist Church angehörten, ihre Mißbilligung nicht offen aus. Bereits als ich die Stadt verließ, um nach Greenwood zu ziehen, waren sie zu dem Schluß gekommen, daß ich nicht den Glauben von Mrs. Eddy annehmen würde. Meine Konfirmation entsetzte meine methodistischen Verwandten.

Mich rührte diese Reaktion nicht, denn meine Entscheidung hatte viel damit zu tun, daß ich mich gegen das Versagen und den Verrat wehren wollte, den sie mittlerweile für mich verkörperten. Die Familie meines Vaters war seit Generationen tief im methodistischen Glauben des Südens verwurzelt gewesen; sie hatte immer große Loyalität gegenüber ihrer ehrwürdigen und angesehenen Kirche empfunden und öffentlich ihren traditionellen Liberalismus, ihren Ökumenismus und ihr soziales Gewissen durch die Zeit des Jazz Age, der Depression und die Jahre des Weltkriegs hindurch unterstützt.

Doch alle Toleranz und alle kosmopolitische Wohltätigkeit, welche diese Verwandten mit den Angehörigen anderer in Amerika wohlangesehener Kirchen – hauptsächlich der Presbyterian und der Episcopal Church – verbunden hatten, wurden vom McCarthyismus, seinen Verschwörungsphantasien und der antikommunistischen Paranoia weggefegt, die die Vereinigten Staaten in den fünfziger Jahren überrollten. Meine methodistischen Verwandten, zumindest die aktiv gläubigen, reagierten anfangs gleichgültig, später dann meiner Ansicht nach fast schon vulgär enthusiastisch, bevor sie wieder in ihr züchtiges Leben aus den Zeiten vor den großen Einkaufszentren, den Wohnwagengeländen und den antikommunistischen Fernsehpredigern verfielen.

Ich würde diese Welle der engstirnigen populistischen Empfindsamkeit nicht erwähnen, die nicht zur Verherrlichung *des* Vertreters der Episcopal Church überhaupt, Franklin D. Roosevelt, durch die Südstaatenelite paßte, wenn diese nicht die ideologische Vorhut einer tiefgreifenden gesellschaftlichen Wandlung gewesen wäre, die ich erlebte und verachtete. Und weil ich diesen Wandel verachtete, verachtete ich auch meine methodistische Familie, die Anteil daran hatte.

Eine Schicht der weißen amerikanischen Gesellschaft, die man lange Zeit nicht beachtet hatte, die Mittelschicht und die »Neuen« – die Iren und Italiener und anderen Einwanderer des ausgehenden neunzehnten Jahrhunderts –, führte nun ihren Nachkriegswohlstand und ihre Jugend im Namen des Antikommunismus gegen die Zurückhaltung der alten Elite ins Feld, brüskierte die höfliche Verachtung, mit der meine Familie die »anderen« immer in Schach gehalten hatte, und bemühte sich nicht einmal mehr zum Schein um den symbolischen Respekt gegenüber dem Sittenkodex, den Regeln und Traditionen, die meine Familie generationenlang als ihre Privilegien gehütet hatte. Mein fiktives Ich wehrte sich gegen all das und distanzierte sich von dem, was meiner Meinung nach die Unfähigkeit meiner Familie war, sich bis zum letzten Blutstropfen gegen die Massengesellschaft zu wehren, die sich in Amerika nach der Depression und dem Krieg herausformte.

3. April 1967

> *Dann war Gott und das Auflegen der Hände und*
> *dann war kein Gott – ein Schweigen im Raum – nach-*
> *dem die Worte des Ritus sich in Schweigen aufgelöst*
> *hatten – nichts – Ich hatte Bücher geheiratet, die Bibel,*
> *das Gebetbuch, aber nicht den Leib Christi – ein Ver-*
> *schwinden im Raum, als Gott in die Bücher ver-*
> *schwand, in die schimmernden Messingsachen, in den*
> *in der Luft hängenden Weihrauchduft nach der Heili-*
> *gen Eucharistie, und in die sich leerende Kirche – Was*
> *tat ich in jenem November, als ich neben der Altarbrü-*
> *stung niedersank, unter episkopalischen Händen und*
> *dem Heiligen Geist, in Nichts?*

Die kunstvolle Gruft, die ich ganz systematisch und voller Energie aufgebaut hatte, krachte nicht ganz plötzlich über mir zusammen. Mein ganzes Leben lang, mindestens jedoch seit meiner Pubertät, hatten Erschütterungen wieder und wieder Teile losgerissen, so daß ich immer neue Energie und Aufmerksamkeit aufwenden mußte, um diese traurige Konstruktion zu erhalten.

Ende 1966 schließlich, als ich alle meine Kurse, die für den Master's Degree nötig waren, abgeschlossen hatte, waren die

Anstrengungen, die ich unternehmen mußte, um meine Inszenierung am Laufen zu halten, so groß geworden, daß sie mir fast alle Kraft abverlangten. In jenen letzten Wochen begann ich, einem etwa gleichaltrigen Kommilitonen immer mehr Zeit zu widmen. Ich erkannte mein Interesse an ihm nicht als die fleischliche Begierde, die sie eigentlich war, jedenfalls nicht am Anfang. Ich hatte keinerlei Erfahrung mit Sex oder damit, die Lust zu disziplinieren und in eine Strategie zu ihrer Erfüllung umzuwandeln. Also saß ich da und beobachtete mich und das Objekt meiner Begierde, ohne die Kraft, etwas anderes zu tun. In dieser Episode verbarg ich meine Gefühle vor mir selbst, auch wenn sie mich zwanghaft immer wieder an die Orte trieben, an denen ich diesen Mann sehen konnte – die ganze Zeit über verbarg ich meine inneren Nöte vor ihm (das glaubte ich zumindest damals).

Dann kam ein Nachmittag im Dezember 1966, und ich sah, was ich war, im Gesicht eines anderen. Die Konfrontation fand mit einem Dritten, dem Zimmergenossen des von mir Bewunderten, statt – mit seinem Geliebten, nahm ich an, obwohl ich mir das vielleicht nur wegen der Eifersucht in seinen Worten einbildete. Seine Anschuldigungen hatten, soweit ich mich erinnere, mit der Feigheit meines offen homoerotischen Starrens zu tun; er warnte mich, mich einzumischen, mich auf sein Terrain zu wagen: Es war das erste Mal, daß jemand mich bloßstellte, daß ich mich selbst als begehrend und unvollkommen sah – das erste Mal, daß meine Sehnsucht nach einer Existenz außerhalb der unerbittlichen Grenzen meines Keuschheitsgelübdes nackt dalag.

Von diesem Augenblick des tiefen Schmerzes und schrecklicher Verlegenheit an begann das bißchen an geistigem und körperlichem Wohlbefinden, das ich bis dahin genossen hatte, in den folgenden achtzehn Monaten rapide zu schwinden. Ich ging nach dem Ende des Semesters von der Universität ab, verbrachte die nächsten Monate in dem Haus meiner Großmutter in Louisiana, ohne allzuviel an der kritischen Ausgabe eines mittelschottischen Gedichts, meiner Abschlußarbeit, zu tun, und quälte mich rastlos mit meinen gemischten Gefühlen und Ängsten herum, die immer wieder aufstiegen, weil ich meine erotischen Begierden weniger und weniger unterdrücken konnte.

Dieser Mensch aus einer anderen Zeit, der ich sein wollte, konnte ich nur in der Einsamkeit der Bibliotheken sein. Der Gedanke daran, daß sich die Menschen außerhalb meines Arbeitszimmers trafen, daß sie Freundschaften schlossen, sich in ihrer ganzen Nacktheit näherten, miteinander schliefen und es genossen, brachte mich in Bedrängnis, denn ich war fest davon überzeugt, daß mir solche Begegnungen untersagt waren. Die Lügengespinste wurden mittlerweile fast unerträglich schwer und begannen sich gleichzeitig aufzulösen, so daß ich gedanklich mit alten, dunklen, ausgefransten Kleidern dastand. Ich erzählte all jenen, die bereit waren, mir zuzuhören, von meiner bitteren Kindheit und erklärte meine Entschlossenheit, einen Kreuzzug gegen das Chaos zu führen, das alles Moderne über die Welt brachte, aber in der Hauptsache jammerte ich.

12. April 1967

Nichts – die Unwürdigkeit des Starrens, das verhaßte Beobachten seines Körpers in der Universitätsbibliothek, lauernd Ausschauhalten – Er saß an einem anderen Tisch, erhob sich von seinen etymologischen Enzyklopädien, blieb einen Augenblick lang stehen, begehrenswert war er, anders als ich – jung, nicht alt wie ich; er bewegte sich ohne Scham, während ich ihn voller Scham begehrte, erschöpft durch das verhaßte Schauen –

Während ich so vor mich hinjammerte, entdeckte ich etwas Seltsames: Obwohl ich mich immer mehr auf meine verzweifelten Reparaturen der Seele konzentrierte und deshalb sogar meine Studien vernachlässigte, wurde ich allmählich zu einem exotischen Objekt des Interesses für die anderen Studenten.

In diesem Interesse fand ich vorübergehend Erleichterung. Für die wohlhabenden Absolventen der Eliteuniversitäten im Westchester County, für die säkularisierten modernen Stadtmenschen aus New York oder Philadelphia oder Boston – Männer und Frauen, die ungefähr so alt waren wie ich, aber in puncto Phantasie einer völlig anderen, viel jüngeren Welt zu entstammen schienen – war ein Südstaatler wie ich eine Kuriosität. Ich stellte fest, daß ihnen an meinen Geschichten der märchenhafte Beginn gefiel: Es war einmal eine Erinnerung, eine alte Fotografie ... von einer Baumwollplantage in den Südstaaten, aus einer Kindheit, die ich nur halb erlebt und mir aus den Erinnerungen der Großeltern, Bediensteten und Verwandten zurechtgezimmert hatte.

Und dieses Interesse nutzte ich aus. Wenn ich den Teppich meiner merkwürdigen Erzählungen vor meinen Zuhörern ausrollte und wenn die Bilder in seiner Webstruktur, die ausgefransten, ausgebleichten Garne, sich vorübergehend zu einem Ganzen fügten, dann stellte sich auch meine bedrückende Ganzheit wieder ein. Natürlich ging es in diesen Vorträgen nicht um Vertrautheit oder Verletzlichkeit oder gar Freundschaft, weil ich zu alledem nicht in der Lage war.

Anstelle der Vertrautheit bildete sich eine merkwürdige persönliche Metaphorik heraus. Während ich meine Geschichten erzählte, begann ich mir selbst zu erklären, daß meine Unzufriedenheit nichts mit mir zu tun hatte, sondern mit dem verängstigten Jungen, den ich beschützen mußte, mit dem verängstigten edwardianischen Kind, das nicht erwachsen werden durfte, mit meinem Vater.

Zu diesem Zweck mußte ich ihn in meinem Innern bewahren, sauber, zivilisiert, rein, und auf ewig heldenhaft. Ich selbst war damals wie auch zuvor nichts, nur der Hüter jenes toten edwardianischen Jungen, aus dem ein Mann geworden war, ein Versager, ganz nebenbei auch der Erzeuger des Sohnes, der ich bin. Er war das Opfer der Zeit, des Erwachsenwerdens, vor dem ich ihn beschützen mußte. Der Vertrag, den ich vor der Pubertät mit mir selbst geschlossen hatte, sah vor, daß ich ein lebendes Opfer würde, ein Sündenbock in ewiger Trostlosigkeit für die Verfehlungen meines Vaters. Meine Buße würde nur funktionieren, wenn ich, abgesehen von seinem Leben, kein eigenes führen würde, wenn ich der edwardianische Junge bliebe, der er gewesen war, bevor er zu einem Wrack wurde – und das würde irgendwann erfordern, daß mein Blut vergossen würde. Daher rührte meine melancholische Todessehnsucht, meine beständige Meditation; daher kam auch die Leichtigkeit, mit der ich meine Selbstauslöschung immer im Geiste zelebrierte.

Tatsächlich jedoch wußte ich damals nur sehr wenig über den edwardianischen Jungen, meinen Vater, und, abgesehen von seiner Abwesenheit, auch nur sehr wenig über den Mann – daran hat sich bis heute nichts geändert. Vor meinem geistigen Auge habe ich das Bild eines großen, schlanken, gutaussehenden Mannes um die Vierzig, mit khakifarbenem Hemd und khakifarbener Hose und (das war damals bei den Söhnen der Plantagenbesitzer im Süden so Sitte) khakifarbenem Tropenhelm. Ich weiß, daß es diesen Sohn eines wohlhabenden Plantagenbesitzers und Händlers wirklich gegeben hat, daß er ein Alkoholiker und Frauenheld war, der gerne hinter dem Steuer seines eigenen Flugzeugs saß und zusammen mit den Männern der Familie an fernen Orten zum Jagen ging, daß er die Monotonie des häuslichen Lebens und seiner Vater- und Plantagenbesitzerrolle verachtete. Schon Jahre bevor er ganz aus dieser Welt schied – das entnahm ich den seltenen Äußerungen meiner Schwestern oder den Notizheften von Tante Vandalia und meiner Großmutter –, hatte mein Vater sich von meiner Mutter sexuell und von seinen Töchtern und seinem Sohn emotional abgewandt. Vielleicht hatte er nie irgendwelche Gefühle für sie gehabt und war letztlich nur in Gesellschaft seines Vaters, seiner Cousins und männlichen Freunde glücklich, wenn er soff und mit dem Wagen dahinraste oder auf Großwildjagd in Mexiko oder auf der Baja ging.

Nur eine Bilderfolge blieb mir im Gedächtnis haften, von einer Nacht und dem folgenden Tag: ein billiges Motelzimmer mit Sperrholzmöbeln; ein Mann, mein Vater, und eine Frau, die ich nicht kannte; ein Glas Orangensaft gleich neben meinem Bett; das Gesicht meiner Mutter, die vor Verbitterung und Zorn weinte, als wir am nächsten Morgen nach Hause kamen und entdeckten, daß meine Großmutter mütterlicherseits in der Nacht, als mein Vater weg gewesen war, gestorben war.

Seine ständige Abwesenheit, die Tatsache, daß ich ihn vom Zeitpunkt meiner Geburt bis zu seinem Dahinscheiden praktisch nie sah, führten für mich zu der Frage, ob er überhaupt jemals in der Welt gewesen oder lediglich ein Schatten auf ein paar Fotos gewesen war, ein Inkubus, der meine Mutter in der Nacht heimsuchte, sie mit mir schwängerte und dann in jenen Nebel des Unwissens verschwand, der jetzt zwischen ihm und mir steht.

In den Jahren, in denen ich den toten Jungen auf meinem Rücken trug und versuchte, ihn am Erwachsenwerden zu hindern, wußte ich so gut wie nichts über den Menschen, der er später tatsächlich geworden war. Nach seiner letzten Abwesenheit, seinem Tod und unserem Umzug von der Plantage in die Stadt sprach meine Mutter nie mehr von ihm; das gleiche galt für meine Tante Antoinette. Seine Schwester, meine Tante Vandalia, und seine Mutter erzählten mir nur, daß alle ihn geliebt und niemand ihn gefürchtet hatte – daß all die Dinge, die ich über ihn hörte, nicht stimmten, daß er das Opfer übler Nachrede sei.

Nichts davon kann die Selbstverneinung erklären, die ich mir in seinem Namen auferlegte – die rückwirkende Erlösung, die merkwürdige unerwiderte Liebe, die ich seit seinem Verschwinden für ihn empfand. Doch das Versprechen, das ich mir selbst gab, in einem Augenblick, der zu tief in mir vergraben ist, als daß ich ihn noch wiederfinden könnte, sah folgendermaßen aus: Ich würde in jeder Hinsicht jungfräulich bleiben, mein Körper in jeder Hinsicht leblos – ohne jede Emotion, Sehnsucht, ohne Bedauern –, abgesehen natürlich von jenen physischen und psychischen Funktionen, die nötig waren, damit ich meine Rolle spielen konnte. Wenn ich feststellte, daß ich anders war als er, würde ich ihn ganz und gar verlieren, ihn nicht mehr als den vielversprechenden, intelligenten Jungen am Leben halten können, der er gewesen war; dann könnte ich ihn auch nicht mehr davor schützen, in Schande groß zu werden. Er hat mir nie gesagt, daß er mich liebte.

Anfangs waren das Versprechen und das Leben, das ich danach ausrichtete, noch Fiktion, eine Rolle, die ich spielen konnte, und ich kannte den Unterschied zwischen dieser Rolle und dem Leben. Doch ganz allmählich begann die Fiktion erstrebenswerter zu werden als jedes andere Leben, das ich mir vorstellen konnte. Schließlich wurde ich zu einem Szenario der Hoffnungslosigkeit, ich war nicht mehr fähig, die Maske des Untergangs abzulegen.

Es kam mir nie in den Sinn, daß meine Zuhörer, selbst wenn sie anfangs noch von meinen Schilderungen gefangen waren, irgendwann begannen, ihre Rolle als Zeugen meiner wachsenden Selbstverneinung abstoßend zu finden. Ich begriff auch nicht, daß es nichts mit Freundschaft zu tun hat, wenn man sich ständig melancholische Bekenntnisse anhören muß. Außerdem schafften es unzählige Menschen mit einer schweren Kindheit, später ein glückliches und produktives Leben zu führen – es gab keinerlei Grund, warum mir das nicht auch glücken sollte.

Und ich war weit davon entfernt, mir einzugestehen, daß meine »persönlichen« Transaktionen mit anderen Menschen im allgemeinen Arrangements von beiden Seiten waren – ihrerseits eine flüchtige Unterhaltung und meinerseits die Bestätigung, daß ich wertlos und unerwünscht war. Wenn ich so zurückblicke, überrascht es mich nicht, daß ich vor dem katastrophalen Zusammenbruch in meinem achtundzwanzigsten Lebensjahr – ein Ereignis, das mich zwar nicht gänzlich befreite, aber doch ein wenig freier machte als zuvor – keine enge Freundschaft schließen konnte.

Gegenüber meinen intelligenten Kommilitonen spielte ich

den Einfühlsamen, mit dem man vertrauliche Dinge austauschen konnte, allerdings ohne den Hintergedanken, damit etwas Greifbares oder Erstrebenswertes für mich zu erlangen – Geld, Sex, Macht, vielleicht auch nur ein bißchen Menschlichkeit und Vertrautheit. Andernfalls wären diese Spielchen wahrscheinlich ziemlich schäbig, vielleicht sogar jämmerlich gewesen. So aber waren sie krank. Zwei Dinge, die mir damals noch nicht so ganz klar waren, machten sie krankhaft.

Erstens waren sie auf Vermeidung ausgerichtet, bezüglich so allgemeinmenschlicher Bedürfnisse wie denen nach Vertraulichkeit, Sex und Macht. Vernünftige, attraktive Menschen fliehen nicht unbedingt den näheren Kontakt mit Leuten, die unsere materialistische, geldgierige Welt depressiv gemacht hat. Allerdings ziehen sie sich zurück, wenn deren theatralisches Getue den üblichen Ekel vor dem modernen Leben übersteigt, so zum Beispiel wenn jemand ständig Lobeshymnen absingt auf eine fiktive Zeit, in der Ehre und bürgerlicher Anstand noch alles waren und die bloße Anhäufung von Geld nichts.

Nun, sie hatten allen Grund, vor mir zu fliehen, sagte ich mir erleichtert mit jener übertrieben dramatischen Art der Selbstwahrnehmung, die so charakteristisch ist für Menschen, die sich an ihren eigenen Phantasien berauschen. Denn sonst wäre ich das Risiko eingegangen, mich in die Machenschaften der geldgierigen, gemeinen Welt hineinziehen zu lassen. Ich mußte rein bleiben, dafür sorgen, daß der Junge in mir nicht von niederen menschlichen Emotionen berührt wurde, daß er sich nicht am derben Leben der anderen jungen Leute beteiligte. Hinter meinen Klageliedern steckte jener geheime Schwur – verborgen vor allen, sogar vor mir selbst, bis ein junger Arzt namens David mir dabei half, ihn zu entlarven.

Der zweite Grund aber, der diese taktischen Manöver krankhaft werden ließ, bestand gerade darin, daß ich sie in immer stärkerem Maße als krank wahrnahm, während ich mein Leben verzweifelter denn je an ihnen ausrichtete. Daher rührten auch meine Selbstverachtung und meine Amoral – Charakterzüge, die ich bestätigt sah, wenn das Publikum, das den Inszenierungen meines Selbstmitleids beiwohnte, sich allmählich bewußt wurde, daß ich es mit meinem Narzißmus nur ausbeutete, und sich von mir abwandte.

16. April 1967

heute nacht kommt ein Lied, das ich schon einmal gehört habe, das der Wind der Erinnerung mir schon einmal gebracht hat, zu mir ... ein Gitarrenstück, das von den Menschen vergangener Zeiten und von ihrem Leben kündet, alles ins Dunkel der Vergangenheit entschwunden – vom Sterben der Zeit, des Südens und des Lichts; all das stirbt in deinem Grab, Vater, das tief im Hügel unserer Vorfahren liegt – der erste amerikanische John Mays, geboren 1615 in Virginia; Matthew Mays, geboren 1730 in Virginia, der in jungen Jahren starb, so daß John Mays mit seiner zum zweiten Mal verheirateten Mutter Dorcas Abney nach South Carolina gehen mußte; und noch andere, die sie zeugten: John Mays, mein Urgroßvater, geboren in South Carolina, Zeuge der Schrecken des Bürgerkriegs, selber schuldig geworden, 1923 wohlhabend im östlichen Texas gestorben – John Mays, mein Großvater, und dann du, John Mays, mein Vater, mit ihnen allen verwesend im Grab und in der Erinnerung, in Gräbern, die in die roten Hügel unserer Vorfahren getrieben wurden, draußen vor der Stadt, weit weg von den Zerstörern –

Ihr habt euch irgendwann alle abgewendet.

Ihr habt euch einer nach dem anderen in das Licht zurückgezogen, das ihr für das Leben hieltet, zurückgezogen von dem Pseudoleben, das ich mir aufgebaut hatte, von der eigentümlichen, zwielichtigen Anlage meines unendlichen Selbstmitleids. Als ich Weihnachten 1966 die Universität verließ, ekelten mich meine alten, seelenvollen Geschichten, die sich in Spanisches Moos hüllten und dekadent nach welken Magnolienblüten dufteten, selbst an und wurden so unerträglich für euch, daß ich schließlich aufhörte, sie zu erzählen.

KAPITEL ZWEI

Dämmerung

Im Herbst 1966, als ihr euch alle von mir abwandtet, erfuhr ich von einem Job, der jeden durchschnittlich pedantischen Studenten meines Fachs gereizt hätte. Für mich jedoch war er besonders attraktiv.

Es handelte sich dabei um die Aufgabe, eine ganze Reihe von Büchern zu sichten und zu katalogisieren, die ein paar Jahre zuvor in einer Bischofsstadt in der zentralirischen Ebene gefunden worden waren. Offenbar waren zwei, vielleicht auch mehr Bischöfe der Church of Ireland – wie sich die Handvoll Angehörigen der anglikanischen Kirche auf der katholischen Insel seit der Reformation nennen – im achtzehnten Jahrhundert ausgesprochen bibliophile, humanistisch gebildete und gelehrte Herren gewesen, wie es anglikanische Bischöfe bis vor nicht allzulanger Zeit noch immer waren. Im Lauf der Jahrzehnte hatten sie eine riesige Bibliothek zusammengetragen und sie im oberen Stockwerk eines ungenutzten Steingebäudes auf dem zur Kathedrale gehörenden Grund und Boden untergebracht, wo sie von den späteren Bischöfen, Dekanen und Laien ganz allmählich vergessen worden war.

Bis in den frühen sechziger Jahren ein neuer und intellektuell aufgeschlossener Dekan an die Kathedrale kam. Nachdem er sich ein wenig eingelebt und mit seiner neuen Tätigkeit vertraut gemacht hatte, bat er den Küster um einen Schlüssel zu dem vergessenen Gebäude am Rande des Kirchhofs und entdeckte dort die kalte, vor sich hin modernde Bibliothek. Als eines der ersten Bücher schlug er eins mit neuzeitlichem Einband auf, das wohl schon im fünfzehnten Jahrhundert gedruckt worden war – ein unbezahlbares Stück aus der Frühzeit der Druckkunst. Dann fand er eine frühe Ausgabe der *Faerie Queene* und Newtons *Principia*. Der Dekan schaute weiter und blätterte, und allmählich wurde ihm klar, daß er durch Zufall der Hüter eines der größten irischen Schätze geworden war, der Hüter einer Bibliothek, die das gesamte humanistische und naturwissenschaftliche Wissen ihrer Zeit in ausgesprochen seltenen und schönen Büchern gesammelt hatte.

Er brauchte einen Bibliographen und teilte das allen mit, die ihm vielleicht bei seiner Suche helfen konnten. Ich erfuhr von einem älteren Bibliothekar an der Universität von dem Job, einem Mann, der zum Katholizismus übergetreten war und die verfallene Bibliothek im Rahmen einer großen Reise durch die katholischen Länder der Welt erst vor kurzem besucht hatte.

Ich schrieb dem Dekan, erläuterte ihm in meinem Brief meine Qualifikationen – Spezialisierung auf die anspruchsvolle Geschichte des Buchdrucks – und bekam den Auftrag. Im späten Frühjahr 1967, als ich den kleinen Südstaatenort Greenwood in Richtung Irland verließ, um dort die vier Monate während einsame Arbeit des Büchersichtens zu beginnen, glaubte ich, endlich einen Weg in jenes »andere Leben« gefunden zu haben, wie Julia Kristeva das unkomplizierte Universum der Depression nannte – ein Leben abseits der Modernität, die mich erschreckte, abseits auch jener verführerischen Komplizenschaften, die meine Seele in absurden Posen hatten erstarren lassen und mich in ein Gehäuse einschlossen, welches mich vom komplizierten Leben der Menschen rund um mich herum, das ich so haßte, absonderte.

Wahrscheinlich, so dachte ich, würde ich in Irland die Rolle des Pedanten und muffigen Gelehrten erlernen und mich langsam und ganz allein durch die Bücher wühlen. Es sollte eine Aufführung im Schattenland der realen Welt werden, von der ich mich entfremdet hatte: Ich kleidete mich schon meiner neuen Rolle gemäß: ein bißchen merkwürdig für mein Alter, zu förmlich. Auf den Straßen ging ich ohne ein Lächeln dahin, den Blick immer auf den Boden geheftet. Der Körper, den ich mir als Junge konstruiert hatte, wurde fast zu einem Nichts; er teilte seiner Umwelt sofort mit, daß er nichts begehrte, keine Bestätigung und kein Gefühl, und auch selbst nicht bestätigen oder fühlen wollte. Das einzige Problem für das Nichts, eine Null wie mich, bestand darin, daß es einen Körper *brauchte*: entweder den, den es bei der Geburt erhielt, oder – wie bei mir, einen konstruierten.

Eine Bibliothek in Irland, ein Raum, in den niemand außer mir durfte, das war genau das, was mein winziger Nullgeist wollte, ein Ort, an dem ich die Sprache des Selbsthasses und des Selbstmitleids sprechen konnte, ohne auf Widerstand zu stoßen. Wenn die Depression tatsächlich ein anderes Leben ist, ein widerwilliges Leben im Schatten des Schmerzes, das widerhallt von Stimmen aus der Vergangenheit oder dem Reich der Toten, dann ist sie auch ein Leben der Feigheit, weil die Depression ein mutigeres, ein wagemutigeres Leben verbietet. Auf meinem Flug über den Atlantik nach Irland träumte ich bereits von einem kalten, hohen Raum voller Bücher, umgeben vom Rasen der Kathedrale, von einem Raum ohne all die Leute, die sich von mir abgewandt hatten und zu denen ich auch gar nicht mehr sprechen wollte.

1. Mai 1967

— krakelige Schrift von der Hand, die erzittert, weil die Motoren die Hand und den restlichen Körper vom Boden hochheben; das Flugzeug der Aer Lingus läßt den John-F.-Kennedy-Flughafen hinter sich und bringt alles, Hand und Körper, in Richtung Neufund-Land, vorbei an der Südspitze von Grön-Land und schließlich nach Ir-Land, alles Länder, von denen ich nichts weiß —
... später — ein spröder Stern, kalter, eisiger, immer noch tiefschwarzer Himmel draußen vor dem Fenster
... später — Erinnerung an Greenwood, an die Monate daheim, nach Indiana, wieder in meinem Zimmer — und die Fotos, die ich in Kartons im Speicher fand, von ihnen, den Vorfahren, die ich durchging, bis meine Hände voller Moder waren — das war es, und das Nichtgefühl, das durch ihre Betrachtung kam, das Nichtfühlen gegenüber Gott, nichts war da, nicht einmal die Abwesenheit von Gott, in der ich bis jetzt gelebt habe, nicht einmal sie — nur Staub an mei-

nen Fingern, sepiafarbener Staub, in meiner Nase,
ganz allmählich abgetragen vom alten Papier der
Fotos, abgetragen von der Zeit –

An dem Maimorgen, an dem ich in Irland ankam, fuhr mich der
Dekan der Kathedrale, deren Bibliothek ich katalogisieren sollte,
in seinem kleinen Wagen durch eine strahlend grüne Land-
schaft, die fast schon unbeschreiblich schön wurde durch die
goldenen Stechginsterblüten und den strahlend blauen Himmel. Und oben auf den höheren Hügeln lag ein bißchen Schnee
von der vergangenen Nacht, der noch nicht geschmolzen war.

Nach dem Mittagessen in der Dekanei schauten wir in der
Bibliothek vorbei, die sich ganz oben unter dem Dach befand.
Trotz meiner geistigen Erschöpfung aufgrund meiner Erwartungen und meines monatelangen Kampfes gegen die Dunkelheit,
auch trotz meiner körperlichen Müdigkeit wegen des langen
Fluges hatte ich sofort das Gefühl, nach Hause gekommen zu
sein. Ich hatte den Raum gefunden, nach dem ich gesucht hatte.

In den Eichenregalen des düsteren Speicherraums standen
Tausende in Leder gebundene Bücher über praktisch jedes
Gebiet menschlichen Wissens: Dichtkunst und Bibelkommen-
tare, Naturgeschichte und Medizin, Geographie und Physik,
Politik und Architektur. Das dunkelbraune Bücherpanorama
kündete von ernstem Studium, aber auch vom Niedergang.
Denn schon zu der Zeit, als die Bischöfe diese wundervollen
Bände zusammentrugen, wandelte sich die Art, wie die anglika-
nische Kirche in Irland präsent war, vom vitalen, praktizierten
Glauben zu einer überkommenen aristokratischen Mode, zum
flüchtigen Glauben einer immer kleiner werdenden Minorität.
Und der Niedergang des Glaubens führte dazu, daß die Bibliothek mit ihren Schätzen oben im feuchten Speicher allmählich
in Vergessenheit geriet.

Sie wurde vergessen, wie ich gerne vergessen worden wäre. Sie
verfiel, wie auch mein Körper verfallen sollte. Ich hatte vor, nie
wieder entdeckt zu werden.

Die Neugierde des Dekans, dessen Gemeinde nur noch etwa ein Dutzend Schäfchen zählte, und der genug Zeit und Gelegenheit hatte, sich in der Nachbarschaft umzusehen, hatte ihn alle möglichen archäologischen Überreste und historischen Kuriositäten aufstöbern lassen, was seinen andernfalls intellektuell unterbeschäftigten Geist wachhielt. In ihm loderte die vornehme, exzentrische Leidenschaft für das Alte, die bei Geistlichen oft die Liebe ersetzt, wenn sie den Glauben an Gott und Menschheit verloren haben. Doch ich würde nicht so lange in dem Ort bleiben, daß er auch meine Geheimnisse entdecken konnte. Das Leben unter dem Dach der aus dem achtzehnten Jahrhundert stammenden Dekanei und meine Arbeit in der Bibliothek machten aus mir ein Buch, das seit vielen Jahren nicht mehr aufgeschlagen worden war, tot für neugierige Geister.

Vom Tag meiner Ankunft in Irland an investierte ich meine zusehends schwindenden Energien in die Arbeit oder zumindest in den Versuch einer bibliographischen Auflistung der Werke. Doch ein Großteil meines erlahmenden Willens verpuffte in meinem Kampf gegen die Faszination der Bibliothek einerseits und ihrer Macht, mich zu ersticken, andererseits. Die Sogwirkung des kalten, feuchten Speichers machte mir angst. Ich wurde das Gefühl nicht los, daß ich in diesen Büchern verschwand, daß meine Existenz sich in Text verwandelte, vergessen in jungfräulichem Pergamentpapier. Was immer ich früher gewesen war, wurde nun durch Worte ersetzt.

Aber, so fragte ich mich in meinen Tagebucheinträgen, während meine Verzweiflung wuchs, war es nicht genau das gewesen, was ich mir so sehnlich gewünscht hatte? War es nicht genau diese Disziplin des Verschwindens, die Auflösung im Nichtsein? Warum dann die beständige Angst?

allein in der Bibliothek

*kalte, feuchte Luft, ganz modrig und still, Regen auf
dem Dach, auf dem leuchtend grünen Rasen der Kathedrale ... wie ich Buch um Buch von den Regalen hole,
alle seit Jahrhunderten nicht mehr aufgeschlagen,
wie ich mit winziger Schrift einen Vermerk dafür auf
eine rechteckige Karteikarte schreibe – Stichwörter
und Paginierungen, Kolophon und Kollation,
Folio/Oktav/Quart etc., Ausgabe, Auflage – Ronald B.*
McKerrow, An Introduction to Bibliography for
Literary Students *(Oxford: Oxford University Press,
letzte Auflage 1962);* Die Heilige Schrift *von uns, auf
dem Weg zur Pedanterie –*

heute: habe eine völlig verstaubte Erstausgabe von
Paradise Lost *gefunden, die ersten Ausgaben von
Boyle, Locke, alle schon vor so vielen Sommern zum
Vergessen in diese Regale gestellt, vor mehr als zwei
Jahrhunderten, und ich kam heute, sie aus ihrem
Dornröschenschlaf zu wecken ...*

*dort vor mir die Bibliothekswand aus Mauerwerk
und kaltem Gips, die Bibliothekswand zwischen mir
und allem Schönen; sie verbietet es mir teilzuhaben; sie
erhält mir meine Keuschheit, die ich erhalten und
nicht erhalten möchte – während ich glaube, daß nur
eines mich erlösen kann, die Glaswand schmelzen
kann, mich in die unkeusche Welt entlassen kann – die
verzehrende Liebe des besiegten Gottes ...*

Ich hatte mich erst seit ein paar Wochen in der fast völligen Isolation des ländlichen Irland aufgehalten, als der tägliche Regen,
der normalerweise kurz und angenehm war, häufiger zu werden
begann. Und als der Sommer herannahte, deutete nichts darauf
hin, daß der Regen nachlassen würde. Dieser Regen, den ich

anfangs noch für vorübergehend gehalten hatte, wurde zu nicht enden wollenden Niederschlägen und verdarb das eigentlich angenehme Wetter des irischen Sommers. Als der Dauerregen überhaupt nicht mehr aufhören wollte, wurde er zum Gesprächsthema Nummer eins und schließlich, nach großflächigen Überflutungen, auch zur nationalen Sorge Nummer eins.

Anfangs erzeugte die kühle Nässe des endlosen Regens eine angenehme, sinnliche Melancholie in mir. Als er nicht mehr aufhörte, schien ich eins zu werden mit dem durchweichten Rasen rund um die Kathedrale, unter dem die Toten von Jahrhunderten ruhten; meine Seele feucht und grau wie das regennasse Mauerwerk der Kirche. Die bibliographische Arbeit vor mir schien zu verschwimmen und zu verschmieren, als lösten sich die Bände auf. Die Buchstaben wurden durch den nicht enden wollenden Regen ausgelaugt, so daß ich die Titel irgendwann nicht mehr richtig lesen konnte.

Und wie das Anwesen und die Bücher und die Gebäude begann auch ich, physisch durchlässig zu werden. In meinem eigenen Bewußtsein, in dem es mittlerweile nur so von Worten und literarischen Kunstgriffen wimmelte, hatte ich mich in eine derbe Renaissance-Allegorie des irischen Wetters verwandelt – so nahm ich seinerzeit jedenfalls meine Darminfektion wahr, denn die allgemeine Auflösung der Welt war ja genau das, was ich wollte.

Die Erkrankung begann mit stechenden Krämpfen. Bald schon entwickelte sie sich zu scheußlichen Blähungs- und Schmerzattacken auf den Unterleib, begleitet von häufigem, dann fast ununterbrochenem Durchfall. Ein vernünftiger Mensch hätte natürlich ein Krankenhaus aufgesucht, auf die Diagnose gewartet und sich dann behandeln lassen.

Aber ich war eben nicht vernünftig und nahm schon bald den müden Körper nicht mehr wahr, den mein Geist zum Weiterarbeiten zwang. Für mich schmerzte dieser kranke Körper nicht, sondern er *sprach* zu mir. Die Übelkeit, die Magenschmerzen und die von starken Krämpfen begleiteten Durchfälle waren nicht unangenehme Symptome, sondern Botschaften, die die Existenz meines verhaßten Körpers bestätigten, genau wie die sexuellen Regungen, die ich im Herbst zuvor kennengelernt und rigoros ausgelöscht hatte. Falls ich gehofft hatte, meinen begehrlichen, schmerzenden Menschenkörper durch einen aus Staub, verzerrten Erinnerungen und alten Fotografien ersetzen zu können: Diese Strategie funktionierte nicht mehr. Der Körper forderte sein Recht.

Für Hypochonder – Hüter eines unwirklichen Körpers, der von unwirklichen Symptomen gequält wird – ist eine tatsächliche Krankheit eine Plage. Normalerweise führt sie nicht zum Tode, sondern ist nur lästig und straft so die Vorstellung von jenem unsichtbaren unspürbaren Leiden, das nach Ansicht des Hypochonders in ihm heranreift, Lügen. Eine reale Erkrankung entlarvt die psychische Magie, durch die der sterbliche Körper sich in die reine Gedanklichkeit verwandelt hat. Für den seelisch Kranken ist die physische Erkrankung eine Sache des Geistes; blutiger Schleim sickert aus den Eingeweiden der Angst, aus einem verworrenen Netzwerk schleimiger Kanäle, das viel zu groß ist für einen einzelnen menschlichen Körper. Neurotisch zu sein, bedeutet, sich einzubilden, daß der Gestank des Durchfalls der Geruch des Geistes ist.

13. Juli 1967

Eine feuchte Nacht voll Wind und Regen; dunkle Finger rütteln an den Fensterscheiben in den alten Rahmen –
  die Krankheit hält meine geheime Kleidung schmutzig, und der Gestank ist keine geheime Krankheit –
  und ein blaues Licht an den Fenstern, dann Schwärze, und der Gestank des Drecks in meinen Kleidern – verschwunden, die tragenden Balken in meinem Gehirn verhindern, daß es zu einer glänzenden Pfütze verrottet, in meine Kleidung sickert – verschwunden, die Stützen der Buße und des Gebets – meine Finger sind

krank und schwach, meine Füße lösen sich auf und
nieseln in meine Eingeweide, und hinaus mit dem
schwachen, ringförmigen erogenen Muskel in meine
geheime Kleidung – der Gestank der Erde bin ich, und
ich verliere; der Ring wird schwach unter dem Gewicht
der stinkenden, sich zu einer Pfütze sammelnden
Fäulnis –

Die ölige Flüssigkeit, die sich Tag und Nacht stinkend in die Toilette ergoß und mich mit Haß und Ekel erfüllte, schien ich zu sein und doch wieder nicht ich; das Wesen meiner selbst, aber nur insofern, als ein verfallender Teil der Welt sich von solider Substanz, von diskreten Objekten, in eine Flut blutigen Kots verwandelte, die, unkontrollierbar, angeschwollen in meine Gedärme floß und wieder hinaus.

Die Welt verrottete; sie brauchte einen Ablauf in die Zisterne meines Körpers; ich war zu ihrem Ausgang geworden. Meine Körpermasse verschwand in der Toilette, mein Gewicht im Wasser, und ich stellte mir vor, daß mein Körper sich in Nichts auflöste – oder besser gesagt: alles, nur nicht jener eine, gequälte ringförmige Muskel, durch den die verflüssigte Erde sich hinaus ergoß, zurück in ihren eigenen Schlund. Ich glaubte, ich sei der Anus der Welt geworden.

Der letzte Monat in Irland war auch der letzte, schlimmste Monat dieser Verflüssigung. Sie endete, genau wie ich mir das gedacht hatte, kurz bevor ich die Bibliothek verließ, die bibliographische Arbeit, die ich eigentlich erledigen hätte sollen, unvollendet. Ich machte mich auf den Weg zurück zur Universität; für mich war immer etwas Wahres an dem mittelalterlichen Aberglauben gewesen, daß man während der Messe nicht altert – und für das Wort »Messe« konnte man genausogut »Universität« einsetzen. Dort wäre ich sicher vor dem Gedanken an Tod und Chaos, der mich den ganzen Sommer geplagt hatte – sicher auch vor Krankheiten: Dort hätte ich nur noch einen *körperlosen Geist* ohne Eingeweide.

Als ich Ende August von Shannon nach New York zurückflog, entwarf ich auf Papier ein *ruhiges Jahr der Vermeidung, des sorgfältig beschriebenen Friedens, der Distanz. Befreiung von dem Drang, sich Ablenkungen, welcher Art auch immer, hinzugeben.*

Doch als ich wieder in der Universität eintraf, um mich erneut meiner Doktorarbeit in Literatur zu widmen – die aktuellste Station auf der *via dolorosa* der immer weiter fortgeschrittenen Studien, für die ich mich letztlich nicht mehr interessierte –, merkte ich sofort, daß ich den schalen Frieden, nach dem ich mich so gesehnt hatte, nicht erlangen würde. Nun litt ich nicht mehr unter einer Darminfektion wie in Irland, aber eine viel allgemeinere, alles umfassende Krankheit ergriff von mir Besitz, eine Reglosigkeit, eine Stagnation, das Gefühl des langsamen, widerlichen Dahintreibens und der Auflösung.

Es gelang mir immer noch, in den Thesenpapieren für die Kurse so etwas wie eine Ordnung aufrecht zu erhalten; das gleiche galt für die Seminare selbst, wenn es nur um eifriges Plappern ging. Außerdem gab es Stunden, in denen ich mich dazu zwang, mich in Aufsätze zu *Beowulf,* Spenser und mittelenglischer Linguistik zu vertiefen. Doch die Sätze in meinen Tagebüchern wurden immer düsterer, verzerrt und unzusammenhängend; ich kritzelte immer mehr Haß, Ressentiments, Abneigungen und Qualen auf die Seiten.

Die beiden ersten von meinen abschließenden drei Semestern an der Universität vergingen wie in einem Wachtraum; es lohnt sich nicht, hier darüber zu schreiben. Wenn ich die Kartons mit Dingen durchgehe, die ich aus jener Zeit – Herbst 1967 und Frühjahr 1968 – aufbewahrt habe, finde ich nur ein paar beachtenswerte Objekte, und sogar die möchte ich jetzt zerstören.

In der Schachtel befinden sich merkwürdige, böse Briefe, sentimentale, vergebende, aber auch brutale, drohende Notizen, obszöne Tiraden, freundliche Bitten – all das an eine ältere Frau in Louisiana, die ich für die letzte Geliebte meines Vaters hielt, geschrieben, jedoch nie abgeschickt. Außerdem ist da ein Brief des Dekans, der mich bittet, die Karteikarten mit den Angaben der Bücher zu schicken, die ich seinerzeit in der Bibliothek gesammelt hatte. Ich hatte ihm versprochen, sie nach meiner Rückkehr nach Amerika zu ordnen und zu vervollständigen. Das Schreiben ruft die bedrückende Erinnerung daran wach, wie ich die wertlosen, kläglichen bibliographischen Kritzeleien wütend und unter Tränen in einen Karton steckte, damit durch heftige Schneefälle zum Postamt stapfte und ihn nach Irland schickte. Ich hörte nie wieder etwas von dem Dekan.

Natürlich befinden sich in der Schachtel auch Tagebücher – zunehmend ketzerische Tagebücher, voller Haß auf Gott und die Menschen – Seiten, auf denen mein durchlässig werdender, flüchtiger Geist sich hinter blasphemischen Äußerungen verbarg.

erster Weihnachtsfeiertag 1967, morgens

mitternacht

nach der Messe
es-körper
es   es (der körper *hat wieder Hunger*
es muß gefüttert werden sonst ist es tagsüber lästig
ihm müssen seine erogenen Düsen ausgeleert werden
ihm muß seine Düse jeden Tag gewichst werden damit
*   sein weißer same herausspritzt und etwas anderes*
*   vergiftet und nicht meinen geist*
es sein loch muß geöffnet werden damit der stinkende
*   leichnam des essens herauskommt und in das wasser*
*   in der toilette versinkt)*

ich bin 26

oder der körper *ist 26 und es und ich waren bei der*
*   Heiligen Kommunion an Weihnachten*
knacken des brotes geruch von wein, riecht sich ins
*   dasein*
verschluckt mich und verdaut mich

66

eingeweichtes brotfleisch wird zu scheiße und urin: dies
ist mein leib, dies ist mein blut –
das habe ich heute abend gehört

leib

verschluckt von musik und klappern und kauenden
mündern und dem geruch davon, dem knacken von
ihm zwischen verrottenden zähnen von mir –
so hineingegeben und herausgepreßt aus dem hinteren
ende von mir
in eine schmutzige hose die ich wechseln muß sobald
ich nach hause komme, und meine hände müssen
die hose wechseln, weil ich es nicht kann – und es ist
nichts in der hose als der dreck von mir
das rasselnde geräusch des gesteiften ortes in mir ist der
klang des fickens
ich weiß nichts nur die hose die emsig wichsende hand
und die schmutzige hose mit dem weißen samengift
das in die scheißeflecken dringt – meine hände sollten
weggebrannt werden damit ich nicht mehr wichse, sie
sollten mit napalm weggebrannt werden –
ich bekomme es im war *und werde zerrissen vom kopf*
bis zu den füßen im wird sein, *versteckend den*
weißen giftsamen
dies ist mein blut, gegeben wofür, gegeben für es, für
den leib und der ist nichts

Zum erstenmal seit fast dreißig Jahren öffne ich den schmutzigen Karton, den ich von Ort zu Ort mitgeschleppt und aus vielen guten Gründen verschlossen gelassen habe. Zum erstenmal
lese ich die Tagebucheinträge aus dem letzten Jahr, bevor die
Krankheit in ihnen, in mir und in der Sprache von mir selbst
mich schließlich überwältigte. Das, was ich auf den Seiten finde,
woran ich mich noch erinnere, sind ein klappernder, kaputter
Webstuhl, der Erzählungen und Fetzen spann, an ein Webschiff-

chen, das wie verrückt hin und her flog in einem verdunkelten Raum, das Leichentuch herausstotterte aus den verdrehten, geschwächten Fäden der Erinnerung, aus Geschichten, bösen Sätzen. Mein Wille, keusch zu bleiben, die Barrikaden gegen die Vertrautheit intakt zu halten, wurde schwächer.

Es ist nicht leicht, in dem Gewirr der Texte aus dem Herbst 1967 so etwas wie einen erkennbaren Inhalt zu finden. Haßerfüllte Worte scheinen aus dem Nichts gegen nichts zu spritzen, gegen mich selbst gerichtetes Haßgemurmel, ausgelöst durch einen Fehler oder ein Versehen, an die ich mich jetzt nicht mehr erinnere. Ein unerbittlicher Blick richtet sich auf die Handschrift, ein expliziter, obsessiver Wille zum Mord.

Doch soweit ich mich an jenes Jahr erinnere, beherrschte mich, abgesehen vom Haß, noch etwas anderes. Das heißt, der Haß war nicht die einzige Begierde, die das Werk des Webstuhls diktierte. Da war noch ein anderer Wunsch: die blasphemische Mimikry, die mich müde durch die Posen und Aktionen und linguistischen Gesten der akademischen »Normalität« zerrte.

Ich besuchte weiterhin meine Seminare. Im ersten Semester waren meine Aufsätze und Forschungsarbeiten noch zusammenhängend und wurden von den Professoren sehr gelobt. Doch ab Weihnachten nahm die Qualität meiner akademischen Leistungen immer weiter ab. Ein Teil davon wurde schlechter, besonders, wenn es um die übliche kohärente Exegese von Gedichten oder Romanen ging, während der andere merkwürdig erstrahlte vor Intelligenz, ganz und gar frei von meiner bis dahin so sorgfältig gehüteten Pedanterie. Solche Schriften ernteten so etwas wie faszinierte Bewunderung von den Professoren, die wußten, daß eine solche gebrochen schillernde Prosa nur von einem komischen Kauz kommen konnte, wie ich nun einer war.

Im Wintersemester 1968 bestand ich ein Seminar über mittelenglische Literatur nicht, in dem es um eben jene Quellenforschung, Fußnoten und akribischen linguistischen Analysen ging, zu denen ich nicht mehr fähig war. Allerdings besuchte ich weiterhin die Vorlesungen jener wenigen Professoren, die merkten, daß ich mich unweigerlich dem Zusammenbruch näherte, aber das Licht hinter meiner zerbröckelnden, konstruierten Persönlichkeit sahen. Sogar noch im Mai 1968 stand ich am Sonntagmorgen auf, zog mich ordentlich an und ging dann pflichtschuldig zur Heiligen Eucharistie in der nahe gelegenen Episkopal-Kirche. Ich benahm mich in der Öffentlichkeit so korrekt, wie es meine wirren Gefühle erlaubten, und beschränkte meinen Haß, die heftigen erotischen Phantasien sowie die inneren, erschöpfenden Schmähungen Gottes und meiner selbst ausschließlich auf meine Tagebucheinträge. Ich genoß die Kontrolle, die ich das letzte Mal über die Posen und Lügen meines zerrissenen Ich ausübte, die letzte zugeknöpfte Bescheidenheit meines feingewebten Lügengespinsts, das dazu diente, die scheußliche Nacktheit und das Chaos, auf die ich mich zubewegte, zu verbergen.

Abgesehen von meiner Familie im fernen Louisiana und Texas gehörte auch der Priester, der mich vor der Konfirmation im Glauben unterwiesen hatte, zu denjenigen, die am wenigsten von meinem inneren Niedergang ahnten. Mit ihm hielt ich einen vernünftigen Briefwechsel ohne allzuviele Klagen aufrecht. Er erinnerte sich noch an mich, wie ich 1966 gewesen war, so voll der emanzipiertesten Liebe für die Kirche und das Christentum wie in meinem ganzen Leben nicht mehr. Denn obwohl mich damals der zeremonielle und majestätische Aspekt am stärksten faszinierte, die Aura des Institutionellen mich am meisten tröstete in meiner Unzufriedenheit, zog mich noch etwas anderes – ein anderer – als der rein neurotische Eskapismus ins Herz der Kirche und belebte mich.

Der Priester erinnerte sich an einen von der Theologie Bezauberten, an einen in Praxis und Glaube Lebhaften, denn so war der Mensch, den ich ihn damals sehen ließ. Alles andere in meinem gespaltenen, widersprüchlichen Leben – die psychischen Qualen, das sexuelle Elend – hielt ich geheim, obwohl es da, zumindest bis Ende 1966, nicht allzuviel geheim zu halten gab. Zwar lauerte die Depression immer irgendwo in der Nähe, aber ihr wirkte, zumindest vorübergehend, das Neue, das Schöne entgegen, das ich in der Kirche entdeckte.

Ich war nie ein Vereinsmensch gewesen; in den Gruppen und Klubs allerdings, denen ich mich anschloß, strebte ich immer nach einer auffälligen Position, die ich auch meist erlangte. Ähnliches galt für die Monate vor meiner Konfirmation, in denen ich mir in meiner Episkopal-Gemeinde und in der Gruppe von Episkopal-Studenten, die sich regelmäßig jeden Sonntagnachmittag traf, eine gewisse Stellung verschaffte. Vielleicht war mein Motiv, mich dieser Gruppe anzuschließen, nostalgisch, Teil meines psychischen Programms des Nichterwachsenwerdens – die Aktivitäten allerdings zählen zu den schönsten, an die ich mich in dieser unruhigen Zeit meines Lebens noch erinnere.

So wurde dieser Priester, der Universitätskaplan, der mich schließlich zum Repräsentanten eines nationalen Komitees mit der Aufgabe, die Episcopal Church bezüglich ihrer Arbeit unter den Universitätsstudenten zu beraten, ernannte, auf meinen Enthusiasmus für alles Kirchliche aufmerksam. Im Rahmen meiner neuen Aufgabe reiste ich alle drei Monate einmal zu Konferenzen nach New York.

Ich war sehr viel hölzerner als meine Kollegen im Komitee, von denen sich viele aktiv für die Bürgerrechts- und Antikriegsbewegung engagierten. Aber ich liebte diese Reisen nach New York und den frischen radikalen Geist meiner Kollegen; ich schloß neue Bekanntschaften mit Studenten von anderen Universitäten, besonders mit jenen, die einen ganz ähnlichen inneren Kampf zwischen den alten Familientraditionen und den Verlockungen der gesellschaftlichen Aktion in den späten sechziger Jahren ausfochten.

Bei den Konferenzen – sie waren praktisch ausgerichtet und fromm und hatten einen Anstrich von starkem Skeptizismus gegenüber allen Autoritäten und bisher verbürgten Wahrheiten, zeichneten sich aber gleichzeitig durch eben jene Sehnsucht nach Tiefe aus, die schon immer zu den stärksten Motiven für meinen

Kirchenbeitritt gezählt hatten – wurde ich zu einem anderen Menschen, einem glücklicheren Menschen als dem gequälten Studenten, der ich war, wenn ich mich in meinem Zimmer auf dem Campus aufhielt. So ergab es sich, daß ich im Januar 1968 ausgewählt wurde, im folgenden Sommer nach Südafrika zu reisen, wo ich die Episcopal Church auf verschiedenen Kongressen der anglikanischen Studentenbewegung dieses Landes, die damals gegen die Apartheid mobil machte, vertreten sollte. Außerdem hatte ich die Aufgabe, einen Bericht mit einer Empfehlung des höchsten Exekutivorgans der Episcopal Church vorzubereiten, die seinerzeit ernsthaft mit dem Gedanken spielte – übrigens gegen den starken Einfluß prominenter, der Episcopal Church in New York angehörender Leute aus der New Yorker Finanzwelt –, die gewaltigen Investitionen der Kirche aus Südafrika abzuziehen. (Die Kirche beschloß schließlich, ihre Gelder anderen, »saubereren« Unternehmen außerhalb Südafrikas zukommen zu lassen.)

Offenbar hatten meine Kollegen und der geistliche Vertreter der Kirche, der das Komitee beriet, keine Ahnung, daß ich damals immer schneller meinen inneren Zusammenhalt verlor – es gab keinerlei Grund zu der Annahme, daß ich einen Sommer in Afrika psychologisch überstehen oder gar die dort erforderliche Arbeit würde erledigen können. Aber woher hätten sie das auch wissen sollen? Schließlich war ich niemals glücklicher und schwungvoller gewesen als während jener kurzen Treffen in Manhattan – nie war ich der nüchternen anglikanischen Vernunft näher gewesen, von der ich mir erhofft hatte, sie könne für mich zu einem Lebensentwurf werden.

10. Februar 1968

ein winziger geflügelter same in der leeren luft und der
    wind ist größer als ich
ein sterbender mann, der kleine, schnelle dinge tut auf
    einem stillen floß, das auf den Wasserfall zudriftet
ein sterbender mann, der etwas tut

vielleicht und vielleicht nicht eines tages, im frühling,
   der noch so weit weg ist, ein tumult der vögel, wur-
   zeln, zweige und des regens (der himmel scheißt jetzt
   schnee)
ein sterbender mann auf ruhiger strömung auf ver-
   schneitem fluß, sterbend in die fälle.
es weckte mich auf. steifer großer stumpf zwischen
   bauch und laken, nackter purpurfarbener bug. lich-
   ter flackern auf, die straße auf und ab.
same trocknet jetzt auf bauch jetzt. auf der hand, die
   diesen stift jetzt packt. ein trocknender schmierfleck
   auf dieser seite – weiße klumpen in den wirren haa-
   ren um den schlaffen trocknenden schwanz –
ein dahintreibender mann sterbend
ein tuendes floß treibend
und ein trocknender, ein sterbender mann leer wie ein
   altes einweckglas, leerer schwanz trocknend und
   sterbend same und floß
schnee
nacht
fall – fällt

Von all den Dingen, mit denen ich mich in dieser Schilderung meines Lebensdurcheinanders beschäftigen muß, ist mir das unangenehmste und widerlichste die Reise, die ich im Sommer 1968 durch Süd- und Zentralafrika machte.

Es war der letzte Sommer vor meinem endgültigen Zusammenbruch im folgenden Herbst, und das, was ich in Afrika erlebte, was ich tat und nicht tat, beschleunigte fast sicher meinen Kollaps. Doch egal wie betäubend mein Schmerz auch war – es gab Hilfe zu Hause, auch wenn ich sie noch nicht gefunden hatte. Keine Hilfe hingegen gab es für den links orientierten Journalisten, den ich in Durban kennenlernte und der nicht mehr schreiben durfte, vom Staat von der Liste der Lebenden gestrichen. Keine Hilfe auch für den schwarzen anglikanischen

Priester, mit dem ich während einer Jugendkonferenz in der Kap-Provinz eine Hütte teilte, ein junger Mann, der, Jahre, bevor das Regime der Apartheid zerfallen sollte, von der rassistischen Polizei ermordet wurde.

Obwohl ich immer stärkeren Haß, sogar selbstmörderischen Haß, gegenüber meinem Körper empfand, hatte ich noch nie einen Haß diesen Ausmaßes erlebt, von solch unerbittlicher, gleichmäßiger Intensität. Das ganze Leben in der Republik Südafrika war von Bösartigkeit durchdrungen, tagtäglich erneuert durch die Angst vor der allgegenwärtigen, allwissenden Geheimpolizei und dem gewaltigen bürokratischen Apparat, der nur dazu diente, die irrationalen Rassengesetze durchzusetzen. Am heimtückischsten war jedoch die beständig flüsternde Stimme im Kopf eines jeden Südafrikaners, die vor der Rache warnte. Rache gegenüber jenen, die gewisse *Grenzen* überschritten, seien sie nun ideologischer, geographischer, sexueller, gesellschaftlicher oder juristischer Natur. Manchmal waren diese Grenzen obskur und vage, immer jedoch gefährlich nahe.

Ich lernte Südafrika kennen in den Gesprächen mit den Opfern der Bigotterie, mit den Opportunisten mit angenehm schlechtem Gewissen, mit prinzipientreuen Rassisten, mit mutigen Regimegegnern, die nur noch zu beißendem Zynismus fähig waren, mit Leuten, die sich dank ihres Wohlstands bequem innerhalb des Systems eingerichtet hatten, mit den Unpolitischen, den Politischen und Post-Politischen. Und während dieser Gespräche, während ich in die südafrikanische Kultur des koordinierten, chromatischen, subtilen Terrors eingeführt wurde, begann meine Hand, in der ich die Texte der »Normalität« hielt, unkontrollierbar zu zittern.

An diese Texte, dieses Skript kam und kommt man leicht. Sie gehen uns voraus, sind immer da; wir können sie in die Hand nehmen und verwenden oder auch nicht, uns damit eine Bibliothek der Möglichkeiten aufbauen, die unser Dasein umgibt wie der Horizont.

Die meisten Menschen entscheiden sich für das Hauptskript der »Normalität«, die Summe aller Regeln und Strategien, die nötig sind, um Bestrafung und Ausschluß zu entgehen, um das zu bekommen, was wir wollen. Bei manchen von uns jedoch wird der Versuch, dieses Hauptskript für sich zu übernehmen, durch einen physischen oder psychischen Riß unterbrochen, so daß im Geist nur unzusammenhängende Mitteilungen zurückbleiben. Ein Teil der Selbstdarstellung in der Welt bleibt primitiv und flüssig, entweder ungestaltet durch die Sprache oder geformt durch wirre Zeilen. Für solche Menschen ist das Dasein auf der Welt ein rein theatralischer Akt voller Unbehagen, jedoch immer von irgendeiner Überzeugung getragen, die das Geschick, der Ehrgeiz, die schauspielerischen Fähigkeiten und die Verschlagenheit des einzelnen jeweils zulassen.

In meinem Fall war der akkurate Vortrag des Hauptskripts immer schon schmerzlich und erschöpfend gewesen. Er war nur möglich durch die Nachsicht der anderen und durch die Tatsache, daß ich weiß war und männlich und ein Student auf dem Weg zu einem ehrbaren Beruf. Somit wurde mir auch der Respekt zuteil, den man jungen Männern in den vorfeministischen sechziger Jahren noch entgegenbrachte. Folglich verstanden auch fast alle meine schäbige Darstellung der bürgerlichen »Normalität« als echt.

Natürlich präsentierte ich der Welt eine liberal-demokratische Fassade, weil ich ihr so gut wie möglich verbergen wollte, daß ich mir hinter den Kulissen eine mörderisch faschistische Einstellung zusammenzimmerte. Wie sehr ich es mir wünschte, mir meine bröckelnde Gesellschaftsfähigkeit zu erhalten, wurde mir erst in Südafrika klar.

Bei meiner Ankunft Anfang Juni 1968, als mich die arg bedrängten Widerständler gegen die Apartheid voller Liebenswürdigkeit empfingen, wurde mir ganz allmählich bewußt, daß ich zum erstenmal im Leben – jedenfalls zum erstenmal, seit ich den rassistischen amerikanischen Süden zugunsten eines meiner Meinung nach »liberalen Humanismus« der nördlichen hohen

Kultur hinter mir gelassen hatte – einen Ort entdeckte, an dem ich keine »Normalität« spielen mußte, zumindest keine bourgeois-demokratische Normalität, wie ich sie mittlerweile vorzutäuschen gelernt hatte.

Ich nahm die Erzählungen meiner anglikanischen Kollegen von der öffentlich sanktionierten absoluten Kontrolle der einen Gruppe über die andere sowie von einem bedrückenden Wahn, der zur offiziellen Ideologie des Staates geworden war, voller Betroffenheit und Bestürzung zur Kenntnis, empfand aber in meinem Innern ein immer stärker werdendes Gefühl der Zufriedenheit. Endlich war ich in einer Welt angelangt, die ich verstand und der ich mich sofort zugehörig fühlte. Es handelte sich dabei um eine Zone des stillen, totalen Krieges der Mächtigen gegen die Machtlosen, des reinen, rationalen, ideologischen Geistes gegen den alles andere als fügsamen Körper.

Natürlich war es keine Frage, auf wessen Seite ich mich in diesem Krieg schlagen würde: auf die Seite der mächtigen Geschlechtslosen gegen die Ohnmächtigen mit Geschlecht, auf die Seite der Weißen gegen die Schwarzen – Worte, die im normalen südafrikanischen Sprachgebrauch noch immer mit den alten Konnotationen von Reinheit und Schlechtigkeit, Ehre und Schändung, Vernunft und Irrationalität, also unanfechtbaren Widersprüchen, aufgeladen waren. Das also war das Paradoxon jenes Sommers: Eine großherzige, für ihre humanitäre Einstellung bekannte amerikanische Kirche hatte mich geschickt, um ihre Interessen zu vertreten und ihre Solidarität mit den Unterdrückten und ihren Sympathisanten zu bekräftigen, und ich mußte feststellen, daß ich mich letztlich nur unter den Rassisten, den antichristlichen Anhängern des Totalitarismus, den Unterdrückern der Unschuldigen, wohlfühlte. Denn nur in Gesellschaft dieser Leute gelang es mir, das mir verhaßte Skript der »Normalität« wegzuwerfen und aus blinder Boshaftigkeit und sittsamer Rechtschaffenheit genauso wahnsinnig zu werden wie sie – endlich ganz rein und freudlos dazustehen, ein Werkzeug des unschuldigen Hasses.

Den glatten, rationalen Wahn lernte ich in Südafrika längst nicht so hautnah kennen wie in der winzigen Monarchie Swasiland, die wie eine Trockenerbse zwischen Südafrika und Mosambik eingeklemmt lag, 1968 noch eine Kolonie des faschistischen Portugal.

Wegen seiner Nähe zu Johannesburg, einem Zentrum der weißen Apartheid-Kritik, war Swasiland zu einer schnellen Zuflucht für südafrikanische Dissidenten geworden, insbesondere für Kommunisten, die sich offen gegen das Regime ausgesprochen hatten, bis sie durch die strengen Kommunistengesetze zu Verfolgten und Kriminellen geworden waren. Durch einen merkwürdigen Zufall lernte ich in Swasiland zum erstenmal das wahre Gesicht von Südafrika kennen – oder, genauer gesagt: das wahre Gesicht der aufeinander ausgerichteten Regimes im südlichen Afrika, die ständig Terror ausübten, dabei aber versuchten, diesen Terror vor allen zu verbergen, vor Bürgern und Fremden gleichermaßen.

Die Episode, die mir die Augen öffnete, begann beim Kaffee nach dem Abendessen im Haus einer älteren, wohlhabenden Ärztin, die ihre grauen Haare zu einem festen kleinen Dutt zurückgebunden hatte – einer weißen Südafrikanerin, die dank eines Hinweises von Freunden, daß die Polizei auf dem Weg zu ihrem Johannesburger Haus sei, geflohen war. Es war der Ausklang eines Abends, den ich als besonders angenehm empfunden hatte. Die Ärztin war eine Kommunistin der attraktiven alten Schule – sie stammte aus Mitteleuropa, war Jüdin, weltlich und kultiviert und hatte sich eine winzige, charmant chaotische Wiener Wohnung mitten in Schwarzafrika eingerichtet.

Ich wollte diese Zuflucht mit alten Möbeln und hübschem Porzellan gerade verlassen, um zu meinem kahlen Touristenhotel zurückzukehren, als das Telefon der Ärztin klingelte. Nachdem sie eine Weile schweigend zugehört hatte, wurde sie ganz aufgeregt und begann zu weinen. Sie fragte mich, ob ich sie noch in jener Nacht zur mosambikanischen Grenze fahren würde, weil ihr Alter und ihre schlechten Augen sie daran hinderten, ihren

Wagen nach Einbruch der Dunkelheit noch selbst über die einsamen, staubigen Straßen zu lenken. Sie sagte, sie würde mir alles unterwegs erklären.

Während wir über die holprigen Straßen durch die Schwärze der afrikanischen Nacht fuhren, über das hohe, ostafrikanische Plateau zwischen ihrem Haus und der Grenze, erzählte sie mir die Geschichte eines Freundes, eines kommunistischen Kameraden, eines Ingenieurs, den die südafrikanische Geheimpolizei aus dem Land vertrieben hatte. Seitdem lebte er ziemlich unglücklich als Hausmeister an einer Swasi-Schule mit falschem britischem Paß, einem Transitvisum und gerade so viel persönlicher Habe, daß man ihn tatsächlich für die Person halten konnte, für die er sich ausgab.

Er hatte vor, sich als muffiger, ein wenig wirrer britischer Tourist auf großer Reise durch das ehemalige Empire von Swasiland nach Mosambik zu stehlen, sich nach Lourenço Marques, dem Hauptquartier von Mosambiks Kolonialregierung und wichtigstem Flughafen, vorzuarbeiten und schließlich von dort mit dem Flugzeug aus Afrika nach London zu fliehen.

Doch am Flughafen von Lourenço Marques wartete schon die portugiesische Geheimpolizei auf ihn, die mit an Sicherheit grenzender Wahrscheinlichkeit einen Tip von ihren südafrikanischen Kollegen bekommen hatte. Der Mann wurde festgenommen, sofort identifiziert und durch physische und psychische Folter gezwungen, sein Vorhaben zuzugeben. Danach brachte man ihn zu einem winzigen schuhschachtelförmigen Gebäude an einer staubigen Landstraße, wo ihn die portugiesischen Beamten über die Grenze beförderten. Von jenem verlassenen Ort aus nahm er telefonisch Kontakt mit Freunden auf, die sich wiederum mit der Ärztin in Verbindung setzten. An jenem Ort nun wartete er darauf, daß wir ihn aus der kurzen, brutalen Hölle, durch die er soeben gegangen war, zurück in die dauerhaftere und unendlich monotonere Hölle brachten, der er hatte entkommen wollen.

Wir fanden einen moralisch und emotional durch sein Versagen und die Gewalt, die gegen ihn ausgeübt worden war, gebrochenen Mann vor. Während wir über die holprigen Straßen zurück ins Herz von Swasiland fuhren, saß er zusammengesunken auf dem Rücksitz, weinte und rief immer wieder aus, daß ihm die Flucht nie gelingen würde.

Hier lernte ich ein Gefangensein kennen, wie ich es bisher nicht gekannt hatte. Doch zum erstenmal hatte ich es auch mit einer Realität zu tun, der ich unter allen Umständen aus dem Weg gehen wollte, wie alle Neurotiker: das abrupte Zurückgeworfensein auf den Körper sowie das Bewußtsein vom Anderen in seiner ganzen rücksichtslosen, leidenden, mächtigen und unerbittlichen Andersheit. Aber vielleicht, weil ich so geübt darin war, genau solche Abstürze in das gut gehütete Geheimnis im Innern zu verhindern – vielleicht auch, weil etwas in mir gestorben war oder nie gelebt hatte –, vielleicht spürte ich deshalb nichts. Kein Mitleid, nicht einmal die ganz normale Verlegenheit, die eigentlich zu erwarten war, wenn man zusammen mit einem weinenden, gebrochenen Fremden in einem Wagen saß. Keine Neugierde hinsichtlich seiner Wunden, auch keine Sorgen über seine Zukunft.

Ich empfand auch am frühen Morgen, auf der Rückfahrt, nichts. Ich konnte lediglich nicht schlafen, also ging ich ein bißchen auf dem Hotelgelände spazieren, dann hinunter in die schmutzigen Straßen des Ortes. Erst jetzt, als ich den Blick hob, fiel mir zum erstenmal seit meiner Ankunft südlich des Äquators auf, daß die Sterne eine andere Position am Himmel hatten.

Ich hatte das Gefühl, auf einem anderen Planeten gelandet zu sein, auf einem Planeten, der der Gewalt in meinem Innern freundlicher gesonnen war, einen anderen Himmel und einen anderen Boden besaß, einen Boden voller Haß und Blut. Wenn ich dort bleiben konnte, in jenem totalitären Netz der Beziehungen, wenn ich wenigstens ein bißchen Terror verbreiten konnte, dann wäre ich glücklich. Dort müßte ich mich nicht mehr verstellen, nicht mehr so liberal tun.

Ich behielt meine Gefühle in jener Nacht für mich. Ich behielt sie auch am nächsten Tag für mich, als das kleine Flugzeug der Air Swazi über die einsame Steppe hinwegstrich und mich nach Südafrika zurückbrachte. Erst gegen Ende des Fluges begann so etwas wie ein Gefühl in mir aufzukeimen – etwas so Erschreckendes und Beunruhigendes, daß ich nicht darüber schreiben konnte, nicht einmal in den kodierten Tagebüchern, die ich führte. Der Geruch der Blüte, die da in mir heranwuchs, war erotisch, verwirrend sexuell, brutal, sadistisch.

Statt Mitleid für den unglücklichen Mann zu empfinden, den ich in der Nacht zuvor an der Grenze zwischen Swasiland und Mosambik aufgelesen hatte, sehnte ich mich auf die andere Seite des kahlen Grenzhäuschens, wo die Ärztin und ich den geschundenen Körper des Mannes gefunden hatten. Meine Begierde reiste noch weiter nach Süden, zu den namenlosen, gesichtslosen Mächten tief im Innern von Südafrika und Mosambik, die allen alles antun konnten, die nur zu dem Zweck existierten, unwichtige Menschen, die eine klägliche Flucht versuchten, zu vernichten. Was mich in Erregung versetzte, war die Erkenntnis, daß diese Mächte immer ohne Reue oder Mitleid oder Kummer handelten.

Ich sehnte mich danach, in die Dunkelheit der Nacht zu gehen, nach jenen unendlichen Mächten zu suchen und mich ihnen zu ergeben, mit ihnen gemeinsame Sache zu machen in ihrer phantastischen Mission, das Nichts durchzusetzen, die beständige Unterdrückung von Geist, Körper und Loyalität aufrecht zu erhalten – mit anderen Worten: Ich sehnte mich danach, daß mich die allwissenden Väter – egal auf welche Weise – teilhaben ließen an der emotionslosen Folterung ihrer ekelhaften Söhne. Die Freude, die ich empfand, hatte mit meiner Vorstellung zu tun, daß ich dabeistand, während diese Mächte ihre Kraft an einem wehrlosen, nackten Körper ausließen, aus reiner Lust an der freudlosen Vernichtung.

ich empfand nichts   nichts während der fahrt durch
*   die afrikanische nacht*
nichts an der grenze   nichts als der mann in den
*   wagen stieg   nichts beim anblick seines geschunde-*
*   nen körpers und seines geschundenen geistes   nichts*
eine tasse tee, eine tasse kaffee, danke, nein danke.
ein geschundener körper   der schluchzende mann auf
*   dem rücksitz während ich durch die afrikanische*
*   nacht fuhr   es war mir egal*
es ist mir egal eine tasse tee eine tasse kaffee
danke   ich empfinde nichts   ich kann den samen an
*   meinen händen nicht riechen*
eine tasse tee eine tasse kaffee
alle sterne waren fremd.

Der letzte Schritt in Richtung Auflösung ereignete sich im Früh-
herbst 1968, nachdem ich zum Studium nach Amerika zurückgekehrt war. Ich konnte fast nichts lesen. Die Worte schienen zu verschwimmen oder brannten sich in meine Augen. Ich konnte
nichts schreiben, mir in den Seminaren keine Notizen machen,
weil ich nichts hören konnte. Alles wurde durch das Rasseln von
Ketten, Waffen, Haß und Erinnerungen in meinem Gehirn ausgelöscht – von dem unkontrollierbaren Flackern der Erinnerungen und Pseudoerinnerungen aus der Kindheit, aus Afrika,
Irland, wo auch immer. Sexuelle Erregung plagte mich, wenn ich
an Afrika dachte, Angst vor den Erektionen, wenn die Gedanken
unkontrolliert abschweiften zu dem gebrochenen Mann auf dem
Rücksitz; wenn mir Irland in den Sinn kam, meine Unfähigkeit,
das hübsche bibliographische Projekt dort ordentlich zu Ende zu
führen, jener Sommer des Jahres 1967 mit seinem vom Regen
durchnäßten Kummer, seinen samenbefleckten Laken und Slips,
dem Haß auf Bücher, hatte ich das Gefühl zu ersticken.

Von allem, was sich ereignete, bevor ich tatsächlich zusammenbrach, war das Kollabieren der Sinne, das Erblinden und Taubwerden das Schlimmste. Diese Schmerzen sollten mich retten, indem sie irgendwann meine Situation unerträglich machten – aber noch nicht jetzt. Ich sehnte mich immer noch danach, in meinem Körper ein winziges Südafrika zu schaffen, sozusagen als letzte Bastion gegen marodierende Begierden, Ablenkungen, Rebellionen.

Erst später erkannte ich, daß die Depression die Kultur einer solchen Gesellschaft ist, nur in klein: das Ich als winziger moderner Staat, der die Monotonie des totalitären Staates und seine hektische Ablenkung, seine unterdrückerische und parasitäre Bürokratie, seine Polizeigewalt, seinen Schrecken, der keine sichtbaren Narben hinterläßt, nachahmt. Unsere intimsten Angelegenheiten behandeln wir wie die Außenpolitik. Der Depressive gibt in sich widersprüchliche Anweisungen an sich selbst, praktiziert die Verführung, die der Unterwerfung und Degradierung anderer und der widerspenstigen Kräfte im eigenen Ich dienen soll. Im Zentrum unserer Politik steht natürlich die größte Anmaßung des modernen Staates, seine ultimative Macht über uns: *das Recht auf Justizmord.* Selbstmord ist nur eine andere Bezeichnung für die Todesstrafe.

Aber all das begriff ich erst später. Im Herbst 1968 erkannte ich lediglich, daß die Kluft zwischen mir und dem, wofür ich die Welt hielt, sich immer weiter vergrößerte. Ich glaubte, meine Taubheit durch meinen Willen herbeigeführt zu haben; jedenfalls konnte ich nicht hören, was in Seminaren und Vorlesungen gesagt wurde; meine Notizen waren ein einziges obszönes, unzusammenhängendes Gekritzel. Trotz meiner allgemeinen Taubheit meinte ich, bestimmte Worte in der Ferne wahrzunehmen – alle feindselig, aggressiv, gegen mich gerichtet, abzielend auf meine Vernichtung. Ich hörte Flüstern in den Fluren, Spott über mich, meine Dummheit und meine spröde Korrektheit. Das Lächeln der Professoren, denen ich in den Gemeinschaftsräumen oder im Seminar begegnete, verwandelte sich in ein herablassendes Grinsen voller Haß.

Ich hatte immer stärker das Gefühl, verfolgt, umzingelt, ausgetrickst zu werden. Irgendwann kam ich zu dem Schluß, daß meine Feinde versuchten, mich umzubringen. Ich fuhr in die Stadt, zu einem schäbigen Laden mit Armeerestbeständen, und kaufte mir zur Verteidigung ein spitzes, rasiermesserscharfes Stahlmesser. Dieses Messer hatte ich immer dabei, während der Seminare in meiner Aktentasche, in der Bibliothek unter einem Stapel Bücher verborgen, in meiner Manteltasche, wenn ich abends spazierenging. Ich konnte nicht schlafen, wenn das Messer nicht auf meinem Nachtkästchen lag.

In meiner Angst schwang auch die Sehnsucht mit, daß sich tatsächlich einer meiner Feinde in mein Zimmer stehlen und mir einen Grund geben würde, Rache zu üben: Ich hätte mein Messer gern bis zum Anschlag im weichen Fleisch meines Gegners vergraben.

Als sich in der Nacht keine Feinde einstellten, blieb mir schließlich nur noch der eine Feind, der mich nie verließ – und ich spielte mit dem Gedanken, mich selbst aufzuschlitzen, meine schmutzigen Eingeweide aufzuschneiden, damit der blutige Kot in die Laken rinnen konnte, bis das Bluten und Fließen endlich aufhörte und ich meine Ruhe hatte, friedlich schlafend, ohne Angst. Am stärksten gierte ich danach, mich selbst abzuschlachten, wenn ich masturbierte mit der einzigen beherrschenden Phantasie, daß ich mir das Messer in den Unterleib rammen, Phallus, Geist und Körper und Bauch gleichzeitig zerstören, Erinnerung und Geist und Leben in einem einzigen obszönen Erguß beenden würde.

Anfang September 1968

Erstaunlich, mit welch widerlicher Leichtigkeit die ersten Tage des Kurses vorübergehen, die glatte Zeit, in der nichts gesagt wird – meine Ohren sind verstopft wie die stummen Bilder über meinen geistigen Projektionsschirm laufen, mir nichts zuflüstern, nichts tun.

ich liege nackt auf den laken, der ventilator bläst
kühle luft über die nacktheit, trocknet den samen, den
kalten, noch feuchten samen in klumpen auf den spär-
lichen bauchhaaren – haß, laute wut im innern, lau-
ter als der rasselnde ventilator –

drauſsen auf den laken, der bauch gesprenkelt mit
verhaſstem samen, samen-erguſs-haſs drinnen, wilder
ansturm von haſs auf sie alle – für nichts lohnt es sich
zu leben, nur der haſs ist es wert, und davon gab's genug
heute abend bei der »cocktail party der graduierten« –
ich habe jede sekunde, jedes dumme, lächelnde gesicht
gehaſst.

»Was machst du diesen Herbst?«

nichts. wichsen, leerer erguſs vergiftet die laken.
blut.

»Was machst du?«

ein ding sein, nichts bekommen. messer sein in der
dunkelheit, die weichen bäuche verfolgen und sie auf-
schlitzen. die universität hassen, wie ich sie nie zuvor
gehaſst habe – scheuſsliche dinge kennenlernen, die von
den stinkenden sümpfen ganz unten in meinem innern
aufsteigen, gräſsliche dinge, phantasien von rache und
haſs, mord durch samengift, sie alle sehen, die leute, die
die feudale hierarchie des englischen instituts beherr-
schen – tot, mit samenflecken vergiftet, sich auflösende
knochen und fett in bottichen des zerstörerischen
nichts, und dann nichts mehr –

In der realen Welt, die ich immer weiter hinter mir ließ, war
tatsächlich eine geheime Verschwörung zu meinem Besten im
Gange.

Meine Professoren machten sich immer größere Sorgen über
mein merkwürdiges Verhalten, vor allem darüber, daß ich,
anders als sonst, immer wieder in Seminaren versagte. Im Spät-
herbst 1968 beschloß das Institut zu handeln; man erklärte mir

höflich, aber bestimmt, daß ich auf der Stelle mit meiner Vorbereitung auf die Doktorarbeit aufhören solle. Die Professoren, so hieß es, seien der Meinung, daß ich mich auf direktem Wege zu einem Nervenzusammenbruch befinde und nicht mehr zu akademischer Arbeit fähig sei. Man legte mir nahe, daß ich professionellen Beistand suchen solle.

Ich verließ die Universität sofort und kam vorübergehend in der New Yorker Wohnung von Bekannten, einem Priester der Episcopal Church und seiner Familie, unter. Allerdings verabschiedete ich mich nicht ganz so schnell, wie es dem Leiter des Instituts und seinen Assistenten lieb gewesen wäre, von der Universität. Einer meiner Professoren, ein distanzierter, ziemlich unzugänglicher Spezialist für amerikanische Literatur namens William Rueckert, der sich im Gegensatz zur gerade herrschenden Mode für Freud und die französischen Strukturalisten interessierte, war nicht über die Entscheidung der Institutsleitung, mir den Abbruch meines Studiums nahezulegen, informiert worden und regte sich schrecklich darüber auf. Er bestand darauf, daß man mich aus New York zurückholte, damit ich das Semester beenden konte, das ohnehin nur noch zwei Monate dauerte – denn eine abrupte Unterbrechung des abgeschiedenen, disziplinierten akademischen Lebens, erklärte er der Institutsleitung, und der daraus resultierende Sturz ins Nichts könnte sich als katastrophal für mich erweisen. Außerdem betonte er, ich habe in letzter Zeit trotz meines Versagens in vielen Dingen die vielleicht kreativsten und experimentellsten Thesenpapiere meines gesamten Studentendaseins verfaßt. Also wurde ich schon nach wenigen Tagen in New York wieder in die Universität zurückberufen, von Rueckert vor der fast sicheren Katastrophe bewahrt.

Dieser hilfreiche Professor war damals der Neigung nach Außenseiter und ist es heute noch. In meiner Studienzeit war er, wie gesagt, ziemlich unzugänglich, sogar für diejenigen, die sich von seinen frischen Interpretationen alter Texte und seinem Wissen um ausländisches Gedankengut in einem ansonsten ausschließlich an amerikanischer Forschung interessierten englischen Institut begeistern ließen. Ich bewunderte ihn, aber ich kann nicht behaupten, daß ich ihn je kennengelernt hätte; ich hatte auch keinerlei Ahnung, daß er so viel von mir hielt.

Nachdem ich irgendwie das Semester hinter mich gebracht hatte – mittlerweile war ich tatsächlich nicht mehr in der Lage, mit dem Studium fortzufahren –, nahm er noch ein letztes Mal Kontakt mit mir auf: Er kopierte mir eine Seite aus einem Buch und steckte sie mir kommentarlos in den Briefkasten. In dem Buch ging es um die immer wiederkehrenden Zusammenbrüche des Dichters Theodore Roethke, die ihn genauso erschreckten wie die Leute in seiner Umgebung. Roethkes Psychiater beschäftigten sich ausführlich mit der Stille, die über den Dichter hereinbrach, mit seiner Unfähigkeit, zusammenhängend zu schreiben oder zu sprechen. Doch auf der Seite, die Professor Rueckert mir geschickt hatte, arbeitete der Autor des Artikels die Tatsache heraus, die den Ärzten offenbar immer entgangen war. Nach jedem Absturz in den Fast-Wahn war Roethkes Dichtkunst stärker als zuvor; er wurde immer kreativer. Oder, wie der Autor es ausdrückte: Roethkes periodisch wiederkehrende »Auflösungen« waren Teil eines Zyklus, der immer die »Reintegration auf höherem Niveau« beinhaltete.

Dieser Text beschleunigte die gefürchtete Entscheidung, mich in die Obhut eines Psychiaters zu begeben; allerdings bestand mein Hauptmotiv darin, daß mir nichts Besseres einfiel. Erschöpft allein schon von meinen Bemühungen, mich zu ernähren und anzuziehen, unterzog ich mich einer psychiatrischen Untersuchung an der berühmten Universitätsklinik, die meiner Alma mater angeschlossen war. Nach einer Beurteilung, an die ich mich kaum noch erinnern kann, und nach der Entscheidung des Sozialarbeiters, der sich mit mir unterhalten hatte, daß ich nicht zu denen gehörte, die nur versuchten, sich um ihren Militärdienst und den Einsatz in Vietnam zu drücken, wurde ich zu einem Fall.

14. November 1968

teufelstage

*die hunde – zerreißer, angreifer der verlorenen und
    kranken –
feiglinge in der dunkelheit des gebüschs –
schakale spuken in der nekropolis, bei den gräbern der
    toten, pissen auf früher weiße wände*

*ermordet verschmutze ich den gehsteig mit meiner
    fäulnis, dem exkrement des todes   verseuche den
    schmutz mit gift
die hunde streifen in meinem geist umher, bereit zu
    zerstören – in freundschaft zu töten – in liebe zu
    morden –*

Jetzt: liebe die hunde nicht mehr

KAPITEL DREI

Unterwelten

Dezember 1968

David (nach unserem ersten Treffen:
Tablette, Arznei, etwas gegen Kopfschmerzen oder das
schismatische Leben . . .
  Kleber

Meine erste Begegnung mit der Psychotherapie spaltete sich in unterschiedliche Stufen des objektiven Elends auf: in das erste Gespräch mit einem Bürokraten; das Warten auf unsichtbare Mächte, die eine Entscheidung über meine »Behandlung« treffen sollten; das weitere Warten auf die erste Sitzung mit einem Psychiater und schließlich den Abstieg in das Unfaßbare. Doch viel schlimmer als die Einweisungsmodalitäten war die Tatsache, daß ich mich selbst als moralischer Versager sah. Wahrscheinlich haben auch die Patienten von heute noch mit diesem Gefühl des Versagens zu kämpfen, aber 1968 war es viel schwerwiegender. Natürlich attackierten auch damals schon einzelne Psychiater und ein paar Patienten, die mutig genug waren, sich gegen die falschen Behandlungsmethoden und die uneingeschränkte psychiatrische Diktatur, die diese zuließen, zu wehren, die orthodoxe »Nervenheilkunde«, die die Krankenhäuser und Kliniken für gewöhnlich anwandten. Aber im großen und ganzen basierten Psychologie und Psychiatrie noch fast ausschließlich auf dem blinden Nachkriegsglauben an die bis dahin unwiderstehliche Autorität, der heute kaum noch zu begreifen ist, seinerzeit jedoch in der kollektiven Phantasie der Öffentlichkeit sowohl von Schrecken als auch von Faszination durchdrungen war.

Einerseits hatte ich schreckliche Angst davor, mich in die Hände der Ärzte zu begeben – weil das dazu führen mußte, daß ich mein Versagen öffentlich eingestand, und weil ich glaubte, mich nie wieder aus ihnen befreien zu können, sobald ich mich ihnen ausgeliefert hatte. (Bei Menschen, die in den sechziger Jahren unter noch schlimmeren psychischen Krankheiten litten als ich, war diese Furcht mit Sicherheit nicht unbegründet.)

Andererseits war ich nicht mehr in der Lage, den Zorn und die zersetzenden Flüssigkeiten, die in meine Äußerungen und Handlungen einflossen, zurückzuhalten, ich sehnte mich danach, daß mein zusammenhangloser Körper unter Aufsicht der rigiden Obrigkeit zur Beobachtung in ein Gefäß gesteckt wurde, damit er sich nicht wieder aufzulösen begann und die sabbernden schwarzen Hunde anzog, deren Nähe ich spürte.

Im Herbst 1968 ergab sich so etwas wie ein Stillstand, weil ich Angst davor hatte, mich für einen der beiden Wege zu entscheiden, die mir offenstanden – »Hilfe zu suchen«, wie man es damals nannte, wenn man sich in die Hände der Ärzte begab, oder keine Hilfe zu suchen. Mein Beschluß, mich doch in die riesige Universitätsklinik zu begeben, hatte hauptsächlich damit zu tun, daß sich irgendwann keine Menschen mehr fanden, denen ich etwas vorjammern konnte, und daß mein Institut entschieden hatte, mich vom Studium auszuschließen. Er hatte jedoch auch etwas mit dem Bild zu tun, das ich von den Ärzten hatte: Sie hatten auf fast schon wunderbare Weise dafür gesorgt, daß die Kinderlähmung, das Schreckgespenst meiner Kinheit, ausgerottet worden war. Nun hatten sie in meinen Augen die Macht, alle Übel und Störungen, alle Symptome zu beseitigen, sogar die schrecklichen Kräfte, die auf meine Sprache und meine Handlungen einwirkten. Ich stellte fest, daß ich mich danach sehnte, mich dem Blick der absoluten Macht, dem durchdringenden Strahl des absoluten Wissens, auszusetzen. Ich war bereit, »Patient« zu werden, ein melancholischer Atheist, den die Depression aus mir machen würde, wie ich es immer befürchtet hatte – ein williges Objekt, isoliert im Licht der psychiatrischen Technologien, der Sprache und der Macht.

18. Dezember 1968

Meine Liturgie, mein Ritual: die Kategorien des Körpers aufreißen, den Körper von Osiris zerstückeln, damit man die Einzelteile findet und sie zu einem Gott

werden können – ich bin Osiris im Papyrussumpf, zer-
rissen von meinem dämonischen Bruder,
   dem dämonischen Anderen –
      ich würde aus der Stasis auftauchen, der Leblosig-
keit, und tausend Namen würden in mir brennen –
Osiris, einst ganz, dann zerbrochen, dann von Isis im
Papyrussumpf zusammengeflickt, ein Flickenteppich
strahlender Namen, alle unterschiedlich –

Mein Fall wurde als ernst eingestuft. Ich wurde sofort überwiesen, und man teilte mir meinen ersten Termin mit. Der Krankenhausvertreter, der mich anrief, erklärte mir, ich würde den Namen meines Therapeuten in der Klinik erfahren.

Die Tage vor meiner ersten psychotherapeutischen Sitzung – eine Stunde, aus der Jahre und Jahrzehnte des Patientendaseins werden sollten – waren angefüllt mit zwanghaften Gedanken an Blut, an meine eigenen Blutungen und Selbstquälereien, die sich mit stundenlanger Bewegungslosigkeit und zorniger Benommenheit abwechselten.

Es gelang mir nicht, das Blut von meinem Geist abzuwaschen oder mich von dem Haß auf meinen Körper zu befreien, der es nicht geschafft hatte, sich selbst zu kurieren. Ich haßte den Therapeuten, dem ich zugewiesen war, schon, ohne ihn zu kennen, weil er für mich den sicht- und greifbaren Beweis dieses Versagens darstellte. In der verdrehten Logik jener Tage beschloß ich, ihn zu hassen und mich ihm gleichzeitig zu unterwerfen, insgeheim die Welt zu verachten, der er angehörte – die Welt der »Normalen«, der »Erfolgreichen« –, weil das genau die Welt war, von der ich mich ausgeschlossen fühlte.

Als ich mich an der Rezeption der riesigen Universitätsklinik anmeldete, legte ich mir meine Worte zurecht. Ich würde von Blut und Grausamkeiten reden, von der Selbstauslöschung, von der Hoffnung, die vernichtenden therapeutischen Mächte auf mich herabzubeschwören, die meine Konfusionen meiner

Meinung nach aus der Dunkelheit ins Licht befördern würden, um sie auszulöschen.

Nachdem David sich höflich vorgestellt hatte, erklärte er mir, er habe gerade sein Studium der Psychiatrie abgeschlossen, unsere Sitzungen würden fünf Dollar die Stunde kosten, wir würden uns, jedenfalls fürs erste, wahrscheinlich an jedem Wochentag sehen, und er würde unsere Sitzungen mit dem Kassettenrecorder aufnehmen, um sie später mit seinem akademischen Fachbetreuer auswerten zu können. Er stellte mir keine einzige Frage.

Davids distanziertes, professionelles Verhalten, die ganz offensichtlich fehlende Betroffenheit, ärgerten mich. Am schlimmsten jedoch fand ich die Tatsache, daß er mir mitteilte, er wolle unsere Gespräche mit dem Kassettenrecorder aufnehmen. Ich hatte mir vorgestellt, daß sie im wahrsten Sinn des Wortes unter vier Augen stattfinden würden. Obwohl die Mechanismen, die es mir erlaubten, meinen Haß auf einen winzigen, bösartigen Kern in meinem Innern zu reduzieren, in letzter Zeit immer wieder versagt hatten – damit hingen mein merkwürdiges Verhalten und meine Hör- und Sehausfälle zusammen, die dazu geführt hatten, daß ich von der Universität verwiesen worden war –, riß ich mich an jenem ersten Tag so weit zusammen, daß ich meine Entrüstung nicht zeigte.

Die erste Sitzung war ziemlich geschäftsmäßig, und ich unternahm auch nichts dagegen; David spielte den Verteiler verwaltungstechnischer Informationen, und ich spielte den guten Schüler und Zuhörer. Ich rechnete damit, daß er mir bald schon eine Frage stellen, sich nach meinem Problem erkundigen würde. Doch David verkündete irgendwann ungerührt, die Zeit sei um, unser nächstes Treffen würde am nächsten Morgen zur selben Zeit stattfinden. Er verabschiedete sich nicht.

Die Irritationen der ersten Sitzung waren nichts im Vergleich zu denen der zweiten am folgenden Morgen. Wieder ging ich davon aus, daß David mich fragen würde, was mit mir los sei, und beginnen würde, mir Hinweise darauf zu geben, wie ich den anhaltenden Haß und den Schmerz, der in mir wütete, kontrollieren könnte. Statt dessen fing er an, mich mit leiser Stimme zu fragen, was meiner Meinung nach zwischen uns passieren würde, und wie wir dann weitermachen sollten. Diese Fragen verblüfften mich. Bis dahin hatte ich geglaubt, daß die Psychotherapie dazu dienen sollte, *mir* zu helfen, nicht dazu, einen Vertrag zwischen *uns* auszuhandeln.

Dieser Glaube zeugte natürlich von der völligen Unkenntnis psychotherapeutischer und psychoanalytischer Prozesse: Ich wußte lediglich so viel darüber, wie ich anhand von Hitchcocks *Spellbound (Ich kämpfe um dich)* und universitären Aufsätzen über freudianische Forschungsansätze in der Literatur erahnte. Es handelte sich dabei um ein bewußt aggressives Unwissen, das bei jenen, die sich ein solches Unwissen am wenigsten leisten können, vermutlich am weitesten verbreitet ist.

Ich hatte es bewußt vermieden, irgend etwas über die Psychoanalyse zu erfahren, weil sie meiner Meinung nach etwas typisch Amerikanisches war, dem sich fast alle wohlhabenden jungen Ostküstenamerikaner in meinen Seminaren unterzogen hatten, manche von ihnen schon in der Kindheit, die meisten jedoch in der Pubertät. Neurosen – so verstand ich den Begriff seinerzeit – waren also weniger eine Krankheit, die das Leben zur Qual machte, sondern eher so etwas wie eine Schrulligkeit, die dazu dienen sollte, die entsetzlich bürgerlichen Eltern dieser jungen Leute zum Wahnsinn zu treiben. Und eine »Therapie« war meiner Meinung nach lediglich eine teuere Farce der manipulativen Kinder gegenüber ihren händeringenden Eltern.

Es war mein Snobismus – vielleicht auch meine Angst, die als Snobismus daherkam und tief in meiner Südstaatenabneigung gegen sämtliche Parvenü-Attitüden der Yankees verwurzelt war –, der mich daran gehindert hatte, mich über den dynamischen Austausch der Therapie zu informieren. Obwohl ich mit den grundlegenden Texten, Traktaten, Essays und Fallgeschichten von Sigmund Freud vertraut war – ihre Lektüre war in meinen universitären Kreisen unerläßlich –, hatte ich bis dahin keine praktische Verbindung zwischen den Worten auf dem Papier und dem, was im Leben möglich oder erstrebenswert war, hergestellt. Nicht einmal die Vorlesungen von Norman O. Brown, der seinerzeit an meiner Universität unterrichtete – *Life Against Death* und das poetische, sinnlich radikale *Love's Body* waren soeben erschienen –, hatten mir, abgesehen von der reinen Information, Einsichten eröffnet.[6]

Der Grund dafür, daß ich Freuds Worte nicht wirklich an mich heranließ, lag in meiner Störung, die alles neutralisiert, was sie bloßstellen könnte. Ich hatte mir eingeredet, Freuds apokalyptische Entdeckungen – falls sie überhaupt jemals apokalyptisch gewesen waren –, seien einer solchen Verwässerung und Anpassung an das Bewußtsein der Vorortbewohner unterzogen worden, daß die Psychoanalyse nun nur noch so etwas wie Balsam für die Neureichen war.

Trotz meiner Abneigung gegen Davids Frage, was »mit uns passieren würde« und weil die Depression mich gelehrt hatte, mich artig jenen zu unterwerfen, die etwas besaßen, was ich selbst gern gehabt hätte, fühlte ich mich verpflichtet, eine Antwort zu geben. Also sagte ich etwas von der Offenbarung schwieriger, ja schrecklicher Dinge, die tief in meiner elenden Vergangenheit verborgen lägen, von Geheimnissen, die ich noch niemals jemandem eröffnet hätte. Ich hoffte, daß er, ausgestattet mit dem Wissen um meine unglückliche Vergangenheit, in der Lage sein würde, meine Störung zu erkennen und mir etwas dagegen zu verschreiben, und zwar in Form von Einsichten in mein Problem. Wenn ich mich erst einmal im Besitz jener Einsichten befände – für mich waren sie so etwas wie Werkzeuge, Schraubenzieher, Spachtel oder Schraubenschlüssel –, wäre ich in der Lage, die bröckelnde Fassade auszubessern, die einstürzenden Schutzmauern gegen meine Feinde wieder aufzubauen, und schließlich mit meinem Studium weiterzumachen.

Doch David sagte nichts. Er starrte mich nur an und notierte sich etwas, dann sagte er, die Zeit sei um.

25. Dezember 1968

> *die verhaßte realität überflutet meinen strand, tränkt*
> *das körpergewebe mit träger faktizität, verhärtet und*
> *schmerzt – ich habe keine erotischen phantasien, je-*
> *denfalls keine schönen – ich will sie, hell und warm,*
> *nicht blutig und gewalttätig, kristallisierte fakten auf-*
> *lösend, organe und gewebe und geist in mir ersetzend*
> *durch kalten, grellen stein –*
> *   ich hasse david, weil er sanft und ruhig ist, während*
> *ich meinen steineknackenden körper herumschleppe,*
> *während tränen heraussprudeln, aus meinem geist*
> *lecken, pisse und weißer, stinkender same, der die*
> *unterwäsche befleckt, das leck im anus, das leck im*
> *geist ...*

Damals konnte ich, wenn überhaupt, vielleicht nur auf einer abstrakten Ebene verstehen, daß es in der Psychotherapie hauptsächlich um Enttäuschung und schlechte Freundschaft geht.

Gute Freunde haben Mitleid oder lassen sich bis zu einem gewissen Grade formen; sie sind bereit, bis zu einer bestimmten Grenze unser Bedürfnis nach Nähe zu befriedigen. Psychotherapeuten jedoch weigern sich, sich formen zu lassen; sie schlagen ganz unemotional und bestimmt die Bitte um Information, Mitleid, ja sogar ganz normale menschliche Zuneigung aus. Sie fahren in Urlaub oder nehmen an Konferenzen teil, wenn wir es überhaupt nicht brauchen können, und weigern sich, Sitzungen ausfallen zu lassen, wenn wir felsenfest davon überzeugt sind, »geheilt« zu sein und ihre beständige Mißachtung nicht mehr zu benötigen.

Wenn ich in den ersten Wochen mit David aus der Klinik hinaus in den beginnenden Winter ging, hatte ich das immer stärker werdende Gefühl, daß er einfach nicht genug Achtung vor mir hatte, um mir seine Geheimnisse zu verraten. Folglich

94

war es meine Aufgabe, ihm klarzumachen, wie wichtig mein Fall und ich selbst waren, wie eilig ich es hatte, wieder mit dem Studium zu beginnen, ausgestattet mit den Medikamenten, die nötig waren, um meinen Körper von dem schwarzen Haß zu befreien, der ihn niederdrückte. In meinen Augen war ich ein ganz besonderer Fall, der eine bessere und schnellere Behandlung verdiente als die, die David gewillt war, mir zukommen zu lassen. Ich stammte aus einer alten, bedeutenden Familie, ich konnte ihm eine ungewöhnliche, dunkle Geschichte erzählen, wie er sie noch nie gehört hatte, und ich war bereit, ihm jene schrecklichen Dinge zu sagen, die mein Bewußtsein geformt und mir den Zugang zu den Freuden der Welt verstellt hatten – Erzählungen, aus deren Griff er mich befreien konnte, wenn ich ihn nur dazu brachte.

Es vergingen nicht allzuviele Tage, bis David mich schließlich bat, ihm etwas über mich selbst zu erzählen. Und so rollte ich den Schmerzensteppich meiner Geschichte vor ihm aus, mit Bildern aus der Zeit, in der ich nach dem schnellen Verschwinden meines Vaters und dem schrecklichen Dahinscheiden meiner Mutter zu Tode deprimiert war; ich, der kleine Sproß des Südstaaten-Landadels, zerrüttet durch den Wechsel in die demokratische, bürgerliche Stadt; ich, fast wahnsinnig vor Angst vor meiner eigenen Sexualität, die ich im Namen der ewigen Jungfräulichkeit unterdrückte, obwohl ich feststellen mußte, daß diese unterdrückten Leidenschaften die glatte Oberfläche meines Lebens störten und zerstörten; ich, der Onanist voll gewalttätiger Gedanken, der seinen Samen in seine eigene Faust spritzte, während er sich danach sehnte, das Blut seiner imaginären Feinde zu vergießen.

Ich zählte ausführlich Symptome auf, die praktisch allen Arten der Depression gemeinsam sind – allerdings wußte ich damals noch nicht, daß meine Klagen alles andere als einzigartig waren. Ich klagte über ein Nachlassen meiner Lebensenergie, über die verminderte Fähigkeit, mich über erfüllte Wünsche oder ästhetische Dinge zu freuen. Es fiel mir schwer, mir ganz normale Ziele zu setzen, und wenn ich sie mir setzte, sie zu realisieren. Ich hatte ständig das Gefühl, immer nur damit beschäftigt zu sein, ins Nichts zu marschieren; wahrscheinlich haben die meisten Patienten in der Psychiatrie dieselben Probleme.

Ich klagte über Schlaf- und Eßstörungen. Ich ertappte mich dabei, daß ich nur noch den allernötigsten Kontakt zu anderen Menschen aufnahm. Diese Gefühle, die sich bei vielen Depressiven nur als ein generelles Unglücklichsein äußern, steigerten sich in meinem Fall zu überwältigendem Selbsthaß und kulminierten in plötzlicher, überraschender Erleichterung oder Selbstmordgedanken.

Auf der ganzen Welt notieren Ärzte die Worte, die die Patienten verwenden, und erweitern mit ihnen die Liste der Symptome in den medizinischen Handbüchern. Das sind dann die Fragen, über die wir uns in jenen merkwürdigen Gesprächen und Transaktionen, die wir »Psychotherapie« nennen, unterhalten, auch wenn sich der Depressive dadurch in einen klinischen Fall oder ein reines Diskussionsthema verwandelt.

Wenn man vor seinem ersten Besuch beim Psychiater noch nicht herausgefunden hat, wie man zu einem klinischen Fall wird, dann lernt man es schnell. Man hört sich die Fragen des Psychiaters oder Sozialarbeiters im ersten Gespräch an. Sind Sie oft ohne bestimmten Grund traurig? Haben Sie Probleme, sich zu konzentrieren? Gehen Sie anderen Menschen aus dem Weg? Warum sehen Sie aus, als wollten Sie gleich zu weinen anfangen? Man beantwortet all diese Fragen wahrheitsgemäß, denn das muß jeder aufrichtige Depressive, und schon wird man in den Augen seiner Mitmenschen zu *etwas*, eben zu einem Depressiven.

Ich möchte nicht so klingen, als wollte ich diese frühe Phase der Psychotherapie heruntermachen. Denn wenn man in der gestörten, dahindriftenden bürgerlichen Welt, aus der die meisten Patienten der Psychiatrie stammen, ein *Etwas* mit existentiellem Status wird, hat das auch Vorteile – sogar wenn dieses *Etwas* ein von Neurosen geplagter Mensch ist, dem nicht einmal mehr das Mitleid seiner Freunde, Drogen oder Alkohol helfen können. Endlich *gehört* man *dazu*. Und das Wissen dazuzugehören, wenn auch nur zu den Neurotikern, bringt die Erfahrung des Abschieds vom Nichts und der Gesetzlosigkeit mit sich. Plötzlich ist man Teil einer ganz besonderen Gesellschaft mit Regeln, Restriktionen, Erfordernissen und vor allen Dingen einer Etikette für das Leben in einer größeren Welt, in der es im großen und ganzen keine Etikette mehr gibt. Bei der Behandlung von Depressiven dient das Gespräch in hohem Maße dem Erlernen dieser Etikette, nicht aus einem Buch, sondern aus strikt reglementierten Gesprächen. Man beginnt die Psychotherapie sozusagen mit schlechten Manieren, mit üblen Regeln, an die man sich hält, auch wenn sie demjenigen, der nach ihnen spielt, oft Niederlagen im komplizierten Spiel des zivilisierten Benehmens einbringen.

Aber all das fand ich erst viel später heraus. Am Anfang entrollte ich mein Banner der blutigen Symptome schamlos, weil ich der Überzeugung war, daß ich so Davids Interesse erregen und ihn dazu bringen könnte, mir die Informationen, die ich wollte, schneller zu überlassen. Ich probte vor jeder Sitzung – aber je sorgfältiger ich probte, desto weniger Wirkung schienen meine Darbietungen zu haben. David hörte mir nur ungerührt zu, ohne mir in irgendeiner Weise zu helfen. Er verzog nicht bestürzt das Gesicht und weinte nicht mit mir; er sprach nicht von Mitleid und auch nicht von Bedauern; er lächelte nicht einmal spöttisch. Er tat nichts und sagte wenig, bis »die Zeit um« war.

Während der Winter voranschritt und ich mich tödlich langweilte – ich konnte nur allein in meiner Wohnung sitzen und jeden Tag in die Uniklinik und wieder zurück radeln –, veränderte sich der Tonfall meiner Geschichten von sachlichen, nur hin und wieder durch tränenreiche Episoden und ersticktes Schweigen unterbrochenen, zu immer dramatischeren und schließlich sogar melodramatischen Schilderungen voller Selbstvorwürfe. Doch Davids Gesichtsausdruck änderte sich nicht. Sein Schweigen frustrierte mich unsäglich, aber ich sprach diese

Frustration nie aus, sondern verwandelte meinen Zorn auf ihn in Zorn auf mich selbst.

Als meine theatralischen Versuche auch langfristig kein Mitleid erweckten, begann mir klar zu werden, daß es mir wahrscheinlich nicht gelingen würde, den Widerstand dieses Fremden zu brechen. Mit dieser Erkenntnis meiner Machtlosigkeit ging eine beständige Verschlimmerung meiner sämtlichen depressiven Symptome einher. Und die Symptome ihrerseits bewirkten eine dramatische Vermehrung von Neuem, was erzählt werden mußte, während meine jämmerlichen alten Geschichten langweilig wurden, stumpfe Werkzeuge, die zu nichts mehr nutze waren. In dem nackten kleinen Klinikzimmer mit seinen fahlgrünen Wänden und den Linoleumböden ging ich nun jeden Morgen zusammen mit David die vergangenen dreiundzwanzig Stunden mit den sich verschlimmernden Symptomen durch: akute Angstzustände, die Unfähigkeit, mich noch aus meiner Wohnung hinauszubewegen – lediglich die Sitzungen und die Nahrungsaufnahme bildeten da eine Ausnahme –, so wurden die Mauern zwischen meiner Seele und der Welt immer dicker.

Und die ganze Zeit dachte ich: *Diesmal wird er mir zuhören und mich verstehen.* Doch nach fünfzig Minuten saß David dann immer noch da und hörte mir zu, jedoch ohne mir etwas zu geben, anscheinend unempfänglich.

24. Februar 1969

Bin von einer Party bei Larry, wo es mir überhaupt nicht gefallen hat, durch Kälte und Schnee in meine Wohnung zurückgegangen, Mitternachtsgedanken ... Häuser, in denen hinter den braunen Papierrollos noch ein paar Lichter brannten – das Chiaroscuro der Schatten von den Straßenlaternen, auf dem Schnee das Spiel der scharf konturierten schwarzen Schatten, die Seelen der klirrenden Äste, an denen jetzt keine Blätter mehr sind –

mitternächtliche Anblicke, aber keine mitternächt-
lichen Geräusche – und das Fehlen der Geräusche erin-
nerte mich an die Brutalität, die die Menschen in den
Häusern erwartet, wenn sie aus ihrem schlafenden
Spaziergang über die Nachtbrücke erwachen, in den
Morgen erwachen, und die Gewalttätigkeit am Ende –
Vielleicht waren sie noch wach und schliefen mit-
einander hinter den Papierrollos – dann würden sie
schlafen und die Brücke zur Gewalt überschreiten –
Gehen im Schnee, mitten auf der Clarissa-Street-
Brücke – die Spitzen der Stadtlichter, zerschmettert
auf den schwarzen Wogen des Flußwassers – hinein-
zuschlüpfen, schien so leicht zu sein – ein Kräuseln,
dann nichts unter den unterbrochenen Blitzen der
Stadtlichter, zerschmettert auf der schwarzen Placke-
rei – das Wasser, das weiterstrebt, immer weiterstrebt,
niemals verharrt – die hellen Lichtsplitter und den
Körper in die Dunkelheit jenseits der Stadt trägt, auf
das Meer zu, nach dem er sich sehnt, um sich darin zu
verlieren –

In den Wochen der Therapie, die auf meine ersten Sitzungen mit David folgten, wurde ich von immer heftigerem Schmerz heimgesucht. In dem Maße, wie das Getöse der Selbstbestrafung in meinem Kopf immer lauter wurde, in dem Maße schien auch die Lähmung meines Willens, die der Anlaß für meinen allerersten Klinikbesuch gewesen war, immer weiter fortzuschreiten. Ich konnte immer weniger tun: weder einkaufen noch in aller Ruhe andere Menschen treffen, noch mich durch irgend etwas anderes als das Kino ablenken, und das auch immer nur allein. Ich konzentrierte mich fast nur noch auf mich selbst. Dieser Egoismus wurde zwanghaft, dann ekelerregend und schließlich merkwürdig tröstend – denn endlich schien ich mich eindeutig auf dem Weg in den Tod zu befinden, zu meinem Vater, ins Schweigen. Einen Großteil der Zeit verbrachte ich mit Gedanken an einen

Selbstmord, oder genauer gesagt: mit theatralischen Vorstellungen vom Sterben.

Doch diese morbiden Gedanken führten nicht dazu, daß ich den Selbstmord tatsächlich plante, weil sie viel zu ästhetisch waren, um durch die rüde Realität zerstört zu werden. Allerdings verstellten sie mir den Blick für zwei weitere verletzende Dinge, mit denen ich während meiner Besuche in Davids winzigem Büro konfrontiert wurde.

Die erste Verletzung war seine allmorgendliche Anwesenheit dort, die nicht dazu diente, mir Ratschläge zu geben oder mir zu erklären, warum wir beide dort waren. Er verhielt sich nicht wie fast alle anderen Menschen, die ich in meinem Erwachsenenleben kennengelernt hatte: Sie hörten mir eine Weile aufmerksam zu, verloren allmählich das Interesse und verschwanden schließlich. David *starb einfach nicht*, wie mein Vater gestorben und verschwunden war, oder wie die anderen sich einfach zurückgezogen hatten und verschwunden waren – vielleicht nicht, weil sie das vorgehabt hatten, sondern weil ich mich weigerte, an irgendeiner anderen Konstellation teilzuhaben, die nicht mit dem Tod meines Zuhörers endete.

Eine weitere Verletzung ergab sich durch Davids Schweigen und seine Neutralität. Sie führte ganz allmählich dazu, daß ich meine Aufmerksamkeit unter Schmerzen von mir selbst auf ihn verlagerte. Ich war völlig besessen von ihm – diese Besessenheit war eine Mischung aus verwirrter Wut und erotischer Neugierde, aus Ekel und Faszination, all das intensiv und widersprüchlich. Ich dachte an nichts anderes, an keinen anderen Menschen mehr. Tag für Tag kam ich wieder. Ich wagte es nicht, eine der Sitzungen zu versäumen – auch wenn mir allmählich klar wurde, daß nichts die Ungerührtheit durchdringen würde, die David um sich herum aufgebaut hatte, daß keine Manipulation meinerseits ihn dazu bringen würde, auf mich einzugehen.

Wenn ich das, was ich von Freud gelesen hatte, auch verstanden hätte, wäre ich mir sofort über diesen schmerzlichen emotionalen Wandel bewußt geworden. Seitdem Freud ihn zum erstenmal in seiner klinischen Praxis beobachtete und beschrieb, nennen die Psychiater diese ganz typische, sich verstärkende Anziehung und Abstoßung *Übertragung.*

Selbst wenn wir einen eher metaphorischen, weniger technokratischen Namen für das Phänomen fänden – es ist real, vorhersehbar und gefährlich. Die psychischen Inhalte, die dabei laut Freud insgeheim auf den Arzt »übertragen« werden, sind vermutlich die in früheren Entwicklungsstadien unterdrückten seelischen Energien von Liebe und Haß, die der Patient uneingestanden für einen oder mehrere Menschen hegt, wobei es sich um Menschen handelt, welche nach den Regeln zivilisierten Verhaltens nicht als Kandidaten für erotische Liebe oder leidenschaftlichen Haß in Frage kommen. (Ganz oben auf der Liste stehen natürlich die nächsten Verwandten: Vater, Mutter, Schwester und Bruder.)

In Bezug auf die Gefühlsbindung des Patienten an den Therapeuten stellte Freud bereits im Jahre 1909 fest: »Jedesmal wenn wir einen Nervösen psychoanalytisch behandeln, tritt bei ihm das befremdende Phänomen der sogenannten *Übertragung* auf, das heißt er wendet dem Arzte ein Ausmaß von zärtlichen, oft genug mit Feindseligkeit vermengten Regungen zu, welches in keiner realen Beziehung begründet ist und nach allen Einzelheiten seines Auftretens von den alten und unbewußt gewordenen Phantasiewünschen des Kranken abgeleitet werden muß.«[7] Das ist die wesentlichste und gleichzeitig eigenartigste Komponente der Psychotherapie: die heftige Sehnsucht, die die Therapie im Patienten zu wecken scheint, jedoch ganz bewußt in Schach gehalten wird durch den unerschütterlichen Gleichmut des Psychiaters, seine Verschwiegenheit und seine Unbeteiligtheit.

In dieser Geschichte ist die bedrohliche Gestalt des Vaters, einer der dauerhaftesten, aber leider auch in hohem Maße trivialisierten Beiträge zur modernen Ikonologie des sich herausbildenden Selbst, das »Objekt« der Patienten-Wunschphantasien. Das alles ist so etwas wie ein allegorisches Märchen, wie Freud selbst es mit dem ihm eigenen Gespür in seinem Meisterwerk *Vorlesungen zur Einführung in die Psychoanalyse* erklärt: »Angenommen, es sei uns gelungen, den Fall durch die Herstellung und Lösung einer starken Vaterübertragung auf den Arzt glücklich zu erledigen, so ginge der Schluß fehl, daß der Kranke vorher an einer solchen unbewußten Bindung seiner Libido an den Vater gelitten hat. Die Vaterübertragung ist nur das Schlachtfeld, auf welchem wir uns der Libido bemächtigen; die Libido des Kranken ist von anderen Positionen her dorthin gelenkt worden.«[8]

Mit andern Worten ausgedrückt, eher im Sinn des Ungleichgewichts, der Furcht und der Verwirrung, die mit der Depression einhergehen, aber doch in der Freudschen Metaphorik: Das Leben besteht in den Wiederholungen eines schicksalhaften Widerstandes, *der eigene Vater zu werden*. Wenn dies gelänge, würde man aufhören, das Opfer-Kind zu sein, und zum Verantwortlichen oder Vater seines eigenen Schicksals zu werden. Das würde all das umfassen, was zum Menschwerden gehört: Sex, Vertrautheit, Höflichkeit, Aufrichtigkeit, Verletzlichkeit, Wahlmöglichkeiten, der lehrreiche Schmerz des Zurückgewiesenwerdens.

Es wäre eine Beleidigung von Freuds poetischer Subtilität, wenn ich ausschließlich meinen *biologischen* Vater für meine Probleme verantwortlich machte. Letztlich liegt das Problem in dem Vertrag, den ich mit der Kultur eingegangen bin, genauer gesagt, in den väterlichen Handlungen der Zivilisation. Das außerordentliche Ereignis der Übertragung verdichtet diesen Konflikt von Zuneigung und Angst zu einem konzentrierten Austausch, in dem zwei Individuen um die Vorherrschaft kämpfen. Auf dem Schlachtfeld, das sich so auftat – Freuds Bild trifft meiner Meinung nach hier voll und ganz zu –, richteten sich meine Energien ausschließlich darauf, Davids Liebe zu erringen und zu kontrollieren. Wenn David mich allerdings tatsächlich so »geliebt« hätte, wie ich mir das wünschte – wenn auch er sich meine Klagen voller Mitgefühl angehört hätte –, dann wäre das

Ziel der Therapie nie erreicht worden: Ich hätte mich nie von jenen lähmenden Szenarien getrennt, die mich, solange ich mit ihnen Erfolg hatte, immer tiefer in die Einsamkeit und Verzweiflung getrieben hatten.

Jedesmal wenn ich versuchte, mit einem emotionalen Ausbruch voller Selbstmitleid seine versteinerte Haltung zu erweichen, wurde ein Stück des Schutzpanzers, der meinen Geist erstickt und abgetötet hatte, aufgebrochen. Ich war wütend. Anfangs und auch hinterher – manchmal kann ich mich dieser verdrehten Reaktion immer noch nicht erwehren – richtete ich diesen Zorn gegen mich selbst und bestrafte mich für Gefühle, die ich nicht begriff und meiner Ansicht nach auch nicht haben durfte. Ganz allmählich kam ich zu der Überzeugung, daß ich mich bei David über seine Reaktionslosigkeit und seine kein bißchen hilfreiche Passivität beklagen dürfte, und ich tat es auch – so etwas hatte ich noch nie zuvor gewagt. Allerdings verstand ich damals noch nicht, daß dieser Zorn mir dabei half, mich Schritt für Schritt zu befreien.

Das Geschenk wahrhaftiger Emotion, auch des Hasses, ist ein Wunder. Erst durch sie wird es möglich, eine Situation aufzubauen, in der der Patient echte Gefühle in den zwischenmenschlichen Austausch einfließen lassen kann. Wenn ich wütend auf David war und das auch sagte, stellte ich zum erstenmal in meinem Leben voller verborgenem Zorn und ersticktem Gefühl einen echten Kontakt her. Erst viele Jahre später begriff ich – falls ich es jemals begriffen habe –, daß meine erste Begegnung mit der Psychotherapie kein Heilungsprogramm war. In jenem kleinen Raum wurde noch keiner der Schäden repariert, die die Depression angerichtet hatte. Und die intellektuellen Einsichten, die jeder intelligente Neurotiker aus einer Therapie gewinnen möchte, sozusagen als ihm rechtmäßig zustehende Belohnung, sind enttäuschend wenig, falls es überhaupt welche gibt. Im Sinne Freuds war die Therapie so etwas wie eine »Nacherziehung«[9] – man mußte völlig neu lernen, wie man ging, handelte und fühlte, gänzlich ohne die schäbigen Skripte, die man im Verlauf seines Lebens entwickelt hatte und denen nun durch den therapeutischen Austausch ihre Macht genommen wurde.

24. April 1969

dichter tag im terrain des geistes – der himmel senkt
sich herab, voll von ungeheuern, die sich aus dem
meer des körpers erhoben – lähmende phantasien, die
mich in wahnbilder fortwirbeln, in die mythen, die
wir sind –
    verlaß mich nicht, vater, laß mich nicht allein ...

26. April 1969

»sie müssen lernen, ohne ihren vater zu leben. sie wer-
den den tod ihres vaters akzeptieren müssen«: diese
sätze hat david mir gesagt ...

Dieser Zusammenstoß auf dem libidinösen Schlachtfeld mit David war voll realer, tödlicher Gefahren. Nicht einmal heute, mit Hilfe meiner Tagebücher, gelingt es mir, die Geschichten zu entwirren, die Beben voneinander zu trennen, die mich in meinen Grundfesten erschütterten. Vielleicht werde ich den Tag nicht erleben, an dem ich mich wieder klar und deutlich an jene turbulente Zeit zurückerinnere, oder den Tag, an dem die in meiner Erinnerung angehäuften Verwirrungen und Bestrafungen endgültig verschwinden werden. Die Psychotherapie hat nicht das Wunder vollbracht, unendliches Leid, einen Verlust der Welten, in einen endlichen Akt der Trauer zu verwandeln.

Doch ich erinnere mich, daß die Worte in Davids Zimmer immer langsamer aus meinem Mund kamen, daß die logischen Brüche und die Unterbrechungen immer häufiger und quälender wurden. Und in der Welt außerhalb der Klinik, die ich bis dahin mehr oder minder hatte getrennt halten können, kam nun das gleiche Stottern wie drinnen. Mein Panzer, der Sprachpanzer, ließ mich im Stich. Sogar kurze Ausflüge zu dem kleinen Laden an der Ecke erschöpften mich, weil ich es kaum noch schaffte, meine psychische Nacktheit zu verbergen, während die Panzerung klappernd Stück für Stück abbröckelte und überall Risse und ausgefranste Löcher hinterließ. Ich spürte die Anwesenheit schwarzer Hunde in jeder Gasse, hinter jeder Ecke, die nur darauf warteten, mich anzugreifen und zu zerreißen. Nicht einmal hinter der mit einem Dreifachschloß versehenen Tür meiner Wohnung fühlte ich mich sicher vor ihnen. Aus Angst vor dem friedlichen Schlaf, den sie bringen, bevor sie sich auf ihr Opfer stürzen, blieb ich bis zum Morgengrauen wach und schlief dann bis um neun, bis ich zu meinem nächsten Treffen mit David, der Fortsetzung der Zerstörung, aufbrechen mußte.

Dann kam der unvergeßliche Aprilmorgen, an dem David mir seinen vielleicht einzigen Rat gab: daß ich ganz bewußt und absichtlich die Fäden durchschneiden sollte, die die Leiche meines Vaters in all den Jahren seit seinem Tod auf meinem Rücken festgehalten hatten. Zu der Zeit war mein biologischer Vater in den Gesprächen mit David kein Thema; es ging vielmehr um jenen merkwürdig wuchernden Homunkulus, den ich meinen Vater nannte und den ich mir selbst geschaffen hatte, um die Leere, die durch sein Verschwinden entstanden war, zu füllen. In diesem Ding hielt ich seine Vaterschaft gefangen, damit ich nicht erwachsen werden mußte; in dieses Ding konnte ich all die erotischen, libidinösen Handlungen stecken, die mit dem Erwachsenwerden verbunden waren, so daß ich auf ewig ein jungfräuliches, träges Kind bleiben konnte in meiner Schauergeschichte.

Den »Vater« von meinem Rücken loszubinden, diese murmelnde, strafende Ausgeburt meiner Phantasie zu begraben, oder selbst zu sterben: das waren meine Alternativen, und David machte mir das mit einer Deutlichkeit klar, die ich nie zuvor gekannt hatte. Nach Monaten des unablässigen Aufruhrs, der Tränen und des entnervenden Schmerzes senkte sich schließlich eine wunderbare Ruhe über mich, pazifisch-kühl wie eine sanfte Herbstdämmerung; und plötzlich wußte ich, was zu tun war.

Mit einem Gefühl der fast schon gebetsähnlichen Hingabe, geduldig und ohne Eile, plante ich meinen Selbstmord. Ich besuchte die medizinische Bibliothek, studierte Diagramme des vaskulären Systems und wog die Optionen gegeneinander ab. Schließlich fällte ich die Entscheidung über den genauen Ort der Einschnitte und die schnellste und wirksamste Methode. Dann kaufte ich die dazu nötigen Werkzeuge.

An dem Abend, den ich für den Selbstmord vorgesehen hatte, legte ich die glänzenden neuen Messer mit der Präzision eines Chirurgen auf den flachen Rand der Badewanne. Ich würde keine Fehler machen. Das hier würde kein Remake der Neujahrsszene aus *Sunset Boulevard* werden, wo der alternde Filmstar Norma Desmond sich die Pulsadern auf eine Art und Weise aufschneidet, die zu einem ziemlich großen Blutverlust und folglich zu ziemlich viel Aufmerksamkeit und Mitleid führt, aber mit Sicherheit nicht zum Tod.

Die schwarzen Hunde hatten die Ruhe über mich gebracht. Es gab keine Ablenkungen mehr, mein Kopf war so klar wie noch nie. Ich konzentrierte mich ganz und gar auf die Zerstörung des Nichts, zu dem ich geworden war.

Wie ich an diesen Punkt der Ruhe gelangte, an dem man den Abscheu vor der Selbstverstümmelung verliert, könnte ich nicht sagen. Doch meiner Ansicht nach hat Freud mit seinen Beobachtungen zum Leiden in *Trauer und Melancholie* völlig recht.

Sowohl in der Trauer als auch in ihrem pathologischen Schatten, der Melancholie, findet Freud: »Die Melancholie ist seelisch ausgezeichnet durch eine tief schmerzliche Verstimmung, eine Aufhebung des Interesses für die Außenwelt, durch den Verlust der Liebesfähigkeit, durch die Hemmung jeder Leistung und die Herabsetzung des Selbstgefühls, die sich in Selbstvorwürfen und Selbstbeschimpfungen äußert und bis zur wahnhaften Erwartung von Strafe steigert. Dies Bild wird unserem Verständnis nähergerückt, wenn wir erwägen, daß die Trauer dieselben Züge aufweist, bis auf einen einzigen; die Störung des Selbstgefühls fällt bei ihr weg.«[10]

Am Ende jedoch setzt der Trauernde die Lebenskontrakte mit dem mittlerweile Verstorbenen außer Kraft, entläßt den geliebten Menschen in den Tod und beendet so das, was Freud »Trauerarbeit« genannt hat, allerdings – Schritt für Schritt, »... im einzelnen unter großem Aufwand von Zeit und Besetzungsenergie«[11].

Wenn diese Trauerarbeit wie in meinem Fall nicht geleistet wurde, wird die Wut über den Rückzug in die dunkle Unterwelt des Ich gedrängt, wo sie nagt und zerrt, bis sie schließlich zu etwas wird, das nicht mehr als Trauer erkennbar ist. Freud nennt denjenigen, der sich weigert, heilende Tränen zu vergießen, einen *Melancholiker*. Er »zeigt uns noch eines, was bei der Trauer entfällt, eine außerordentliche Herabsetzung seines Ichgefühls, eine großartige Ichverarmung. Bei der Trauer ist die Welt arm und leer geworden, bei der Melancholie ist es das Ich selbst«[12].

Aber was ist der Motor dieses Selbsthasses, der den Melancholiker mit seinen »körperliche[n] Gebrechen, Häßlichkeiten, Schwäche[n], soziale[n] Minderwertigkeit[en]« quält?[13] Freuds Schluß sieht folgendermaßen aus: Diese Selbstvorwürfe sind in Wahrheit Vorwürfe gegen einen geliebten Menschen. »So hat man denn den Schlüssel des Krankheitsbildes in der Hand, indem man die Selbstvorwürfe als Vorwürfe gegen ein Liebesobjekt erkennt, die von diesem weg auf das eigene Ich gewälzt sind.«[14]

Der Beweis für diese Behauptung – die nicht nur Intuition und gesundem Menschenverstand widerspricht, sondern auch der deutlichen Absicht des Melancholikers, die Liebe festzuhalten – soll hier nicht erbracht werden. Vielmehr möchte ich sagen, daß ich mich in der Tat, ohne Freuds Schrift über *Trauer und Melancholie* zu kennen und auch ohne etwas über das gefährliche *Skript* zu wissen, das Freud beschreibt und dem ich so getreu folgte, in langsamen, öden, tanzähnlichen Bewegungen meiner allerletzten Selbstbestrafung näherte. Mir stand das Eingeständnis bevor, daß der Ekel vor mir selbst nichts anderes war als der Ekel vor meinem Vater, daß die Wunden, die ich mir selbst zufügen wollte, eigentlich für ihn bestimmt waren, weil er mich dazu verdammt hatte, in einer Familie aufzuwachsen, die mich haßte, weil ich der Sohn des Mannes war, der ihre Tochter quälte, und in einer anderen Familie, die sich mir lediglich widmete, weil ich ein jungfräulicher, reiner Ersatz war für den elenden Sohn, den ihnen der Alkohol und die Frauen genommen hatten.

Das absurde Leben, das man führt, wenn man sich davor drückt, den toten Vater loszulassen, ist die Melancholie – oder wie wir es heute nennen: die Depression. Das absurde Finale, auf die sie immer hinausläuft, ist der Selbstmord, der Mord am Verhaßten, der irrtümlicherweise am Selbst begangen wird.

Ich erinnere mich noch, daß ich in jener Nacht durch plötzlichen Abscheu aus meinem selbstmörderischen Glück gerissen wurde – offenbar hatte ein kurzer Blick auf mein Gesicht im Badezimmerspiegel etwas damit zu tun; vielleicht auch eine andere Kraft, von der ich nichts weiß. Ich wollte dort sein, wo David war oder wo man ihn finden konnte; das war in der Notaufnahme der Universitätsklinik. Nach meiner Untersuchung, Aufnahme und Sedierung dämmerte ich in einen traumlosen Schlaf hinüber.

Ich reagierte mit einer Mischung aus Scham und Erleichterung, als David mich am nächsten Morgen besuchen kam. Er lauschte mir mit seiner üblichen Gelassenheit und Aufmerksamkeit in der Stille des Krankenhauszimmers. Ich konnte meinen Vater nicht töten, sagte ich; ich konnte ihn nicht begraben. Lieber starb ich selbst, um bei ihm zu sein.

Darauf antwortete er mir in seiner üblichen merkwürdigen Art, daß, falls ich wirklich versuchen würde, mich umzubringen, und ich es überleben würde, sich »unsere Beziehung ändern« würde. Er führte nicht weiter aus, wie diese Veränderung aussehen würde. Dann ging er und ließ mich verwirrt zurück. Doch in dieser Verwirrung spürte ich eine neue Angst, die größer war als die, meinen Vater zu verlieren: die Angst, David zu verlieren.

Zum allerersten Mal spürte ich, daß sich meine Loyalitäten verlagerten. Ganz allmählich kam ich zu dem Schluß, daß meine seltsame Freundschaft mit David, jenem Menschen aus Fleisch und Blut, zwar schwierig und beschränkt, aber doch wichtiger war als die Sorge um den Körper meines toten Vaters. Während meines Aufenthalts im Krankenhaus beschäftigte ich mich die ganze Zeit mit dem für mich völlig neuen Gedanken, daß ich lieber mit einem unberechenbaren, distanzierten, aber lebenden Mann zusammen war als mit einem Toten, den ich völlig beherrschen konnte. Nur in diesem merkwürdigen neuen Leben würde ich eine neue Form finden, starke Hände, die die Bruchstücke meiner selbst zu etwas Neuem zusammenflicken könnten.

16. Mai 1969

mir wird vergeben werden für das, was ich tun muß
geliebter vater, den ich beschützen wollte, weil du
ich bist, in mir: du mußt jetzt begraben werden
du warst, dann warst du nicht, und ich suchte dich
am tag und in der nacht
allein in meinem bett hab ich mich all die jahre in
den schlaf geweint, hab dich gewollt, wollte dein junge
sein all die jahre – und als die zeit kam, den körper
eines andern aufzusuchen, konnt ich nicht wegen dir –
so hab ich dich gesucht am tag und in der nacht, in den
männern und frauen in den nächten, und sie waren
nicht du
jetzt kann dir nichts mehr schaden, es kann dich
nichts mehr schützen
vater, in dessen armen ich bleiben wollte, neben
dessen körper ich für immer bleiben wollte
du bist tot, und jetzt kommt die zeit, dich zu begraben

Kurz nach meiner Entlassung aus dem Krankenhaus besuchte mich ein Kommilitone in meiner Wohnung, ohne daß ich ihn eingeladen hätte. Wie Neurotiker das so gern tun, ergriff ich die Gelegenheit, über mich selbst zu reden, doch bald schon kam ich ins Stocken. Um das zermürbende Schweigen zu überbrücken, begann mein Besucher, von seinen neuesten erotischen Abenteuern und Mißgeschicken mit Frauen zu erzählen und über seine eigene Dummheit zu lachen.

Ich habe sexuelle Andeutungen und schmutzige Witze immer schon widerlich gefunden (daran hat sich bis heute nichts geändert). Und, das entsprach den Tatsachen wohl eher, ich hatte keine persönlichen Erfahrungen mit Sex. Jedenfalls machten mich seine Geschichten traurig, und ich begann, die kleinen, peinlichen Tränen der Depressiven zu weinen, worauf mein Kommilitone mich bestürzt verließ – allerdings hatte er durch seinen Besuch in mir das kurze Aufblitzen einer Vorstellung von Sex ohne Schrecken ausgelöst.

Nach dieser Anekdote begann ich, mich mit David über Sex zu unterhalten – über den Akt an sich und darüber, daß ich ihn noch nicht erlebt hatte. Auch wenn ich das damals nicht wußte: Ich war dabei, die körperliche Intimität als Recht der lebenden Kreatur zu akzeptieren. Der Leichnam meines Vaters, die Blokkade, mußte aufgelöst werden, um diese körperliche Intimität möglich oder zumindest vorstellbar zu machen. Zwar war mir die aufkeimende Vertrautheit im Austausch mit David noch immer ausgesprochen wichtig, aber sie begann auch, mich zu langweilen. Ich wollte mehr. Ich wollte nicht mehr jungfräulich sein.

Der bewußte Augenblick ergab sich nicht sofort, stellte sich aber auf ganz natürliche Weise und ziemlich schnell ein, wie das immer so ist, wenn ein Mann oder eine Frau bereit ist, die Jungfräulichkeit zu verlieren. Auf dem Weg zu diesem Ziel jedoch ereignete sich etwas äußerlich Banales, in meiner Erinnerung allerdings Lebhaftes und Gottgesandtes, das es wert ist, erzählt zu werden, auch wenn diese Erzählung dem Leser, der die ganz spezielle Isolation der Depression nicht kennt, nicht sehr viel bedeuten mag.

Es passierte auf einer normalen Einkaufsstraße, im Frühling. Ich spazierte ohne bestimmtes Ziel vor mich hin, als vor mir ein junger Mann die Straße überquerte. Ich hatte ihn noch nie zuvor gesehen; ich empfand bei seinem Anblick auch keine sexuelle Begierde. Da überquerte einfach ein Mann die Straße.

Diese ganz alltägliche Begebenheit wurde nur insofern zum Schlüsselerlebnis für mich, als sie in mir eine Empfindung auslöste, die ich bis dahin nicht gekannt hatte: Ich nahm eine andere Person wahr, die mir, das wußte ich tief in meinem Innern, nicht unähnlich war. Welche Geheimnisse und Begierden sich auch immer in dem Verstand hinter diesem Gesicht, in dem Herz hinter diesem karierten Hemd, verbargen – sie ähnelten den meinen; oder zumindest waren sie mir nicht fremd. Zum erstenmal erfuhr ich, abgesehen von meiner Begegnung mit David, die Freiheit und Distanz einer anderen Person ohne Furcht. Dieses Wissen um unsere Gemeinsamkeiten und unsere Andersartigkeit überkam mich wie ein Blitz, mit äußerster Freude.

Ohne die simple Einsicht in das Wesen der Freiheit, die mir dieser Zwischenfall verschaffte, hätte ich vermutlich nie eine Intimität akzeptiert, die nicht vom andern Besitz ergreift, nicht seine völlige Unterwerfung will und das vollständige Wissen um ihn. Auf einer psychologisch weit weniger idiosynkratischen Ebene entdeckte ich zur selben Zeit ziemlich verspätet, was jeder normale Junge und Mann kennt: die Macht des Wunsches, sich von der fragwürdigen Unschuld zu verabschieden und sich in die zahlreichen unvorhersehbaren Risiken der Intimität zu stürzen.

Der italienische Schriftsteller Guido Ceronetti schreibt, ein mittelalterlicher Satz verteidige die Rechte des Penis: *Quod turget, urget* – Was anschwillt, des Wille herrscht. Dieser Satz setze jene Rechte strikt mit denen von Abszeß und Pickel gleich.[15] In den letzten Tagen meiner Jungfräulichkeit fand ich etwas ganz

Ähnliches wie das heraus, was wohl auch Ceronetti gemeint hatte: die Gemeinsamkeiten von Pickel und Penis in mindestens einer Hinsicht – ihre Dringlichkeit, ganz unabhängig vom Geist, ihre Rechte also, ähnlich denen des Mannes, der da die Straße überquert hatte. Die Fleischeslust *gehörte dazu*, das lernte ich gerade.

Mein erster sexueller Annäherungsversuch wurde zuerst mit Überraschung aufgenommen und dann höflich abgewiesen. Diese Zurückweisung, die mich noch wenige Monate zuvor zutiefst verletzt hätte, wischte ich nun schnell beiseite und wandte mich schnell – *quod turget, urget* – der nächsten Person zu, die meiner Meinung nach Interesse daran haben könnte, in der sexuellen Unterwelt mein Führer zu werden.

Deborah war eine ausgesprochen hübsche ambulante Patientin der Psychiatrie und studierte, wenn ihre Störungen es zuließen, an der Universität. In den Zeiten, die ihr zwischen ihren Wahnvorstellungen vergönnt waren, war sie unglaublich intelligent.

Vermutlich fanden wir, wie so viele ambulante Patienten der Psychiatrie, durch den Mangel an Dingen zueinander, über die wir uns unterhalten konnten – für uns existierten ja fast nur unsere Störungen, die Ärzte und die Behandlungsmethoden. Wir interessierten uns überdies beide für Philosophie und Literatur; also wußten wir, daß wir uns, wenn unsere Störungen das zuließen, über die Schriftstellerei und die Gedankenwelt der Philosophen unterhalten konnten. Und wenn unsere Störungen es nicht zuließen, waren jedenfalls keine Erklärungen nötig. Die Stunden, in denen wir vernünftige Gespräche führen konnten, waren fast schon genial; und die Stunden des Schweigens verliefen ohne Druck und waren voller Glück. Wenn ich im neonhellen Vorzimmer darauf wartete, daß Deborah von einer ihrer Sitzungen – Schocktherapie oder Sedierung oder was auch immer – kam, war dies mein erster Akt echter, aufrichtiger Freundschaft.

Deborah hielt mich für einen Außenseiter und einen ewigen

Einzelgänger, genauso ausgeschlossen von der Freude der anderen wie sie selbst. Ich weiß jetzt, daß sie sich irrte. Ich war damals krank und hatte nur wenig Hoffnung darauf, wieder ganz zu werden. Aber meine Depressionen waren im Vergleich zu Deborahs Störungen nicht der Rede wert. Schon zu Beginn ihrer Krankheit befand sie sich jenseits des Punktes, an dem die Ärzte ihr noch hätten helfen können.

Vielleicht schätzten wir unsere Störungen falsch ein, aber unsere gegenseitige Anziehung begriffen wir. Ich war fasziniert von ihrer dunklen körperlichen Schönheit und davon, daß sie so eindeutig zur Unterwelt der Gegenkultur gehörte, von der ich praktisch nichts wußte und mit der sie mich bekannt machte. Ihr Interesse an mir war ähnlich körperlich und entsprang einer allgemeinen Neugierde. Also schlug ich vor, daß wir miteinander schlafen sollten – einfach so, ganz ohne Beschönigung oder Scham.

25. Juli 1969

*die männer und frauen, mit denen ich in der phantasie
geschlafen habe, die gespenstischen leichen der männer
und frauen in meinen sexuellen phantasien – die
geisterhaften männer und frauen, die ich benutzt habe,
gleichgültig, tot, unfrei – ich habe sie jahrelang benutzt,
weil ich keine lebenden menschen finden konnte, die so
tot gewesen wären, daß ich sie benutzen konnte – ich
erinnere mich daran, wie ich mich schämte in Indiana,
als ich bei meinen sexuellen phantasien über ihn
ertappt wurde – und jetzt: keine großen pläne, keine
ausgeklügelten rettungsprogramme im kopf, kein auf-
sparen mehr, sondern endlich wirkliches besitzen –*

*Manuel Bandiera: »Laß deinen Körper / einen
anderen Körper / verstehen, Denn Körper verstehen /
einander, / anders als Seelen.«*

Den ganzen Samstag vor meiner abendlichen Verabredung mit Deborah – immer, wenn ich daran zurückdenke, muß ich lächeln – ging ich im Kopf durch, wie ich die Dinge anpacken würde, wie sich aus dem einen das andere ergeben würde.

Meine Informationsquellen waren eher spärlich. Ich hatte mich nie mit anderen Männern über Sex unterhalten. Also mußte ich mich auf die wenigen Filme verlassen, die ich als Erwachsener gesehen hatte – und die fast, aber eben nie ganz, zeigten, was ich wissen wollte. Dazu kamen noch die Andeutungen der Aufklärungsbücher, die meine Großmutter mir in der Pubertät gegeben hatte. Sonst hatte ich kaum etwas, was mir helfen konnte.

Folglich entpuppte sich jener Abend im Bett auch nicht als stürmisch, sondern eher als ein Sondierungsunternehmen – so etwas wie eine Erwachsenenversion des guten alten Doktorspiels –, obwohl es sich dann doch noch als so verblüffend und interessant erwies, wie es die Bücher versprochen hatten. Hauptsächlich allerdings war ich froh, nichts falsch gemacht zu haben, denn die Tatsache, daß ich etwas richtig gemacht habe, ist für mich – leider – immer wichtiger gewesen als das tolle Ergebnis selbst. Egal; schließlich schliefen wir miteinander, so glücklich und unbekümmert und ohne Ernsthaftigkeit oder Verlegenheit, wie ich es mir nur hatte wünschen können.

Am Sonntagmorgen, nach unseren ersten körperlichen Erkundungen, unserer Vereinigung, *jouissance*, wachte ich vor Deborah auf. Das erste Licht jener Sommerdämmerung, die durch die schmutzigen Fenster ihres Studentenzimmers drang, tauchte ihren nackten Körper und meinen und die weißen Laken unter uns in blau.

Als ich in dem friedlichen Zimmer so im Dämmerlicht dalag, noch ein bißchen verschlafen und ziemlich zufrieden mit mir selbst, schien alles in Ordnung zu sein. Bis auf eins: Ich wollte darüber reden. Aber nicht mit Deborah, mit der ich die allererste erotische Intimität meines Lebens erlebt hatte; das wäre viel zu normal für mich gewesen. Nein, ich wollte mit David sprechen.

Am Montagmorgen reagierte er auf meine stammelnde, euphorische Schilderung meines sexuellen Erlebnisses mit der gleichen schweigenden Unbeteiligtheit, mit der er darauf gewartet hatte, daß aus meinem unbeherrschten Weinen so etwas wie Artikulation wurde. Diesmal jedoch schwang in seinem Schweigen Sorge mit, die ich als herablassend empfand. Meiner Ansicht nach hätte gerade mein Therapeut stolz auf mich sein sollen, wie ein Vater, wenn sein häßlichstes Kind endlich zum Tanzen aufgefordert wird. Aber er war nicht im geringsten stolz. Er machte sich Sorgen, das begriff ich allmählich, daß sich in meinem Geist so etwas wie Optimismus regte – vielleicht sogar der Glaube, daß ich *geheilt* sei; daß jene eine Nacht mich dazu befähigt hatte, mich ins richtige Leben zu stürzen.

Und er hatte Recht mit seiner Sorge, denn genau das glaubte ich. Monatelang hatten sich praktisch alle meine Gesten und Äußerungen in einer therapeutischen Umgebung abgespielt. Meine Symptome, das Übertragungsphänomen, der Rückfall in schrecklichste Depressionen und schließlich die Bemühungen, wieder aufzutauchen – das war mein Lebensinhalt und mein Gesprächsstoff geworden. Aber er machte sich nicht nur Sorgen, daß ich mich für geheilt halten könnte. Er erkannte auch, daß ich wahrscheinlich den Sex in die Therapie integrieren würde – ich würde ihn benutzen, nicht, um das starke Band, das uns miteinander verschweißte, aufzulösen, sondern, um uns einen neuen, interessanten Gesprächsstoff zu geben. David wußte genau, daß ich eigentlich ihn liebte; um in seiner Nähe zu sein, würde ich bis zum Sankt-Nimmerleins-Tag Geschichten erfinden, Krisen durchleiden und schließlich wieder Fortschritte machen. Er hatte recht: Der Sex mit Deborah war eine Vorstellung *für ihn* gewesen.

Ende Juli 1969

»*das Universum besteht aus Geschichten, nicht aus Atomen*« – *Muriel Rukeyser, in* The Speed of Darkness, IX –

Biographie, »Leben-Schreiben« – das heißt auch,
aus Geschichten ein Leben erschaffen – und wie Gott
am ersten Tag, Fehler machen in der Berechnung des-
sen, wieviel Freiheit wir ertragen, das Heft mit Tinten-
klecksen verschandeln, bevor wir mit dem Schreiben
anfangen, immer wieder streichen, im Text winzige
Selbstmorde von Augenblick zu Augenblick begehen –

Wenn ich so auf die Verrücktheiten von Frühjahr und Sommer 1969 zurückblicke, stelle ich fest, daß die zeitliche Distanz ganz allmählich den Schmerz über meine Fehler weggewaschen hat, die Trauer, die ich empfand, als ich merkte, daß ich mir für meinen Haß und meine Zuneigung die falschen Objekte gesucht hatte – vermutlich geht es allen Menschen so, wenn sie sich an die sorglosen Tage ihrer Jugend zurückerinnern. Da ich persönlich nie solche Tage erlebt habe, versuche ich, mich an der *Dichte* des Jahres 1969 zu erfreuen – am Druck der Sprache in der Therapie, der allmählich die beengende Angst vor der Vertrautheit aufzubrechen begann, und an den ersten Früchten dieser Freiheit.

Und trotzdem wagte ich mich in tiefe Gewässer vor, deren Gefahren in jener Zeit nur David kannte. Ich weiß nicht, warum ich nicht auf Grund lief und sank, oder warum ich seitdem nicht gesunken bin, denn meine Krankheit ist noch immer nicht geheilt. Es gibt keine Heilung dafür, nur die regelmäßige Wiederkehr jener Krise, die man *Nervenzusammenbruch* nennt. Der Ausdruck ist mir immer schon seltsam vorgekommen, blaß. Das tatsächliche Erlebnis hat weniger mit einem Zusammenbruch als mit einem Drängen, einer Übelkeit zu tun; es ist so etwas wie psychischer Durchfall.

Trotzdem sollte ich froh sein, dieses Erlebnis »Nervenzusammenbruch« nennen zu können, wenn da nicht die spätviktorianischen Bedeutungen mitschwängen, die so ganz anders zu sein scheinen als alles, was ich jemals mitgemacht habe. In der Antike gingen die Menschen ohne Beweis davon aus, daß ein Strauß empfindlicher Fasern vom Gehirn ausstrahlte und auch wieder dort endete. Noch bevor man herausfand, daß es sich bei den Nerven tatsächlich um physiologische Gegebenheiten handelt, waren sie bereits ins Reich der Mutmaßung hinübergewechselt und mit Nebenbedeutungen behaftet, die auch dann nicht mehr verschwanden, als der reale Mechanismus der Impulsübertragung durch die Nerven entdeckt und demonstriert wurde.

Was nun ist genau unter »Nervenzusammenbruch« zu verstehen? Zu allererst bedeutet es, sich in einem Netz aus Metaphern zu verstricken, die seit dem viktorianischen Zeitalter nicht einfacher geworden sind. »Obwohl (die Nerven) hin und wieder den Gedanken von Mut und Stärke vermitteln«, schreibt die Psychiatriehistorikerin Janet Oppenheim über die Viktorianer, »standen sie doch meist für Fragilität und Schwäche. Sie verwiesen auf Sensibilität, Mitgefühl und vor allen Dingen Leiden, die sich oft dem medizinischen Wissen und der Heilkunst widersetzten.«[16] Die schwer zu fassende Vorstellung vom *Nervenzusammenbruch* nimmt immer noch eine übel beleumundete Stellung zwischen Physiologie und Kultur ein. Es handelt sich dabei um eine überaus schmerzvolle, behindernde Störung, die sich auf den einzelnen Körper und das einzelne Ich beschränkt, um eine empirisch nachweisbare Fehlzündung der Nerven; aber es hat auch etwas mit der Fehlzündung der eigenen Treue gegenüber einem System von gesellschaftlichen Regeln und Verhaltensweisen zu tun, die gemeinhin als »normal« oder »natürlich« angesehen werden. Die genauen sprachlichen Strukturen des Selbsthasses sind solche der kulturellen Ordnung, nicht der Physiologie, und daran wird sich auch nichts ändern.

Doch unser Körper kann uns auf Wegen, die wir gerade erst zu verstehen beginnen, gegen den Diskurs des Selbsthasses im Nervenzusammenbruch wappnen. Obwohl dies im krassen Gegensatz zu allen dem gesunden Menschenverstand entsprechenden Vorstellungen vom Körper steht, ist die Schädigung von Nervenstrukturen durch Traumata, die den Körper ansonsten nicht beeinträchtigen, mittlerweile eine unbestrittene physiologische Tatsache. Vielleicht *verursachen* Störungen in den

Nervenschaltungen keine Nervenzusammenbrüche, aber sie führen mit ziemlicher Sicherheit zu einem vorgegebenen kulturellen Vokabular des Hasses.

Natürlich sind manche Vorfälle, die als Nervenzusammenbruch bezeichnet werden, keine psychologischen, sondern rein physische Erkrankungen, wie zum Beispiel ein Gehirntumor, und haben keinerlei kulturelle Konnotationen. Janet Oppenheim schreibt, der Zusammenbruch des britischen Romanciers Arthur Christopher Benson sei nach seinen eigenen Aussagen begleitet worden von andauernder Schlaflosigkeit und ständiger Niedergeschlagenheit, die sich bisweilen zu unerträglichen geistigen Qualen gesteigert hätten. Doch sein geistiger Zustand sei völlig klar und absolut hoffnungslos gewesen.[17] So habe ich die Depression nie erlebt. In meinem Fall wurde die Hoffnungslosigkeit immer von geistigen Qualen und der Unfähigkeit, irgendeinen klaren Gedanken zu fassen, begleitet.

Natürlich kann nichts die Geschichte ungeschehen machen, die man sich unter dem Einfluß der Abneigungen, der Ängste und des lähmenden emotionalen Todes durch die Depression aufgebaut hat. Die Psychiatrie hat in unserem Jahrhundert herausgefunden, daß sich die Skripts, die sich die Depressiven als Lebensleitlinien schreiben, nicht mehr rückgängig machen, ja kaum noch umschreiben lassen. Aber es könnte gut sein, daß der sogenannte Nervenzusammenbruch eines Tages in einer Gesellschaft, die weniger besessen ist von der Gesundheit und der Sehnsucht nach ungetrübter Subjektivität – in einer Kultur, die anders als die unsere mit der alten Wahrheit zufrieden ist, daß nur das, was sich zerstören läßt, auch wieder ganz werden kann –, eine rituelle Öffnung zur Gesundheit und einem umfassenderen Leben wird, sozusagen eine Krise in der langsam sich aufbauenden Verzweiflung, die durch veraltete Vorstellungen und Worte entsteht, und der Beginn einer neuen Formgebung für die menschliche Kultur. Doch bis dahin müssen wir uns mit einem seltsamen Ritual zufriedengeben, das das zwanzigste Jahrhundert ersonnen hat und das so große Ähnlichkeit mit anderen

Riten des Wandels zu höheren Formen des Denkens besitzt – mit der Psychotherapie.

Ende 1968 begab sich ein Mann auf die schreckliche Reise und durchlitt eine teilweise Zerstörung seiner wertlosen Sätze und Tiraden des Selbsthasses. Er tauchte nie wieder völlig aus dieser rituellen Durchquerung der Unterwelt auf.

Aber eines Morgens im Frühsommer 1969, da warf er sein Messer in den Fluß.

Und eines anderen Morgens erwachte er nackt, befriedigt und glücklich und betrachtete die Brüste einer schlafenden Frau ohne Gier oder bösen Willen.

KAPITEL VIER

Grenzüberschreitungen

»Ich mag das Wort psychologisch nicht. Es gibt so was wie psychologisch nicht. Sagen wir, daß man die Biographie der Person verbessern kann.«[18]

Unsere Biographien lassen sich in der Tat verbessern, genau wie die meine, aber sie lassen sich niemals umschreiben. In der Biographie des Depressiven wird es immer eine kleine Kluft zwischen Realität und Schein geben, eine kleine Lüge in allem, was in der Welt abgewickelt wird, der schleichende Verdacht, daß jegliche menschliche Nähe, Freundschaft oder Liebe, die wir erfahren, lediglich Simulationen von Realitäten sind, die wir niemals kennen werden. Und tatsächlich erfahren wir die Welt als unwirklich, gegenstandslos, nach Regeln funktionierend, die uns verborgen bleiben. Aber diese Wahrnehmung wiederum gründet sich auf eine andere Erfahrung: daß wir selbst unwirklich sind, egal, wie sehr wir unsere Biographie »verbessern«. Können die Pläne eines Depressiven überhaupt offen sein, wenn sogar mein erstes sexuelles Erlebnis mit Deborah in jener Nacht eigentlich für David bestimmt war, damit ich die Psychotherapie mit ihm fortsetzen konnte?

Ich kenne die Antwort auf diese Frage selbst nicht. Aber so viel weiß ich: Auch wenn wir die schwarzen Hunde nur einen Augenblick lang vergessen, sei es nun beim Sex oder irgendeiner anderen angenehmen Tätigkeit – sie vergessen uns nie. Selbst wenn wir uns ganz und gar glücklich fühlen, gänzlich vor ihnen verborgen, spüren sie uns auf und zerstören mit ihrem unerbittlichen Realismus unseren flüchtigen Glauben, wir könnten uns ein für allemal hinausschreiben aus dem Skript der Depression.

Und was ist mit kleinen Veränderungen, winzigen Streichungen und Auslassungen, vielleicht auch einer Neuanordnung des Textes? Ja, das ist möglich – jedenfalls glaube ich das, wenn ich so an das Jahr 1969 und meine Biographie seitdem zurückdenke.

3. November 1969

homo faber:

ich beschrifte die erste Seite in einem frisch gebunde-
nen buch, die erste gekritzelte furche in einem nach
dem winter aufgetauten feld – der pflüger ist alt und
bringt jungen samen –

– die speichertür der auf grund gelaufenen arche ist
noch nicht offen – in Noahs plunder und schätzen liegt
die weisheit, aber wie soll man sie finden, wenn die tür
noch nicht offen ist und die vergangenheit in licht zer-
fließt – ein tagebuch ist ein feld, begrenzt von stein-
haufen, die einen abschied markieren, oder die stelle
auf dem Ararat, an der der bauch der Arche entlang-
schrammte und schließlich liegen blieb, alte und neue
schätze ergossen sich daraus auf das frühlingsfeuchte
bergfeld –

Allen Ginsberg hat heute abend gesagt: »den
schmerz des lebens lindern, alles andere ist eine tor-
kelnde pantomime« – der verschreckte kleine junge
braucht jetzt keine angst mehr zu haben, worte werden
nicht als waffen verwendet, sondern als finger zum
berühren, zum mischen der Großen Trümpfe und
ihrem schicksalsschweren auslegen –

Der Anruf eines Professors namens Paul Levine kam spät-
abends im Frühling 1969. Ich saß in dem alten roten Ohren-
sessel, in den ich mich immer in meinen schlimmsten Stunden zurückzog, angewidert davon, daß ich in die Dunkelheit
hineinredete und daß die Gedanken in meinem Kopf wild
durcheinanderwirbelten. Die Stimme am anderen Ende der
Leitung gehörte einem angesehenen Professor für Literaturwis-
senschaft, der mir ganz ruhig von Dingen erzählte, die ich
kaum verstand. Sie hatten – das bekam ich irgendwie mit –
etwas damit zu tun, daß ich nach Toronto ziehen und dort
zusammen mit ihm an einer neuen Universität unterrichten,

123

kleine Seminare halten sollte, zu denen Levine sich vertraglich verpflichtet hatte.

Ich kann mich nicht mehr daran erinnern, was genau ich ihm antwortete. Doch irgendwann damals, als ich damit beschäftigt war, den Leichnam des edwardianischen Jungen von meinem Rücken loszubinden, hatte es ein Vorstellungsgespräch bei Levine gegeben, eine Busfahrt nach Toronto zu einem Interview mit jemandem, den ich nicht kannte. Es hatte Briefe, ein Einverständnis, vielleicht sogar mehr, gegeben. Meine Tagebücher schweigen sich zu diesem Punkt aus, aus Gründen, die ich mir nicht erklären kann. Wahrscheinlich hatte ich damals einfach nicht das Gefühl, all diese Dinge tatsächlich zu erleben. Jedenfalls hatte ich plötzlich einen Drei-Jahres-Vertrag; ich unterrichtete die Anfangssemester zusammen mit Paul Levine in Toronto im Fach Kulturwissenschaften.

Schon bald hatte Levine genug von seinem Job in Toronto und kehrte nach Europa zurück, wo er Jahre zuvor studiert und unterrichtet hatte. Dann verschwand er ganz aus meinem Leben – ohne daß ich ihn gefragt hatte, inwieweit er im Frühjahr 1969 gemerkt hatte, daß ich nicht mehr zusammenhängend denken konnte, und auch ohne daß ich mich bei ihm dafür bedankt hatte, daß er mich vor meinem Reststudium bewahrte. Ich werde wohl nie erfahren, ob er sich nur aus reiner Menschenfreundlichkeit meiner annahm. Aber egal, wie seine Motive aussahen: Levines Angebot stellte für mich die Brücke zu einem neuen Leben und einer neuen Stadt, zu einem großstädtischen Dasein, dar, und ich habe in den folgenden Jahren nie bereut, sein Angebot angenommen zu haben.

Ich kam eines Nachmittags Anfang August 1969 in Toronto an, nur wenige Tage, nachdem ich all die Dinge, die mir durch den elenden Winter geholfen hatten, hinter mir gelassen hatte – mein erstes sexuelles Erlebnis, meine letzte Sitzung mit David. Die wenigen Dinge, die ich mitgenommen hatte, darunter auch mein roter Sessel für die Stunden des Wahns, standen nun in der Wohnung, die ich in einer Akademikergegend nördlich der

Wolkenkratzer in der Stadtmitte gefunden und ziemlich geistesabwesend angemietet hatte. Zusammen mit der Erschöpfung des Umzugs und dem Abschluß meines alten Lebens kam auch das Hochgefühl, zum erstenmal einen richtigen Job und ein richtiges Einkommen und eine erste richtige Wohnung zu haben, das Hochgefühl, daß ich mich zum erstenmal in eine wirklich große Stadt wagte und den schmalen Weg zwischen Wohnung und Krankenhaus, den ich acht Monate lang mit dem Fahrrad zurückgelegt hatte, nun sozusagen gegen eine Autobahn vertauschen konnte.

All diese Aufregungen brachten so etwas wie einen Gedächtnisschwund mit sich. Als ich an einem ungewöhnlich kühlen Sommerabend in die Flammen des Kamins in meiner Wohnung schaute, begann ich mir vorzustellen, daß die allmähliche Verschlechterung meines Zustands, das Umschlagen des Unglücklichseins in Selbsthaß und innere Gewalttätigkeit, daß all die Ängste und Sinnlosigkeiten nun hinter mir lagen. Auch wenn das Leben wieder stürmisch werden sollte: Nun hatte ich Ruder, mit denen ich mein Boot beherrschen konnte – wie diese Ruder allerdings aussahen, das hinterfragte ich nicht weiter –, und ich würde dem Untergang nie wieder so nahe kommen.

Als ich so in die Flammen sah, merkte ich nicht, daß sich die schwarzen Hunde bereits in den Schatten hinter mir zusammenrotteten. Ein behagliches, tödliches Gefühl der Sicherheit lullte mich ein, als ich in meinem roten Sessel eindöste – das beruhigende Gefühl, daß der abrupte Umzug aus einer Stadt in eine andere, aus einer Weltengegend, in der es für mich kaum etwas anderes als Unglücklichsein gegeben hatte, in eine völlig andere, einfach die alten Ängste auslöschen, die Konzentrationsunfähigkeit und die lauernden Hunde der Depression vertreiben würde, die bis dahin so oft wiedergekehrt waren, um mir alle Freude zu nehmen.

Es sollte Jahre dauern, bis ich die Hoffnung auf eine endgültige Besserung meiner Depression schließlich aufgab – falls ich das in den geheimsten, widerspenstigsten Winkeln meines Herzens jemals getan habe. Es war nur eine Frage von Wochen, bis die schwarzen Hunde mich wieder eingeholt und sich über meinen Fluchtversuch lustig gemacht hatten. Die Aufregung jener ersten Tage in Toronto ließ allmählich nach und machte schon bald der erotischen und intellektuellen Einsamkeit Platz, die ich bereits aus den letzten Tagen meines Studiums kannte. Die lähmenden Zweifel und der Selbsthaß und jene erstickende Angst kehrten wieder, die mich dazu brachte, daß ich weinend neben der kalten Asche im Kamin kauerte und mir immer wieder dieselbe Platte anhörte, ohne etwas davon mitzubekommen. Die Depression war mit mir nach Toronto gekommen – im Schließfach meiner Seele trug ich sie bei mir, das wurde mir jetzt bewußt.

David hatte mir den Namen und die Telefonnummer eines berühmten Psychiaters in Toronto gegeben und ihm für mich einen Brief geschrieben. Das war der einzige Fehler, den mein erster Therapeut in bezug auf mich je machte. Nach ein paar Sitzungen bei diesem aufgeblasenen Mann im Spätsommer 1969 ließ ich mich niemals mehr bei ihm blicken. In den folgenden Wochen und Monaten und auch später noch versuchte ich David wiederzufinden, immer *ihn*, in den düsteren, langweiligen, vernachlässigenswerten Psychologen und Psychiatern und Sozialarbeitern. Sie schenkten mir Mitleid, hin und wieder eine Einsicht, aber keine neue Kraft gegen das schnelle Herannahen und Zurückweichen der schwarzen Hunde, den unerbittlichen, dumpfen Schmerz.

Doch ich lernte etwas Wesentliches: Es würde niemals mehr einen David geben. Denn selbst wenn es mir gelänge, zu demselben Menschen zurückzukehren und eine neue Therapie mit ihm zu beginnen, ich wäre nicht mehr derselbe, der ich damals in jenem schrecklichen Augenblick des Jahres 1969 gewesen war, mich gäbe es so nicht mehr. Die Abwärtsbewegung war in einschneidender Weise aufgefangen worden, ganz kurz vor dem Sturz in den Abgrund.

Während ich mich in Toronto eingewöhnte, begann ich die

Depressionszyklen zu durchleben, die seit jener Zeit so typisch für mein Dasein geworden sind: schnelles oder auch langsameres Abdriften in Verletzlichkeiten, Verzweiflung und Scham, in dunkle Stunden, Tage oder auch Wochen am Boden, in die verzweifelte Suche nach Hilfe durch Medikamente oder Therapeuten, dann die schnelle oder auch langsamere Rückkehr zur Stabilität. Dazwischen immer wieder das »normale Leben« mit der einen oder anderen Freude, manchmal Wegstrecken mit gar nicht unangenehmem Weiterhumpeln und schließlich wieder das nächste Stolpern, Rutschen und Stürzen.

Damals begriff ich noch nicht, daß ich aus der *kritischen* Depression in die Zyklen der *normalen* Depression auftauchte. Aber darüber machte ich mir auch nicht allzuviele Gedanken, weil so viele Dinge passierten: In den ersten Monaten meines Aufenthalts in Toronto hatte ich große Orientierungsschwierigkeiten; sie steckten voller Unruhe und Überraschungen, von denen ich eine ganze Menge selbst verursachte, die zum Teil aber auch ziemlich unerwartet kamen. Die Tatsache, daß ich Seminare für Paul Levine und William Irwin Thompson abhielt, zwei altmodische Gelehrte, die sich auf den Straßen der zeitgenössischen Hochglanzkultur nur unsicher bewegten, führte dazu, daß ich auch in das Leben dieser beiden Größen hineingezogen wurde. Die intellektuelle Spannung zwischen diesen beiden impulsiven und ehrgeizigen Dandys – Levine war eher modernistisch, pessimistisch und weltlich ausgerichtet, Thompson ein McLuhanesker techno-populistischer Grübler und selbsternannter Prophet eines bevorstehenden Dunklen Zeitalters, in dem er dazu ausersehen war, »das alte Wissen« zu erhalten – zog all ihre Assistenten in ihren Bann.

Doch als ich an einem Herbsttag von ihren Vorlesungen und meinen eigenen Tutorenkursen zurückkehrte, ertappte ich mich dabei, wie ich mich in jene trübe, schlammige Lustlosigkeit hineinziehen ließ, die den schwarzen Hunden so sehr bei ihrer Jagd hilft. Ich schrieb alles meiner Einsamkeit zu. Auch auf Menschen ohne psychische Störungen wirkt Toronto oft kalt und abweisend. Meine Einsamkeit in dieser Stadt, in der ich lediglich meine beiden Mentoren kannte, meine intellektuelle, sexuelle und gesellschaftliche Isolation, brachten mich immer wieder aus dem Gleichgewicht. Wenn ich neben meinem Kamin saß, hätschelte und nährte ich immer wieder die Verletzungen und Ressentiments, die vom Widerwillen des Depressiven herrühren, irgend etwas Neues zu versuchen, obwohl aus genau jener Untätigkeit dann wieder Selbsthaß resultiert.

Irgendwann lernte ich dann ein paar Studenten kennen, in deren Gegenwart ich mich wohler fühlte als in der der meisten anderen Leute rund um mich herum. Nun, »wohler fühlte« ist vielleicht nicht ganz der richtige Ausdruck – es ging dabei eher um den Wiedererkennungseffekt: Denn jene »radikalen Studenten«, die in einem heruntergekommenen Haus wohnten und ständig brillante marxistische Kulturanalysen von sich gaben, unterschieden sich kaum von jenen intelligenten Studenten, die ich früher gekannt und mit denen ich gegen den Vietnamkrieg protestiert hatte. So verwunderte es kaum, daß ich Weihnachten 1969 schon nicht mehr in meiner ersten Wohnung verbrachte, sondern mich meinen neuen Freunden und ihren Kameraden in der Kommune anschloß – eine Bezeichnung, die sich, ganz Größenwahn, an das Paris des Jahres 1869 und das China der Kulturrevolution anlehnte und in jenen letzten Tagen der Studentenrevolte unter radikalen Studenten üblich war.

Ende November 1969

> *– bezüglich der entscheidung, den wildpark zu verlassen und zu den kommunisten zu ziehen, ist nichts zu sagen –*
> *– bezüglich der großen blauwale, die dieses jahr nicht zu ihren fortpflanzungsstätten zurückkehrten, hat Ginsberg uns gesagt, daß …*
> *– bezüglich der unheimlichen dunkelheit und des leuchtens darin – ich weiß nicht, was ich schreiben soll,*

hier gibt es nichts zu tun, außer die erleuchtung zu
suchen, dort zu bleiben – aber jetzt gibt es den dunklen
wald, das wandern … vielleicht ist das neue leben bei
den kommunisten in der carlton street das richtige, dis-
ziplin, fürs erste ausreichend –

Die Kommune befand sich in einem hohen viktorianischen
Haus in einer Gegend, die noch vor einem halben Jahrhundert
respektabel gewesen, 1969 allerdings schon zu einem schäbigen
Bezirk voll von Alkoholikern, Drogensüchtigen und anderem
menschlichen Strandgut geworden war. Und dazu kamen wir,
das heißt, die Kommunarden: ein paar clevere »marxistisch-leni-
nistische« Studenten, ein oder zwei »Organisatoren« und eine
Handvoll Kleinkrimineller, deren Vorstellung davon, wie sich
das kapitalistische System bekämpfen ließ, damit zu tun hatte,
daß sie mit Drogen handelten, jedes Wochenende einen LSD-
Trip einwarfen und ihren Mitbewohnern den Joghurt aus dem
Kühlschrank klauten. Tja, und dann war da noch ich.

Mein Interesse für den Marxismus war immer schon auf eine
naive Bewunderung der Offenbarungen zurückzuführen gewesen, die er mit sich brachte: Er enthüllte, welche Mächte im Herzen der Vergnügungsindustrie, des akademischen Betriebs und
der Massenkultur wirkten. Der Marxismus hatte mir die erste
machtvolle Diagnostik der Kultur mitgegeben, wie es bis dahin
noch keine für mich gegeben hatte; damals wußte ich nicht, daß
es noch weit mitreißendere und einsichtigere gab, auch wenn
diese ihrer Natur nach pessimistisch waren – was der Marxismus
keinesfalls ist – und deshalb dem zeitgenössischen Menschen
angemessener. Soll heißen: Ich hatte die Schriften von Martin
Heidegger und Michel Foucault noch nicht entdeckt.

Nachdem ich von meinen Mitkommunarden in ihre Version
des kulturellen Marxismus eingeführt worden war, verflüchtig-
ten sich meine intellektuellen Gründe dafür, daß ich mit ihnen
zusammengezogen war, und schon bald verachtete ich alles, was
mit der Kommune zu tun hatte. Allmählich dämmerte mir, daß

meine Isolation in einem noblen Vorort mich in die noch größere Isolation in den Slums getrieben hatte, und mein Umzug
aus einem ordentlichen Viertel in eine heruntergekommene
Wohngemeinschaft – an einem ganz ähnlichen Ort, allerdings in
einer anderen Stadt, hatte ich schließlich zum allerersten Mal
sexuelle Intimität erlebt – hatte mich einsamer gemacht, als ich
es seit den schrecklichen Monaten vor meinem Zusammenbruch im November 1968 jemals gewesen war.

Gelegentliche Besuche von Deborah, meiner ersten und bis
dahin einzigen Freundin im sexuellen Sinn, lenkten mich eine
Nacht oder ein Wochenende lang ab, befreiten mich von der
Monotonie und dem intellektuellen Gelaber, das wahrscheinlich
nicht nur ich, sondern auch alle anderen Kommunarden als
Belastung empfanden. Ein Gefühl trauriger Verzweiflung und
Vergeblichkeit hing über dem Haus und seinen Aktivitäten, ja
sogar über seinen lautstarken politischen Auseinandersetzungen.

Die unausgesprochene Meinung aller Hausbewohner war,
daß die Revolution nun weiter entfernt schien denn je, daß der
»Imperialismus« fester im Sattel saß als je zuvor und daß das
erstickende Miasma massenkultureller Vergnügungen nun noch
durchdringender, noch *beherrschender* war als zu der Zeit, als wir
noch nicht durch die marxistischen Philosophen über seine Existenz aufgeklärt worden waren. Es würde keine Revolution im
Staate geben, nicht einmal eine Neuorganisation der Universitäten durch die radikalen Studenten (wie in Frankreich), keine
über die Institutionen eingeführte Freiheit.

Ich vermute, daß sich auch die meisten Kommunarden letztlich keine Revolution mehr wünschten, obwohl natürlich niemand es gewagt hätte, das zuzugeben. Anfang der siebziger Jahre
waren die Zeiten ein für allemal vorbei, in denen irgendein Lin-
ker, egal, wie »anti-stalinistisch« er auch eingestellt sein mochte,
behaupten konnte, er wisse nichts von den Greueltaten, die
der leninistischen Revolution so natürlich gefolgt waren wie der
Tag auf die Nacht. Außerdem gab es nur sehr wenige, die bereit
waren, für Castro einzutreten, den revolutionären Helden, den

die nordamerikanischen Radikalen der frühen sechziger Jahre verehrt hatten. Meine Kameraden gaben schon vor dem Nikaragua-Desaster – dem letzten Traumziel der nordamerikanischen »Radikalen« auf der Suche nach wenigstens einer marxistischen Revolution, die nicht scheiterte und auch nicht ihre Kinder und ihre besten Denker auffraß – stillschweigend auf.

Ganz allmählich erkannten wir Kinder der atemberaubend optimistischen sechziger Jahre auf ganz unterschiedliche Weise und auch mit ganz unterschiedlicher Wirkung die traurige Wahrheit über die Aufklärung: daß nämlich die Abfolge von befreiender und emanzipatorischer Rhetorik, Revolution und schließlich Schrecken unabänderlich ist. Jeder Depressive kennt dieses stete Voranschreiten von zwanghafter Selbstverbesserung und Versuchen, »sich zusammenzureißen«, zu Selbstmordgedanken, die nichts anderes sind als das Loslassen der Jakobiner auf einen Körper, der sich dagegen wehrt, revolutioniert zu werden. Nur wenige junge Marxisten – oder »Neo-Marxisten«, wie sie sich damals ganz gemäß der neuen Mode nannten – konnten die Konsequenzen zugeben, die das Befreiungsgewäsch so eindeutig in sich trug; die, die es taten, versuchten (wie ich) einen Ausweg aus der Lehre zu finden.

Deborah war meine einzige Zuflucht vor dem alles durchdringenden Gefühl des Versagens, das über dem ganzen Haus hing. Wenn sie wieder nach Hause fuhr zur Universitätsklinik und ihrem Therapeuten in der Stadt, in der wir uns kennengelernt hatten, senkte sich erneut die Einsamkeit über mich, dazu kamen in immer höherem Maße der Selbsthaß – das nagende Gefühl, wieder einmal den falschen Weg gewählt zu haben – und der Ekel vor mir selbst und meinen Entscheidungen. Wieder einmal begann die Welt, meinem Griff zu entgleiten, so schlimm wie noch nie seit dem Jahr vor meinem Zusammenbruch.

St. Patrick's Day 1970, Erinnerungen an Irland 1967 –
ein Tag, an dem ich in das Grab meines Herzens
schaue, das immer noch hungrig ist, nach der Gemein-
schaft des Herdes sucht. Und was noch?
Gott ist die Bezeichnung dafür – Gott, zeitloses
Schweigen, die Abwesenheit von Uhren, eine Zäsur im
Zentrum des pulsierenden, voranstrebenden Todes im
Leben – Gott ist das Tier, das die Hitze des Herdes in
mir sucht, Gott die Abwesenheit und das Ende, Gott
das Beiseitelegen der Ängste, und der Sturz in Gott
hinein, in die lichtzersprengte Unsicherheit –

Der nächste Zusammenbruch kam genauso schnell wie alle
anderen in der intensiven Zeit zwischen Herbst 1968 und Sommer 1971 – aber von jenem Sommer werde ich noch gesondert
erzählen. Als ich am Spätnachmittag des Ostersonntags 1970
ziellos und ziemlich elend in Toronto herumlief, fand ich
irgendwo in einer Seitenstraße in der Stadtmitte eine kleine
anglikanische Kirche; ich kam gerade rechtzeitig zum abendlichen Festgottesdienst zur Feier der Auferstehung.

Seit Afrika war ich nicht mehr in der Kirche gewesen, und
das war schon fast zwei Jahre her. Das hatte auch mit meiner
tiefen Scham darüber zu tun, daß ich mich insgeheim immer
wieder auf die Seite der Unterdrücker schlug – vor denen ich
die Opfer seinerzeit in Afrika ja nach dem Willen der Kirche
hätte schützen sollen. Wichtiger jedoch war es gewesen, daß ich
nach dem Sommer 1968 in Afrika geradewegs in jenen Zustand
der Auflösung gestolpert war, der schließlich zu meiner Therapie führen sollte. Wie ich nun feststellen sollte, mußte ich die
Kirche erst hinter mir lassen, um sie wiederzufinden, um mir
darüber klarzuwerden, inwieweit die Anziehungskraft der Kirche auf mich lediglich mit dem verkrampften Traditionalismus
und der Schicklichkeit zu tun hatte, nach denen ich mich so

sehr sehnte, und inwieweit mit dem befreienden, lebendigen Glauben.

Die Antwort offenbarte sich mir während der herrlichen Liturgie in jener Kirche. An jenem Abend erlebte ich noch einmal die Schönheit, die mich Jahre zuvor in der ernsten Pracht der Musik und des Rituals angezogen hatte – und der auch diese Gemeinde in der Osterzeit huldigte. Was ich hier empfand, ließ sich noch am ehesten mit dem vergleichen, was ich in der Wärme der körperlichen Nähe zu Deborah gespürt hatte: die einfache Tatsache, einen Körper zu haben, sterblich zu sein und Bedürfnisse zu haben; die Freiheit und die Fähigkeit loszulassen; das merkwürdige neue Gefühl, kein Fremder zu sein, die Sehnsucht und auch ihre Befriedigung zu kennen.

Und hinter den Weihrauchwolken, den glänzenden Goldgewändern und der Musik – dem erotischen Beiwerk der Religion – lag das noch größere Wunder des geliebten Gottes, hier mitten unter den Gläubigen. Das verschwenderische Verzeihen und die herzliche Aufnahme, die ich hier im glänzenden Gewebe von Zeichen und Geräuschen spürte, im Geflecht der unvergleichlich schönen Sprache, stand in krassem Gegensatz zu den grimmigen, ernsten marxistischen Maximen und Ermahnungen, die alles in der Kommune mit einem dünnen, schmierigen Fettfilm überzogen.

Jener Abendgottesdienst war ein ästhetisches Erlebnis; das würde ich nicht bestreiten. Aber, das was ich da empfand, war weniger künstliche Schönheit als *aesthesis* im Sinn der griechischen Antike: die sinnliche Bewußtwerdung, die uns für größere moralische Welten offen sein läßt. Denn das Kreuz zu sehen, bedeutet, mit Alternativen konfrontiert zu werden: Sich entweder dem Leben zuzuwenden und auch in der Dunkelheit und Unsicherheit jenes schrecklichen Karfreitags beim geliebten Gott zu bleiben, oder sich in die bürgerliche Parodie des Lebens zurückzuziehen – in den beschaulichen Relativismus, den gleichgültigen Unglauben und die Pathologie des Alltagslebens.

An jenem Ostersonntag und auch in den Jahren, in denen

ich mich dem anglikanischen Glauben immer mehr annäherte, wurde ich daran erinnert, daß die Schönheit des geliebten Gottes eine Einladung ist, sich Prinzipien, Freiheit, Opferbereitschaft zuzuwenden; eine Verführung, die dazu dienen soll, uns zu befreien. Jener Abendgottesdienst war nicht nur eine Befriedigung all der sinnlichen Sehnsüchte, die ich mir jahrelang versagt hatte, sondern versetzte mich auch in einen Zustand, der sich durchaus mit Wohlbehagen oder Erbauung vergleichen läßt.

Als ich am Abend wieder in meinem Zimmer in der Kommune war, ergriff mich Selbsthaß, und ich wurde fast von meiner eigenen Wertlosigkeit angesichts jenes höchsten Werts überwältigt, den ich soeben erlebt hatte. Natürlich war das alles eine absurde Reaktion auf meine Hochstimmung; aber die heimtückischen Gewohnheiten der lebenslangen Depression lassen sich einfach nicht abschalten. Meine Gedanken wandten sich wie selbstverständlich der Selbstauslöschung dieses fixierten, gelähmten Wesens zu, das ich glaubte, wieder zu werden. Doch dann erinnerte ich mich von neuem meines geliebten Gottes und gewann genug Kraft, um mit das vernünftigste zu tun, was ich seit Monaten getan hatte.

Statt mich selbst umzubringen, zerstörte ich mein Zimmer; ich machte alle Möbel kaputt, zerfetzte alle Bücher, zerschlug Spiegel und Lampen, bis Dunkelheit und Erschöpfung mich dazu brachten aufzuhören. Als ich am nächsten Morgen aufwachte, beschloß ich, die Wohngemeinschaft zu verlassen.

Dann, Anfang Mai, machte ich eine Wanderung durch den westlichen Teil Irlands. Vielleicht war ich einsam, aber zumindest lag ein ganzer Ozean zwischen mir und der verzweifelten, widerlichen Solidarität der Kommune. Den größten Teil jener Zeit in den wildesten Regionen Irlands bewegte ich mich zu Fuß von Ort zu Ort oder fuhr per Anhalter. Meine Lieblingsorte waren die bröckelnden Spitzen der hohen Klippen auf der westlichen Seite der Aran Islands vor Galway, die die kalten atlantischen Stürme abgeschliffen hatten, und die sumpfigen Hügel von Connemara. Am allerschönsten waren die Wanderungen über die nebeligen Berglandschaften und vom Meer umspülten Landzungen der Dingle Peninsula.

Es war an der Zeit, sich Gedanken über die seltsamen Urgewalten zu machen, die zu meinem plötzlichen katastrophalen Zusammenbruch geführt hatten, dazu, daß ich mich so hektisch meiner förmlichen Kleidung entledigt hatte, nach Toronto gezogen war, Gedanken über all die Ereignisse seit meinem Aufenthalt in Südafrika.

Ich fand keine Antwort in Irland. Vielleicht gibt es keine Antworten auf meine Fragen. Dafür fand ich einen Ort, der sozusagen Balsam für meine Seele war. An diesen westlichsten Punkt Europas hatten sich fünfhundert Jahre zuvor Männer und Frauen aus einer anderen sterbenden Welt mit ihren seelenvernichtenden Technologien geflüchtet – Kriege, daraus folgende Hungersnöte, militärische und kulturelle Unterdrückung, lähmender Luxus. Auf diesem sturmgebeutelten Kap hatten sie die winzigen, bienenstockähnlichen Hütten aus Stein errichtet, die noch immer dort stehen als Zeugen für den Geist des geliebten Gottes und die Sirenengesänge – der einzige revolutionäre Geist, der nicht zum Schrecken, sondern zur Befreiung vom gesellschaftlichen Wahnsinn der Zeit führt.

In jenen eisigen Behausungen der frühen irischen Mönche, die sich in die Spalten der Klippen hoch über dem Meer ducken, lernte ich wieder, eine Sprache des Herzens zu sprechen, die ich fast vergessen hatte. Ich lernte ganz allmählich, wie man betet.

Mai 1970

Donnerstag, Himmelfahrt – wie immer, so scheint es, ein Donnerstag voller warmer Brisen und grünem Drängen im Boden –
Ich habe Himmelfahrt immer schon für ein merkwürdiges Fest im Jahreskreis der Kirche gehalten, aber

ich liebe es trotzdem: An diesem Tag erinnern sich die
Gläubigen daran, wie der geliebte Gott sich aus der
Welt zurückzog und im Himmel aufgenommen wurde.
Und zwei Männer, prachtvolle Engel (so heißt es bei
Lukas) standen dort und störten die fromme Stille mit
den Worten: Warum starrt ihr hinauf zum Himmel?
Kehrt zurück in die Stadt –
　　Jetzt warten wir auf seine Rückkehr in die Stadt,
das pleroma, *die Fülle der göttlichen Kraft, wenn Jesus*
alles sein wird, und alles in allem, jenen wiederge-
geben, die ihn lieben, das fleischgewordene Bild des
gequälten und geschundenen und gekreuzigten Gottes,
den wir nie wieder sehen und fühlen werden –
　　die Menschheit hat sich völlig darein ergeben, Fel-
der zu räumen, riesige Lichtungen von Wäldern, Zer-
störungen in einem völlig unnötigen Maß, um flache,
leere Räume des Wahns zu schaffen, auf denen wir
unser Projekt der Weigerung, loszulassen, bauen –
　　aber der geliebte Gott wird auf kleine Lichtungen
im Wald wiederkehren, wie ein Licht, das vom Him-
mel fällt – auf Lichtungen, die gerade so groß sind, daß
wir ein Stück vom Himmel sehen – er wird herabstei-
gen, um aufzulösen, um die Stille und die Abwesen-
heit, Gelassenheit, *im Mittelpunkt des erneuerten*
Daseins zu sein, die aufgeforstete Welt, endlich entwel-
tet durch das Herabsteigen des Göttlichen ins Nichts –
das Kreuz –
　　Nichts, absolute Abwesenheit, endlich erkennbar als
Mitleid –

Mein Entschluß, aus dem kaputten, elenden Zimmer in der
Kommune aus- und in eine Wohnung Uptown einzuziehen, war
vermutlich schon am ersten Tag meines Kommunenlebens unaus-
weichlich gewesen. Wo meine nächste Wohnung sich befand,
hatte hauptsächlich damit zu tun, was sich in der Nähe der Kir-

che finden ließ, die ich an Ostern besucht hatte und zu der ich nach meiner Irland-Reise zurückkehrte.

Ich hatte eine Freiheit erlangt: Ich war wieder Christ und würde von nun an meinen Glauben auch praktizieren. Die Freiheit der sexuellen Intimität hingegen blieb mir weiterhin verwehrt.

Gelegenheiten, die Sprache des Fleisches zu erlernen, boten sich genügend: Wie in anderen Großstädten ist es auch in Toronto nicht schwer, einen Bettgenossen für eine Nacht zu finden – allerdings hatte ich in sexueller Hinsicht so wenig Erfahrung, daß mir sogar das schwerfiel. Ich kannte weder ungeschriebene Gesetze und Riten noch die sexuelle Etikette (falls dieses Wort nicht zu prüde oder altmodisch klingt für etwas so Grundlegendes), mit denen die Gleichaltrigen in Toronto alle vertraut zu sein schienen.

Dann tauchte meine Freundin Deborah plötzlich auf und fragte, ob sie bei mir bleiben könne. In jenem Herbst glaubte ich kurze Zeit, ich habe das Geschenk der sexuellen Intimität erhalten, ohne die Signale, denen sie folgt, und die mir fremd waren, die ich nur halb begriff, erlernen zu müssen. Was ich allerdings nicht wußte oder erst erfuhr, als ich mich schon in sie verliebt hatte, war die Tatsache, daß sie nur eine Weile in Toronto bleiben wollte, um schließlich in den amerikanischen Südwesten zu ziehen, wo sie sich zu dem Mann gesellen würde, mit dem sie dann schließlich zusammenblieb. Eines nebligen Tages im Dezember, als ich gerade nicht in der Wohnung war, erhielt sie den Anruf, auf den sie gewartet hatte, packte ihre Sachen zusammen, hinterließ mir eine Notiz und verschwand.

Ich zweifle nicht daran, daß Deborahs Verschwinden auch mit meiner verkümmerten, leidenschaftslosen Reaktion auf sexuelles Vergnügen zu tun hatte – wahrscheinlich ist das der geheime Defekt eines jeden Depressiven; jedenfalls war nicht zu erwarten, daß eine sinnliche Frau wie Deborah sich bis in alle Ewigkeit damit zufriedengeben würde. Aber diese nüchterne Analyse ihres Verschwindens war mir erst später möglich, nachdem mein

Zorn und meine Verletztheit nachgelassen hatten. Als ich schließlich nüchterner wurde, folgten keine Strategien zur Ersetzung dessen, was ich verloren hatte. Eher empfand ich so etwas wie Erleichterung, weil ich nun nicht mehr so tun mußte, als genieße ich den Sex, wenn ich mich eigentlich nach Vertrautheit sehnte. Die Geschichte hatte noch etwas anderes zur Folge: die erwachende Neugierde (vielleicht auch der lang unterdrückte Wunsch) herauszufinden, wie eine solche Vertrautheit mit einem Mann aussehen würde.

Da ich nur in Gesellschaft von Frauen aufgewachsen war und Sport immer schon gehaßt hatte, wußte ich fast nichts über Männer: Wie sie redeten und sich benahmen, wie ihre Körper aussahen und sich anfühlten, wie die körperliche Vertrautheit mit einem Mann sein würde.

Das sollte ich schon bald herausfinden. Die sexuellen Begegnungen, die ich nach Deborahs Verschwinden mit Männern hatte, waren nur so etwas wie ein Herantasten. Ich wußte um die Mechanik und die technischen Einzelheiten des Geschlechtsaktes, aber eben jenes Wissen schien wie ein Betäubungsmittel auf mich zu wirken, wenn ich tatsächlich mit jemandem ins Bett ging. Die sexuellen Erfahrungen, die ich so sammelte, waren nur selten so vergnüglich oder interessant, daß ich sie mehrere Nächte mit ein und derselben Person fortsetzen wollte. Auch meine Partner fanden die Sache offenbar nicht interessanter als ich.

Das soll nicht heißen, daß ich jene Tage und Nächte mit ihrer menschlichen Nähe, ja sogar dem lächerlich ungeschickten Sex bereue – am allerwenigsten bereue ich, daß ich so mit einer völlig neuen Art der Intimität vertraut wurde. Die Nähe, einfach nur nackt in den Armen eines anderen Mannes oder einer Frau zu liegen, zu streicheln und gestreichelt zu werden, war mir immer noch fremd – aber es *genügte* mir und befriedigte mich auch dann, wenn es nicht mit schweißtreibender Akrobatik verbunden war. An einem jener ruhigen, behaglichen Abende in meiner Wohnung geschah es, daß der Mann in meinen Armen sagte, er liebe mich. In meinem dreißigsten Lebensjahr hörte ich diese Worte zum erstenmal.

Wie die meisten erwachsenen Männer, die die erotische Nähe zu anderen Männern so attraktiv finden, daß sie sie mehr als einmal suchen – und überdies die traurige Tendenz besitzen, alles zu intellektualisieren –, fragte ich mich damals und später noch manchmal, zu welcher Gruppe von Menschen ich gehörte. Die *Bisexualität* – ein Begriff, der mir völlig neu war – kam um 1970 in Mode.

Ich hatte aus mehreren Gründen etwas gegen die Vorstellung und den Begriff. Das Wort erinnerte mich an die Biologiestunde in der High-School; es klang wie etwas, das man über einen südamerikanischen Frosch oder eine Pflanze sagen konnte, aber nicht über einen Menschen. Wenn es möglich war, bisexuell *zu sein*, dann gehörte so etwas wie eine ständig wechselnde Untreue dazu, die ich aus moralischen Gründen nicht akzeptieren konnte. Und wenn man sich selbst »bisexuell« nannte, was manche damals ziemlich lautstark taten und auch heute noch tun, klang das in meinen Ohren verlogen – in meinen Augen war das ein ziemlich sinnloser Versuch, eine Vorliebe für homosexuelle Praktiken oder das mangelnde Wissen um die körperlichen Begierden zu kaschieren, das auf Impotenz oder Feigheit in dem Moment zurückzuführen ist, wenn es darauf ankommt herauszufinden, welche Vorlieben man wirklich hat.

Obwohl ich mit eindeutig männlichen Geschlechtsmerkmalen zur Welt kam, ist meine Sexualität seit meiner Kindheit in der Wahl ihrer Objekte immer schon flexibel gewesen und hat sich nie auf die eine oder andere Hälfte der Menschheit beschränkt. Meiner Meinung nach hat das mit einigen psychischen Blockierungen zu tun, die auch nach der Pubertät noch nicht aufgelöst waren – in der Zeit also, in der ich die Energie, die ich eigentlich auf die Entdeckung der Sexualität hätte verwenden sollen, ganz und gar in meine Depressionen steckte. Der gesellschaftliche Druck, diese Frage in der Pubertät zu klären, wäre enorm gewesen, wenn ich seinerzeit mehr als nur oberflächliche Kontakte zu Gleichaltrigen gehabt hätte. Man hätte von mir erwartet, daß ich eine Entscheidung träfe – das hätte bedeutet, daß ich mich aus dem Lager der Mehrdeutigkeit verabschiedet und mich einem Teil der Gesellschaft eindeutig zugesellt hätte; ich hätte mich auf eine gewisse Weise kleiden und in einer Gegend mit ähnlich gesinnten Menschen leben müssen. Es hätte auch bedeutet, daß ich zu etwas geworden wäre, was ich nicht war – nämlich zu etwas Eindeutigem im Vokabular des sexuellen Universums.

Im Alter von neunundzwanzig Jahren hatte ich immerhin herausgefunden, daß mir der Sex mit Deborah Spaß machte und auch der harmlose Sex mit manchen Männern. Irgendwann kam ich zu dem Schluß, daß ich letztlich nicht zwischen abstrakten kulturellen Wahlmöglichkeiten entscheiden mußte und das auch nicht wollte. Ja, ich wünschte mir einen Partner. Aber wo konnte ich den finden?

An der schwulen Subkultur, der schwulen Antwort auf Unterdrückung und in den letzten Jahren auch Aids – eine aggressive, prahlerische, rücksichtslose und fröhlich individualistische Angelegenheit – wollte ich nicht teilhaben; außerdem existierte sie meines Wissens Anfang der siebziger Jahre noch kaum. In Toronto gab es dafür die merkwürdig schmuddelige Kultur der Homosexuellenbars mit ihrer Promiskuität, die heimlich oder auch ganz offen gelebt wurde – eine Szene, die mir mit ihren Gesten und ihrer Großtuerei keinen Platz bot.

Ich konnte die Gesellschaft, das ganze soziale Umfeld der Homosexualität, wie ich sie damals kannte, nicht ertragen: die Bars, das aggressive Cruisen, die Stricherszene an der Yonge Street, die Verbissenheit und Verzweiflung, mit der man seinen Partner suchte – all diese Dinge ähnelten zu sehr der Depression; es mangelte ihnen am Subversiven, am Humor. Aber wenn ich mich dieser Gesellschaft nicht anschloß, das merkte ich schon bald, konnte ich auch nicht ganz locker ihren Lebensstil genießen. In den immer militanteren, simplistischeren siebziger Jahren genügte den älteren Homosexuellen und denen, die ihr Coming Out gerade erst hinter sich gebracht hatten, die Tatsache, daß sie anders, sozusagen eine Randkultur, waren, nicht mehr. Man konnte den Stil der Polysexualität nicht genießen, ohne sich einer militanten Haltung zu befleißigen, die ich nicht für mich akzeptieren konnte – ich war nicht bereit zu einem Coming Out, zu einem öffentlichen Bekenntnis für die eine und gegen die andere Form von Sexualität. Damals wurden solche Gesten als obligatorisch erachtet; heute sind sie offenbar noch wichtiger.

Seit Aids hat sich die schwule Kultur völlig verändert, und die Tuntenkultur scheint es nicht mehr zu geben; vor fünfundzwanzig Jahren jedoch war sie als Gegenmittel gegen die Ernsthaftigkeit der Massengesellschaft (und der Depression) noch sehr lebendig. Ich genoß sie, wenn auch oft nur aus der Ferne, weil sie all das bot, was die Depression mir sonst verwehrte: Extravaganz, Kaltschnäuzigkeit sowie einen komplexen, schillernden, ausgesprochen fröhlich verletzenden Humor – »Ich muß dir nicht sagen, daß du häßlich bist, das weißt du selber!« –, der jedem im ausschließlich männlichen Diskurs verstrickten Mann unverständlich bleiben muß. Hier wurde die Perversion als Ästhetik betrieben, und jene Ästhetik, der Stil, faszinierte mich auf eine Art und Weise, wie es der sexuelle Aspekt der Sache nie getan hatte. (Noch lange nach meiner Heirat, als ich schon mittleren Alters war, trug ich immer noch Straßbroschen und anderes Glitzerzeug, wenn ich es mir irgendwie erlauben konnte, zum Teil, um mich von den anderen abzuheben und frech zu sein, hauptsächlich aber, weil ich die erotische Ambiguität liebte.)

Nachdem ich die kurze Zeit meiner frühen sexuellen Intimitäten hinter mir hatte – das war irgendwann Anfang 1971 – war ich bezüglich des sexuellen Weges, den ich einschlagen würde, zu einem Entschluß gekommen. Wenn meine Depressionen jemals eine dauerhafte Kameradschaft zuließen, würde ich diese entweder bei einer Frau oder in einer zölibatären Gemeinschaft christlicher Männer suchen. Ich hatte schreckliche Angst davor, allein zu leben, und beschloß, etwas gegen mein Alleinleben zu unternehmen. Ich sehnte mich nach einer liebevollen Familie mit all den Kümmernissen, die ich selbst nie gekannt hatte, und ich war der Meinung, daß ich diese Familie entweder in Gesellschaft von Männern finden würde, die der Glaube zusammenschweißte, oder in einer ganz traditionellen Gemeinschaft mit Frau und Kindern.

Ganz dem Muster meiner spontanen Entschlüsse folgend, die ich in jenen Jahren meiner heranwachsenden Identität faßte, und im genauen Gegensatz zur einzigen vernünftigen Lösung, nämlich dort weiterzusuchen, wo ich schon war –, beschloß ich im Frühjahr 1971, mir eine BMW 600 zu kaufen und den Sommer mit einer großen Rundreise durch die Vereinigten Staaten zu verbringen. Ich würde im tiefen Süden beginnen, durch Texas weiterfahren und über Kalifornien, die Küste und die kanadischen Steppen nach Toronto zurückkehren – auf der Suche nach einer Frau oder einer Gemeinschaft, die mir vielleicht nicht unbedingt Sicherheit, aber zumindest Vertrautheit bieten könnte.

Ich fand keine Gemeinschaft von Männern, die mich haben wollte, und auch keine, der ich mich hätte anschließen wollen. Zu meiner großen Überraschung fand ich eine Frau, die bereit war, für immer bei mir zu bleiben.

28. März 1971

Der März endet kalt – eine trockene Wartezeit, ich warte auf mein Motorrad, darauf, daß das Unterrichten zu Ende geht – die Klippe des Seins ist immer so, Tagesanbruch, Zusammenbruch –

27. April 1971

April – Zeit der Stürme und des strahlenden Lichts, das durch die dahinhuschenden Wolken bricht –
heute nacht, ich lenke mein Motorrad durchs Gewerbegebiet, so still in der mitternächtlichen Dunkelheit –

heute nacht, und dann wieder eine Nacht, und nicht
mehr so viele Nächte, bis ich meine Sachen zusammen-
packe und mit dem Motorrad von den selbstmörderi-
schen Nachtgedanken, den Entmutigungen und dem
Versagen des Jahres in Toronto wegfahre, über die
Klippe der Welt in Nebel hinein, in das Ungewisse hin-
ein – in welche Welten, weiß ich nicht – aber selbst dort
ist Christus, die Firststange, die das ganze Haus zu-
sammenhält –

Ich hatte noch niemals ein Motorrad besessen und war auch noch nie mit einem gefahren, als ich die BMW kaufte. Der Händler war ziemlich überrascht, als ich ihn bat, mir zu zeigen, wie man den Motor anläßt. Wir waren beide ziemlich überrascht, als das Motorrad zusammen mit mir aus dem Parkplatz über eine sechsspurige Straße und in den Hof eines bestürzten Nachbarn fuhr, dessen Stiefmütterchen ich umgemäht hatte, bevor ich merkte, wie man das Ding zum Halten bringt. Ich brauchte zwei Tage, bis ich das Motorrad vom Händler bis zu mir nach Hause befördert hatte, weil ich so unsicher fuhr, immer wieder in falsche Straßen einbog und schließlich mit einer leeren Batterie liegen blieb. Danach fuhr ich noch ein Wochenende damit herum, bis ich mir sicher war, daß ich dieses verrückte Ding tatsächlich wollte, und nach einem weiteren Monat hatte ich meinen Führerschein. Am Tag danach ging's los.

Das, was ich während meiner Motorradfahrt durch Amerika im Sommer 1971 erlebte, war alles andere als alltäglich; manche Dinge waren einfach nur seltsam, andere so bizarr, daß ich sie am liebsten vergessen würde. Ein Erlebnis allerdings wird mir immer in Erinnerung bleiben. Es geschah im Juli jenes Sommers, nachdem ich an einem heißen, staubigen Nachmittag in New Mexico angekommen war und mir in einem Getränkeladen im Universitätsviertel eine Cola kaufen wollte. Nachdem ich mich auf einen Barhocker gesetzt, meinen Helm auf den Boden gelegt und mein Getränk bestellt hatte, bemerkte ich, daß der Mann neben mir Simone Weils Buch *Die Einwurzelung* las. Wahrscheinlich hätte kein anderes Buch meine Aufmerksamkeit so auf sich gezogen. In der Zeit, als man mir sagte, ich solle mein Studium abbrechen und ich diesem Rat folgte, gab mir der anglikanische Priester, bei dem ich Unterschlupf gefunden hatte, ebenfalls Simone·Weils Buch, wohl in der Hoffnung, daß es mir helfen würde. Damals las ich es nicht, später jedoch sollten mir das langsame Leiden in ihren Schriften und ihr philosophischer Hunger noch sehr wichtig werden. Da erschien es ganz natürlich, daß ich als einsamer Motorradfahrer, der neu in der Stadt war, ein Gespräch über dieses Buch anfangen sollte.

Das, was dann folgte, läßt sich ziemlich schnell erzählen: Tony besorgte mir ein Dach, auf dem ich schlafen konnte – in den Wüstenorten des Südwestens von Amerika gibt es überall Flachdächer –, und am nächsten Abend stellte er mich der Frau vor, die zusammen mit ihrer kleinen Tochter von Arkansas zu ihm gezogen war. Wir wußten beide gleich beim ersten Treffen, was wir wollten. Margaret suchte nach einem schnellen Weg aus der Stadt und wollte ihren tristen, schlecht bezahlten Job als Lehrerin in einer Konfessionsschule loswerden, und sie wollte weg von Tony. Außerdem wünschte sie sich ein besseres Leben für sich und ihre Tochter als das, das sie in New Mexico gefunden hatte.

Ich hingegen war mir sicher, daß sie mich, wenn sie mich erst einmal besser kennenlernte, nicht mehr heiraten würde, so seltsam waren meine Schwächen, meine Interessen und meine Vorgeschichte. Die Heirat würde also schnell stattfinden oder überhaupt nicht. Ich hatte ferner beschlossen, daß ich mich nur mit einer Heirat zufriedengeben würde – nicht mit einem versuchsweisen Zusammenleben. Unsere Beziehung würde zu einem gegebenen Augenblick vor den Augen Gottes und menschlicher Zeugen in einer Kirche beginnen und erst mit dem Tod enden. Bevor wir heirateten, erzählte ich Margaret alles über mich selbst, was sie meiner Meinung nach wissen mußte – meine Liebe zu Katzen und meine Abneigung gegen Hunde, meine unsichere universitäre Situation (ich wußte bereits, daß ich meinen Doktor nicht machen würde), die Tatsache, daß es in Kanada eine konstitutionelle Monarchie gab, die matschigen Winter in Toronto, meine Neigung zum anglikanischen Glauben, meine sexuellen Erlebnisse und meine Depression sowie die Therapien. Erstaunlicherweise hielt nichts davon sie von ihrem Entschluß ab.

Und so geschah es, daß Margaret Cannon und ich nach drei Wochen langen Gesprächen – wir hatten vor, zuerst zu heiraten und uns hinterher besser kennenzulernen – vor dem leicht verblüfften Dekan der städtischen Episcopal Church den heiligen Bund der Ehe schlossen. Danach machten wir uns sofort auf den Weg nach Kanada. Margaret fuhr mit ihrer achtjährigen Tochter und ihrer abessinischen Katze in ihrem VW Käfer, ich auf meinem Motorrad – wir unterbrachen die Reise nur zweimal kurz in Louisiana und Arkansas, um unseren verdutzten Familien die Neuigkeiten mitzuteilen.

Fast sofort nach unserer Ankunft in Toronto und nachdem ich mit dem letzten Jahr meiner dreijährigen Unterrichtstätigkeit begonnen hatte, wurde mir mitgeteilt, daß mein Vertrag nicht verlängert werden würde. Der Mann, der mir das sagte, war auch der Mann, der mich dorthin geholt hatte; er tat mir so schon zum zweitenmal einen großen Gefallen: Er hatte mich nach Toronto kommen lassen, als ich noch mitten im psychischen Chaos steckte; jetzt feuerte er mich und zwang mich so, eine Entscheidung darüber zu treffen, was ich mit meinem Leben anfangen würde, statt passiv auf eine akademische Karriere zuzudriften, für die ich weder vom Intellekt noch vom Temperament her geeignet war. Ich war dreißig und hatte keine Ahnung, wie es weitergehen sollte.

14. Dezember 1971

die qual dieser zeit, das weiterwundern, sie stecken mir
in den knochen – die rastlosigkeit des präriefeuers, un-

wissen, nächtliches flackern in der dunkel erhellten dunkelheit – was ist das für eine stimme, die ich da höre? was ist das für eine feuersäule, da vorn – wo ist sie, und wohin führt sie, durch welche winkel, spannungen, kurven, freisetzungen in der urwelle? –

KAPITEL FÜNF

Langsame Heimkehr

Von meiner frühesten Kindheit bis zu dem Zeitpunkt, als ich Margaret kennenlernte und heiratete, hatte es niemanden gegeben, der bei mir geblieben wäre. Plötzlich nun gab es sogar zwei Menschen, Margaret und ihre Tochter Jacquelyn, die meine Wohnung und mein Leben mir mir teilten und keinerlei Anstalten machten, wieder zu verschwinden. Das gefiel mir überhaupt nicht. Es lenkte mich von meiner üblichen Vertiefung in meine Krankheitssymptome ab. Unvermittelt wurde das Leben auf eine Art und Weise praktisch, wie ich es nie erfahren hatte, zu einem wechselseitigen Austausch, den ich bis dahin nicht gekannt hatte – wir mußten Möbel kaufen, eine Schule für Jacquelyn finden, uns über die Aufgabenverteilung im Haushalt und unsere allgemeine Lebensroutine einig werden. Und all das mit einer Frau und einem Kind, die ich kaum kannte, die mir aber plötzlich näher waren, als es jemals zuvor zwei Menschen gewesen waren.

In meinem tiefsten Innern war ich davon überzeugt, daß diese neue Häuslichkeit früher oder später zu Ende gehen würde, daß Margaret und Jacque, nachdem sie eine Weile in Toronto geblieben waren und sich die Stadt hatten zeigen lassen, wieder verschwinden würden, wie alle anderen es gemacht hatten. Daß das nicht so sein würde, wurde mir eines Nachmittags im Herbst 1971 klar, als Margaret sich während eines unserer hektischen Streifzüge durch die Stadt zu mir wandte und sagte, ich solle aufhören, sie wie eine Touristin zu behandeln. Sie habe nicht vor, wieder wegzufahren. Dies hier, erklärte sie mir, sei für immer.

Ich reagierte ziemlich unsicher auf diese Eröffnung. Nicht, weil ich wieder allein und ohne Margaret sein wollte – die schließlich der erste Mensch war, der mich trotz meiner Schrulligkeit, meines Wankelmuts und meiner Unberechenbarkeit so attraktiv fand, daß er sich nicht von mir abschrecken ließ. Aber tief in meinem Innern spürte ich das Bedürfnis, das alles wieder zu zerstören, die Zeit bis zu einem Tag zurückzudrehen, an dem ich sie noch nicht gekannt hatte.

Später wurde meine Ehe für mich ein Quell der Stärke, damals hingegen bedeutete sie für mich immer noch so etwas wie eine Bedrohung. Denn in Margaret gibt es einen geheimen Raum ohne Fenster und Tür, ein geheimes Leben, von dem ich ausgeschlossen bleibe, einen Raum voller Regale, die bis obenhin mit Erinnerungen gefüllt sind, welche ihr allein gehören. Zu begreifen, daß es solche Geheimnisse bei anderen Menschen gibt und daß man nicht versuchen darf, in sie einzudringen, nicht einmal dann, wenn man zu diesen Menschen ein ausgesprochen vertrautes Verhältnis hat, bedeutet, zivilisiert zu sein; diese Distanz zu wahren, heißt, jemanden zu lieben. Ich hatte zum erstenmal erkannt, was Zivilisation bedeutet, als ich den Mann mit dem karierten Hemd die Straße überqueren sah. Und die Liebe lernte ich nun in schwierigeren Zeiten voll langsam herandämmernder Einsichten, die viel eher Gefahr liefen, von der Depression vergiftet zu werden, weil sie mit großer Nähe zu tun hatten und alles andere als leicht zu verstehen waren.

Die Liebe ist der stärkste Feind der Depression. Aber auch die Liebe kann sie nicht auslöschen oder heilen – selbst wenn Menschen, die sich in einen Depressiven verlieben, das glauben. Das Mitleid eines anderen Menschen spornt den Dämon der Depression nur weiter an. In den ersten Monaten und Jahren meiner Ehe erklärte mir die kalte Stimme der Depression immer wieder, daß es meine Strafe sei, allein zu leben – die Tatsache, daß ich beschlossen hatte, Margaret zu heiraten und die absolute Sicherheit der Depression gegen die Ambiguitäten eines Lebens mit einer sich immer weiter entwickelnden Frau auszutauschen, würde irgendwann zu meiner Bestrafung führen.

Die Depression geht immer auf dieselbe Weise gegen ihre eigene Enthüllung an: Sie versucht, dem Bewußtsein einzureden, daß die einzige Möglichkeit, die Symptome, die wir so verachten, zu bekämpfen, darin besteht, uns radikal zu isolieren, noch puristischer und abstinenter zu werden. Sie indoktriniert uns wieder und wieder mit dem Axiom, daß unerschütterlicher Individualismus und Unabhängigkeit die Basis allen Lebens sind, von der abzuweichen wir uns herausgenommen haben.

Nicht nur den Depressiven fällt es leicht zu vergessen, daß dieses Axiom die ideologische Grundlage der Massenkultur ist, in der wir leben. Wenn wir uns nicht immer wieder einredeten, daß wir »unabhängig« oder »frei« sind, wären wir sicher nicht in der Lage, die Monotonie der Arbeit, den Streß des Konformismus, die Gleichmacherei und Unterordnung sowie die zeitaufwendige Ablenkung zu ertragen, die das Alltagsleben in einer Massendemokratie ausmachen. Die Qualen der Depression entspringen, zumindest zum Teil, der Tatsache, daß wir unabhängig sind, auch wenn wir es nicht sein wollen – das heißt dysfunktional in einer Kultur, die viel Wert auf glatte Koordination und Unterwerfung unter das Konsumdenken legt, während sie ständig die Botschaft vom Individualismus predigt, die in krassem Widerspruch dazu steht.

Zum Teil aus physiologischen Gründen, zum Teil auch wegen ihres Charakters reagieren Depressive nicht allzugut auf ihr Gefangensein in diesem Dilemma. Die Erfahrung der ausgeprägten Isolation als Gegenmittel gegen die Wirren der Welt läßt den Depressiven an den Individualismus glauben, jenen Zustand der Perfektion, den wir nie ganz erreichen können. Mehr als alle anderen Menschen vertrauen wir dem Konzept von »Rechten« und »persönlichen Freiheiten«, die der Propaganda des Individualismus entspringen. Niemand könnte fester an das »Recht auf den eigenen Körper«, an die »unveräußerliche Entscheidungsfreiheit«, an alle Vorstellungen, die mit dem Vokabular der »Emanzipation« zu tun haben, glauben als der Depressive – ohne all das wäre die Selbstauslöschung, das Ende, das die schwarzen Hunde für uns bereithalten, im wörtlichen Sinne undenkbar.

Die Depression kann dazu beitragen, das Mysterium der individualistischen Ideologie zu entlarven: Es ist letztlich nichts anderes als eine Sprache, die uns davon abhält, irgend jemandem oder irgend etwas anzugehören. Es fördert darüber hinaus die Abneigung gegenüber jeder Art von Wurzeln, die der Depression zugrundeliegt, und gegenüber unserem einzigen Recht als Menschen: eingebunden zu sein in die universelle Gemeinschaft des menschlichen Leidens, die zum Vorschein kommende und vergehende menschliche Präsenz.

Wir können nur dann »Individuen« im modernen Sinn des Wortes werden, wenn wir die Schmerzensschreie der Welt ignorieren, die wir hin und wieder durch die Risse in unserer glatten, liberalen Zivilisation vernehmen. Wenn wir jenen Rufen folgen – und uns dagegen wehren, daß Menschen und die Schönheiten des Lebens zu Rohmaterial für die Konsumgier degenerieren, könnte das der erste Schritt zur Befreiung vom Individualismus und damit von der Depression sein. Chronisch Depressive sind Gefangene der Sprache von Selbsthaß und Wertlosigkeit, unsere Köpfe stecken so voller Ekel vor uns selbst, daß wir den befreienden Ruf der leidenden Weltseele nur selten hören, und wenn wir es tun, nur selten darauf reagieren. Diesen Egoismus sehen die anderen und sie verachten uns dafür; gleichzeitig ist es aber auch diese Fessel, von der wir uns am liebsten befreien würden.

20. März 1972

Ein Spätwintertag, nach einem Spaziergang im Wald nahe der Stadt – Bussarde ohne Kompaß im Kopf, der sie zu anderen Sommern lockt, südlich von hier, kritzeln Schlaufen in den Winterhimmel; sie halten Ausschau nach den Sterbenden, und dann das langsame Herabgleiten auf den Hängen des Windes zur Beute –

– Gott sei gedankt für die Endlichkeit, für die Reibung der Realität – sonst würden meine Gedanken heute sonstwohin wandern. Das Projekt: alle Träume fallenlassen, das Nötige tun –

aber ich drehe Kreise außerhalb des Nötigen, kritzle verschlungene Linien auf die Erde um mich herum; nichts passiert –

Die Alternativen, die sich mir darboten, bevor ich Margaret kennenlernte – Ehe und mönchisches Leben – erschienen mir damals
paradox. Erst Jahre später erkannte ich ihre radikale Gemein-
samkeit in dem unauflöslichen Eid, der tiefen, gegenseitigen
Bindung – die einzigen Mittel gegen das entsetzliche Dahintreiben vor der Motorradfahrt, die alles verändern sollte. Schließlich
unterscheiden sich die traditionellen Hochzeitsriten nicht all-
zusehr von den Eiden beim Eintritt in den Mönchsorden. In
beiden geht es um Pflicht, Loyalität, Selbstzucht und die Zele-
brierung von Liebe und Gemeinschaft – um die Aufgabe der
geordneten Isolation und die Hinwendung zur menschlichen
Gemeinschaft mit all ihren Wirrnissen also.

Sowohl die Ehe als auch das Zölibat sind im Sinne der strik-
ten, weisen Riten der Kirche ein Aufruf zur Selbstbeherrschung
und Opferung des Ego, die im direkten Widerspruch zum Egoismus der Massenkultur und somit auch der Depression stehen.
1971 war ich zwar schon bereit, das öffentliche Ehegelöbnis
abzulegen, aber emotional noch nicht in der Lage, die mörderisch egoistischen Gewohnheiten meines Depressivenlebens zu
verändern. Ich hatte kaum geheiratet, als schon wieder der alte
Kampf zwischen der Liebe und meiner Entfernung von der
Liebe begann. Daraus folgte zersetzende Entscheidungsun-
fähigkeit, die sich sehr bald in allen Winkeln meiner Seele aus-
zubreiten begann – auf moralischem, sexuellem, emotionalem
und intellektuellem Gebiet. Das Gefühl, nicht zu wissen, was
ich tun sollte, brachte mich dazu, nichts zu tun – so durchlebte
ich wieder eine jener Zeiten der Unentschlossenheit und des
Paradoxons, die alle Menschen schwächen, aber am meisten die
Menschen, welche von den schwarzen Hunden als Opfer aus-
erkoren werden.

Ich hatte gehofft, daß die Ehe mich vor genau jener Unentschlossenheit retten würde. Aber ich war erst ein paar Monate
verheiratet, als die schwarzen Hunde wiederkehrten. Die vielen
Jahre, in denen ich meine schwache Nahrung aus dem unfrucht-
baren Boden der Massenkultur bezogen hatte, hatten tiefsitzende

Gewohnheiten in mir herausgebildet. Ich wollte weg von Margaret und Jacque, mir meinen Weg in die unbekannte Zukunft ohne sie suchen, weil ich keinen anderen Weg kannte, mich ihr zu stellen.

In den Monaten nach meiner Kündigung an der York University fiel es mir leichter, mich für die Leichtigkeit der Depression zu entscheiden als für das harte Brot der Liebe. Aus meiner Unfähigkeit zu entscheiden, wie es in meinem Berufsleben weitergehen sollte, wurde die Sucht nach der behaglichen Untätigkeit, dem Selbstmitleid, dem herablassenden Mitleid der anderen. Am Ende dieses abschüssigen Pfades liegt der Tod – mit Sicherheit der geistige und moralische, manchmal auch der körperliche. Aber das sinnlich perverse Vergnügen der Unentschlossenheit verbirgt wie die Lust das tödliche Ende vor seinem Opfer, bis es kein Entrinnen mehr gibt.

Juli 1972

Von dem Ekel darüber, daß ich über mich selbst folgende Dinge sage: »ich stehe kurz davor…«, »ich hoffe, daß ich…«, »ich spiele mit dem Gedanken…«, obwohl nichts passiert außer dem Wirbeln im Mahlstrom, wo ich, wie all das Strandgut des Universums, immer »kurz davor stehe…«, »hoffe, …« und dabei weiter und weiter hinabsinke.

Von meiner Verwesung, der Fäulnis meiner Seele: »ich stehe kurz davor«, »werde bald…« und tue nichts, umrunde nur wieder dieselbe Kurve –

Nichts zu tun, nichts zu sein heute, nur das, was nicht ist in den Bildern, die ich sehe, den Werbeanzeigen. Das Deo sagt mir, ich stinke; die Anzeigen für die Unterwäsche mit ihren prallen Unterleibern sagen mir, daß ich nicht genug Schwanz und Eier habe, sie zu füllen; die Bücher auf meinen Regalen erinnern mich an das, was ich nicht gelesen habe, was ich nicht reden

werde und kann im Nichts des Nichts, und über das
Nichts hinaus
  Ich habe Cioran, On a Winded Civilization, *gele-*
sen: »Jemand, der organisch einer Kultur eingefügt ist,
wäre nicht imstande, die Krankheit zu identifizieren,
die sie unterhöhlt ...
  Der neu Hinzugekommene ist unbefangener, ist
freier, er prüft sie ohne eigenes Interesse und vermag
ihre Schwächen sachlicher zu erfassen ... Heilmittel
besitzt er nicht und weiß keine vorzuschlagen. Da er
sich klar darüber ist, daß man das Schicksal nicht
kurieren kann, *spielt er sich bei niemand als Arzt auf.*
Sein einziger Ehrgeiz: auf gleicher Höhe mit dem
Unheilbaren zu bleiben ...«[19]

Während ich mich auf eine Art Invalidität zutreiben ließ, die
manche Menschen auf perverse Weise attraktiv finden, reagierte
Margaret immer angewiderter auf das, was aus mir wurde. Eines
verschneiten Morgens Ende 1972 schließlich bahnte sich ihre
Wut einen Weg und überrollte mich wie eine Flutwelle.

Ich erinnere mich nicht mehr genau an das, was gesagt wurde,
allerdings sind mir die Nachwirkungen ziemlich genau im Gedächtnis geblieben. Zuerst ein Gefühl der Verletztheit – die üblichen neurotischen Ressentiments darüber, daß das Spielchen
mit der Wertlosigkeit durchschaut und mit einem Donnerschlag
zunichte gemacht wurde. (Auf Menschen, die wirklich nichts
wert sind, sind wir nie zornig.) Dann Ekel über das, was Marga-
rets Wut in so grellem Licht gezeigt hatte: die Wand, die ich um
mich aufrichtete, um mich vor den Gefahren der Liebe und
all ihren Unwägbarkeiten zu schützen. Margaret stellte mir ein
Ultimatum: Ich mußte eine Entscheidung über die Zukunft,
über *unsere* Zukunft, treffen.

Am letzten Tag des Jahres 1972 setzte ich mich an den Schreibtisch in meinem nur selten genutzten Arbeitszimmer – Gewohnheiten aus der Studentenzeit, darunter auch die, ein Arbeits-

zimmer zu haben, lassen sich nur schwer ablegen – und machte eine Liste mit möglichen, mehr oder minder realistischen Betätigungsfeldern für einen Mann deutlich über Dreißig. Doch noch bevor ich am Ende der Liste angelangt war, wußte ich, für welche dieser Tätigkeiten ich mich entscheiden würde: für die des Schriftstellers.

Also setzte ich mich an jenem Silvesterabend mit der Frage auseinander, was man tun mußte, um in Toronto oder sonstwo Schriftsteller zu werden. Ich machte eine weitere Liste mit Beschlüssen.

Schriftsteller schreiben, das lag auf der Hand, also nahm ich mir vor, jeden Tag zu schreiben. Und das tat ich tatsächlich – obwohl ich damals noch keinerlei Ahnung hatte, *was* ich schreiben sollte –, und zwar in jeder freien Minute. Ich kritzelte »Ideen« in meine Notizbücher, tippte die Gedanken über die Dinge, die ich gerade las, in die Maschine, konservierte meine Geistesblitze mit Hilfe eines Diktaphons.

Außerdem beschloß ich, die Orte ausfindig zu machen, an denen Schriftsteller sich aufhielten, mich dorthin zu begeben, sie kennenzulernen. Trotz meiner guten Absichten erinnere ich mich nur ungern an die zahllosen langweiligen Dichterlesungen, die ich besuchte, um meinen Beschluß in die Tat umzusetzen. Allzu glücklich waren auch meine Versuche nicht, bedeutungsschwangere Gespräche mit Männern und Frauen zu beginnen, die in den Literaturabteilungen von Bücherläden herumschmökerten. Ziemlich oft mußte ich feststellen, daß sie als sexuelle Anmache aufgefaßt wurden.

Aber der wichtigste Beschluß hinsichtlich meiner künftigen beruflichen Laufbahn bestand darin, so schnell wie möglich etwas zu veröffentlichen. Ich nahm mir fest vor, auf die Frage, was ich mache, immer mit »Schreiben« zu antworten, auch wenn ich bis dahin noch keinen Cent mit Schreiben verdient hatte und alles andere als sicher sein konnte, daß ich das jemals tun würde.

Merkwürdigerweise – jedenfalls erscheint es mir jetzt, mehr

als zwanzig Jahre später, merkwürdig – verband ich an jenem Silvesterabend keinerlei Qualifikationen, letztlich auch keine genauere Vorstellung mit dem Beruf »Schriftsteller«. Welche Art von Schriftsteller ich sein würde, war mir ziemlich egal. Ich habe nie den dringenden Wunsch verspürt, ein großer Romancier zu sein, ein berühmter Dichter, ein einflußreicher Kritiker oder gewiefter Philosoph. Das Wort »Schriftsteller« stand einfach vor mir auf dem Papier, ganz ohne Programmatik oder Zielsetzung. Allerdings hatte es etwas fast schon Berauschendes für mich: So könnte ich mich auf ganz neue, unverwüstliche Weise in der Welt bewegen; ich konnte mich von einer Daseinsform in der Sprache – die sich durch düstere Selbstverurteilung auszeichnete – einer anderen, noch unbekannten, zuwenden. Jenseits jenes Wortes, jenes Tors in ein größeres Leben, erstreckte sich eine weite, undifferenzierte Ebene ohne jeglichen Pfad oder Wegweiser.

Januar 1973

das Werk des Schriftstellers, des Suchenden, ist Schönheit und Disziplin; Askese der Bedeutungslosigkeit – wir werden bedeutungslos, uninterpretierbar, und das wird das Ende sein, und alles –
ein Ende all den nagenden Eifersüchteleien und dem Haß, aller Verbitterung – gegen meine Vergangenheit, meine Unzulänglichkeiten, Familie, Verräter, Beleidiger, gegen all das Geschrei und den Ehrgeiz – und vor allem das Gefühl, daß ich nicht vorankomme, mich keiner Initiation nähere, daß ich den Uhren in meinem Kopf lausche, jenem elenden Bohren in meinem Herzen –
Jesus Christus, nimm meinen Tanz und mache ihn moralisch, segne den Stamm, das stämmische in mir, brenne meine nostalgische Sehnsucht nach dem mysterium tremendum et fascinans *aus mir heraus –*

mache mich bedeutungslos, einen Träger des Stabs in
Nacktheit, Bacchus, trunken vom Wein bei Tagesan-
bruch, nach jenem letzten Morgen, auf den die Worte
mich zutreiben –

Die Frage, was ich schreiben sollte, erhob sich in jenen frühen
Tagen und Wochen nicht. Dafür tauchte immer wieder die
Frage auf, warum ich überhaupt schreiben wollte.

Bei meiner intellektuellen Vorgeschichte war das beständige
Gemurmel in meinem Kopf wahrscheinlich unvermeidlich. Die
psychoanalytischen Theorien, die in den sechziger Jahren in den
Seminarräumen diskutiert wurden – damals unterrichtete Norman O. Brown noch, unser aller Lehrer –, hätten die Antworten
vermutlich in der Toilette gefunden oder in dem, was wir darin
hinterließen, beziehungsweise darin, wie wir es taten. In der
populären Version dessen, was Brown in seinem berühmten
Buch *Zukunft im Zeichen des Eros* die »Kotvision«[20] nannte, ist
Schreiben gleich Scheißen, das Hinterlassen schmutziger Spuren
auf reinen weißen Seiten. Ähnlich wie beim Stuhlgang geht es
dabei um Reinigung und Befreiung, eine Öffnung des Geistes
analog der der körperlichen Entleerung. Der offene Anus wird
zum Auge des Körpers, das das Unterdrückte, das Schmutzige,
sieht, das unter allem liegt.

Es schien mir am naheliegendsten, mit dem Verfassen von Kritiken zu beginnen – Kritiken nicht im Sinne von Besprechungen,
sondern als Aktivität, die mit den in dem griechischen Wort ent-
haltenen Konnotationen zu tun hat: eine genaue Untersuchung
von Kot und Urin, Speichel und Blut, um den gegenwärtigen
Stand und die künftige Entwicklung der Krankheit festzustellen.
Als Schriftsteller beschäftige ich mich heute fast ausschließlich
mit den Exkretionen des Körpers Kultur – Malerei, Bildhauerei,
Architektur, Musik und Literatur –, und mein Thema ist und
bleibt die Krankheit, unter der der Mensch als soziales Wesen leidet, die technologische Malaise, deren Hauptsymptom die Kunst

ist. In den Gedanken, die diesem Buch vorausgingen, habe ich mich mit jenem Auswurf der Kultur, der unter der Bezeichnung »Depression« bekannt ist, auf die gleiche Weise beschäftigt, wie ich es im Lauf der Jahre mit so vielen anderen Themen getan habe.

Denn mein Schreiben über jene Krankheit, unter der Millionen leiden, ist gekennzeichnet von der Überzeugung, daß die Depression eine Kultur ist wie jede andere auch, die sich nur in und durch Sprache und Bilder erforschen läßt – die Verstimmung einer geistigen und technologischen Welt, die wir uns geschaffen haben und bewohnen, und die sichtbar wird in dem, was wir tun, sagen, schreiben und schaffen. Meine Aufgabe besteht darin, die Spuren zu lesen und zu sehen, was sie mir mitteilen.

Obwohl ich das damals noch nicht wußte, hatte ich mir während der drei Jahre, in denen ich unterrichtete, wichtige Routine im Verfassen kritischer Schriften erworben. Meine Lehrmeister Levine und Thompson, die mir in jenen ersten Jahren in Toronto wertvolle Anregungen gaben, waren für mich auch als kritische Denker ein Vorbild, und sie statteten mich mit den intellektuellen Werkzeugen aus, die nötig sind, um die zeitgenössische Kultur zu erforschen.

Beide Professoren – sowohl der phlegmatische Levine als auch der extravagante Thompson – förderten meinen Skeptizismus hinsichtlich jener Technologie des zwanzigsten Jahrhunderts, die der Welt das Insulin, aber auch Hiroshima brachte; das Fernsehen und die Vorstellung vom globalen Dorf, aber auch Auschwitz; das Ende der Pocken, aber auch die wissenschaftliche Sterilität, die die emotionslosen Ärzte in den Konzentrationslagern der Nazis oder die Psychiater in der Zeit des Kalten Krieges erst hervorbringen konnte, welche ihre Experimente an ahnungslosen Opfern skrupellos im Namen der Freiheit und des American Way of Life durchführten.

Die Kunst – in dem weiteren Sinn, in dem ich sie heute verstehe – sollte die erotisierte, einschläfernde Massenkultur der

Worte und Bilder, in der wir schwimmen, von der wir kontrolliert, *deprimiert und unterdrückt* werden, bloßstellen und sie bekämpfen. Die Hauptgefahr einer jeden Kulturkritik liegt in der Leichtigkeit, mit der man der Faszination der kapitalistischen Ideologie verfallen kann, denn sie wird immer auf eine Weise stark, geschäftig und bunt sein, wie es diszipliniertes Denken nie sein kann. Eines habe ich in den agilen Achtzigern gelernt: daß jede schnelle Verbindung von Massenkultur und Kunst nur in der Opferrolle der Kultur enden kann. Die Popkultur wird immer der brutale Vergewaltiger bleiben, dem verziehen, ja, der sogar heroisiert wird.

20. Januar 1973

Bin heute am Fifth Kingdom Bookshop vorbeigegangen & dort, wonach ich gesucht habe – die kleinen Tagebücher, Gedichte und Schriften, die sich mit Worten, meinen Worten, füllen lassen – die sich von mir füllen lassen durch

– und in dem allen, während der ganzen Zeit in dem Buchladen, tolle Freiheit, die scheußlichen Geräusche der Leere zerstreuend, die aus dem Mittelpunkt des Dings heraufheulen, das ich bin – die Dringlichkeit ist das Ja zu dem allen, die Eile, Spiele des Schweigens und der Worte zu spielen, Schweigen, das wir mit Kreuzstichen auf unsere Zeit sticken, auf das Gewebe der Texte –

Wäre das vorliegende Buch eine Autobiographie, könnte ich die Mär von Depression und Verzweiflung nun fast in die Kiste mit den Babysachen, dem Spielzeug, den Zeugnissen und den anderen Erinnerungsstücken packen, die sich in den ungefähr dreißig Jahren, bevor ich Schriftsteller wurde, angesammelt haben. Mit ein paar Lügen und der einen oder anderen Auslassung würde es mir gelingen, die Jahre meines Lebens seit Januar 1973 einigermaßen plausibel als glatte Flucht aus Verwirrung und Düsternis in den Erfolg und die Sicherheit im Journalismus der Massenmedien zu beschreiben.

Es ist in der Tat Zeit für ein Happy End oder wenigstens für jenen berühmten »Augenblick der Wahrheit«, auf den Leser von Biographien warten – die Krise im Kampf um das Ich, der Beginn des lebenslangen Bemühens um Wahrheit und Erfolg in dem verwirrenden Gestrüpp aus Unwahrheit und Niedergeschlagenheit. In dem erwarteten Szenario muß der Gegenstand der Biographie jenem einzigartigen Projekt des Menschen, der Heilung des Ich und der Gesellschaft durch die immer aggressivere Prophylaxe der *Wahrheit*, mit deren Hilfe allein sich Irrtümer, Unwahrheiten, Ungesundes bekämpfen lassen, treu bleiben oder ihm ganz eindeutig widersprechen.

Wenn ich die Zeit Anfang 1973, als ich Schriftsteller wurde, ganz grob beschreiben würde, könnte sie als ein solcher Augenblick der Wahrheit erscheinen.

Kurz nachdem ich beschlossen hatte, Schriftsteller zu werden, bekam ich den Auftrag, meinen ersten Artikel zu schreiben, eine Studie über die Gedichte von Phyllis Webb für Frank Daveys Literaturzeitschrift *Open Letter*. In den folgenden Monaten und Jahren machte Davey mich nicht nur mit der literarischen Welt seiner Zeitschrift, sondern auch mit Victor Coleman und seinem literarischen Zirkel in Torontos Coach House Press bekannt. Er verschaffte mir immer wieder Möglichkeiten zu schreiben und zu publizieren und zu sehen, daß ich als Schriftsteller tatsächlich existierte. Zu meinen wichtigsten Entdeckungen gehörte die Künstlergruppe General Idea, über deren Werke ich meinen ersten größeren Artikel über die bildende Kunst für *Open Letter* und die kleine Avantgarde-Kunstszene von Toronto schrieb.

Die Depression hatte auch ein Gutes für mich: Sie hielt mich von den oberflächlicheren Verrücktheiten der Drogenszene und des politischen Aktivismus Ende der sechziger Jahre fern. Allerdings bekam ich so auch nicht viel von den kreativsten Entwicklungen dieser unglaublich kreativen Zeit mit. Folglich bewegte ich mich nun mit großen Augen am Rande von Torontos alternativer Kunst- und Literaturszene der frühen siebziger Jahre. Alles war neu für mich und nichts uninteressant; ich schrieb über alles und jeden – Literatur- und Kunstkritik für kleine Zeitschriften, einen Roman, der schließlich von der Coach Press veröffentlicht wurde, linguistische Experimente, literarische Essays, Übersetzungen. Ich las voller Faszination die Literaturen, die ich während meines Studiums vernachlässigt hatte – die Gedichte und Romane der Beat Generation, Robert Duncan, Harry Matthews und Celine, Artaud und Genet, die Gedanken von de Sade, Heidegger und Nietzsche, die orakelhaften Texte des *I Ching*, okkulte Philosophie und vieles mehr. Eine Weile war ich so gebannt von der Weisheit des *I Ching*, der Astrologie und des Tarot, daß ich mit dem Gedanken spielte, Wahrsager zu werden; aber ich muß zugeben, daß die Wahrsagerei für mich niemals etwas Heiliges war, nur eine Möglichkeit, mehr Texte zu schaffen und einen Vorwand für meine Schriftstellerei zu haben.

Abgesehen von der Lyrik versuchte ich fast alle Formen des Schreibens in jenen sieben Wanderjahren, die zwischen meinem Neujahrsbeschluß, mich als Schriftsteller zu versuchen, und jenem bitterkalten Januartag 1980 vergingen, an dem die Torontoer *Globe and Mail* anfragte, ob ich ihr Kunstkritiker werden wolle.

Meine Hinwendung zur Kunstkritik in den siebziger Jahren läßt sich nicht so ohne weiteres von der chronischen Depression trennen; sie bedeutete auch keine dauerhafte Überwindung meiner Krankheit. Vielmehr hielt die Kunst Anfang der siebziger Jahre für einen Menschen, der unter Depressionen litt und unbedingt Kulturkritiker werden wollte, das fast perfekte Rohmaterial bereit.

Es handelte sich dabei um augenscheinlich maßgeschneiderte Kunst für den Depressiven; sie war lebensfremd, diszipliniert, steril, distanziert. Genau jene Eigenschaften zogen mich an. Ich war in einer Bücherkultur herangewachsen und hatte das, was ich werden würde, in der Matrix der Sprache entdeckt. Bis heute fühle ich mich an Orten, an denen es keine Bücher und Diskussionen darüber gibt, nicht wohl. Meine entscheidenden Begegnungen mit der bildenden Kunst waren eher dazu angetan gewesen, eine literarische Reaktion hervorzurufen als Verzückung. Ich bezweifle, daß ich überhaupt Kunstkritiker geworden oder auch nur versucht gewesen wäre, über Kunst zu schreiben, wenn sich die künstlerischen Hauptströmungen jener Zeit nicht der Schönheit verweigert oder sie als oberflächliches Talmi abgetan hätten.

November 1975

»*Miss General Idea, objet d'art, auf Pfennigabsätzen, gefesselt von den neuesten Phantasien, repräsentiert wie Gift ein gewaltsames Eindringen in das Herz der Kultur... Mythen werden Realität, die Verführerin wird Mutter, Miss General Idea bekommt Förderung. Miss General Idea ist glamourös. Sie existiert in paradiesischer Perfektion, ungeachtet der Dialektik. Miss General Idea hat keine Bedenken, kein Bedauern, keine politischen Ambitionen. Miss General Idea ist vor allen Dingen... ein Behältnis, in dem ihre Anhänger große Unschuld erahnen.*« (*Aus einem Text von General Idea, 1975...*)[21]
Habe meinen schönsten Straß angelegt für einen Abend in der Stadt –
ich halte mich selbst für einen Kritiker *mit dem Glamour von Miss General Idea –*
ich widme ihr meine Kritiken, aber es ist All About Eve, *denn ich habe vor, ihr die Krone zu entreißen.*
wie stehen meine Chancen?

Jetzt, da ich dieses Buch schreibe, sind die meisten Ideale, die ich in meinen ersten Jahren als Kunstkritiker hatte – besonders das des fließenden Übergangs von Kunst und Kritik – abgestumpft und haben sich in stilistische Überhöhung verwandelt. Anfangs bekümmerte mich das noch, inzwischen stehe ich dem Phänomen gleichgültig gegenüber. Museen mit zeitgenössischer bildender Kunst zu besuchen, bedeutet heutzutage, teuere, komplizierte Kunstwerke präsentiert zu bekommen, die sich als Mittel gegen eine sinnlich gesättigte Kultur ausgeben, aber selbst auf unerträgliche Weise dem Zeitgeist entsprechen. Diese Verwandlung der Kunst in hochmütige Frömmigkeit, modische und lukrative Rechtschaffenheit, Schrulligkeit oder Innovation hat die Freude, die ich einmal an der zeitgenössischen Kunst hatte, verdorben.

Vielleicht war die Anti-Ästhetik dazu verdammt, *la moda* zu werden, aber ich persönlich hätte mich der Kunst, vielleicht auch nur der Schriftstellerei, nie auf einem anderen Weg als über den der Anti-Ästhetik annähern können. Zu den bleibenden Symptomen meiner Depression gehört die Unfähigkeit, irgend etwas zu genießen, ohne ein schlechtes Gewissen zu haben. Das gilt nicht nur für das künstlerische Vergnügen, sondern auch für das kulinarische, für Freundschaften, Erotik und sogar die Geselligkeit.

Früher, zu Zeiten meiner Urgroßmutter, wurde diese Unfähigkeit, Freude zu empfinden, als Geisteskrankheit erachtet und erhielt den reizenden Namen *anhedonia,* der in meinen Ohren wie die Bezeichnung für eine viktorianische Zimmerpflanze klingt. Heutzutage gilt die Anhedonie nicht mehr als eigene Krankheit, sondern als Störung, die zum Krankheitsbild der Depression gehört. Wahrscheinlich ist es gar nicht so schlecht, daß ich mir einen Beruf ausgesucht habe, der mehr intellektuelle Durchdringung als Vergnügen erfordert. Vermutlich durchleiden die meisten Menschen Perioden mehr oder weniger schlimmer geistiger, körperlicher oder emotionaler Starre – beispielsweise nach dem Verlust eines geliebten Menschen, nach dem Scheitern einer Ehe, nach beruflichem Versagen oder während einer Krankheit. Diese gutartige Anhedonie – falls man so etwas überhaupt als »gutartig« bezeichnen kann – dauert nicht lange. Nach einer Weile überwindet man sie und wendet sich wieder den Dingen zu, die einem einmal Spaß gemacht haben, oder sucht sich neue. Wenn man jedoch unter Depressionen leidet, kann sie dazu führen, daß der Betroffene die Hilfe eines Psychiaters sucht.

Für mich war die Anhedonie nicht der unmittelbare Anlaß, mich in die Hände eines Psychiaters zu begeben – seinerzeit machte ich mir schon keine Gedanken mehr darüber, warum ich mich so wenig am Leben freuen konnte und mich lediglich an ein paar Wrackteilen festklammerte, um nicht in einem Meer verheerender Symptome unterzugehen. Doch das Problem bestand trotzdem, und ich habe mich auch nie davon befreien können.

Dennoch besitzen große Kunst und Architektur – egal ob zeitgenössisch oder alt – die Kraft, den Kokon, den ich um meinen Körper gesponnen habe, mit einer so großen Freude zu durchdringen, daß ich fast schon körperlichen Schmerz dabei empfinde. Das gilt besonders für einen kleinen Teil der Musik. Wahrscheinlich wäre die Musik für mich immer noch nichts anderes als ein Teil des kulturellen Pflichtprogramms, wenn ich nicht 1983 den *Parsifal* und kurz danach auch noch die anderen Musikdramen Richard Wagners für mich entdeckt hätte. In den vergangenen zehn Jahren ist kaum eine Woche – im Winter kaum je ein Tag – vergangen, in der ich mir keine Aufnahme einer Wagner-Oper angehört habe, die Partitur aufgeschlagen auf dem Schoß.

Mein fast ausschließliches Interesse für Wagner finden die Musikliebhaber unter meinen Freunden merkwürdig, ja sogar komisch oder auch pervers; für meine Frau und meine Tochter ist das nur wieder eine Last, die sie tragen müssen. Ich versuche, mir auch andere Komponisten anzuhören, lande aber irgendwann doch wieder bei Wagner. Aus welchem Grund auch immer: Wagner scheint in mir die Sehnsucht nach sinnlicher und intellektueller Freude zu befriedigen und bringt mir ein bißchen von der Freude daran, am Leben zu sein und neue

Dinge zu entdecken, die für Menschen ohne Depressionen wohl ganz normal ist.

Die meiste Zeit *glauben* Menschen, die unter Depressionen leiden, meiner Ansicht nach nur, daß es die Schönheit tatsächlich irgendwo gibt. Vielleicht sind wir in der Lage, über sie zu sprechen, als hätten wir sie wirklich empfunden. Wenn es – wie in meinem Fall – unser Beruf ist, über sie zu schreiben, können wir uns auch über die virtuose Handhabung der Farbe, des Stahls oder irgendeines anderen Materials verbreiten, über das intelligente Spiel von Dichte und Volumen, Weit und Nah, über die faszinierenden intellektuellen und kognitiven Strategien, die schon seit Urzeiten in der Kunst wirken.

Aber dieses Buch wird kein Happy End haben, weder hier noch später. Zumindest für den Neurotiker bedeutet, die Wahrheit zu kennen, nicht, befreit zu werden. Die Menschen, die mir am nächsten stehen, meine Freunde und Kollegen, würden in einem solchen Ende keinen Sieg der Inspiration erkennen, sondern Verstellung. Auch wenn es mir gelänge, mich selbst oder ein paar Leser davon zu überzeugen, daß alles in Ordnung ist, würde das nur den boshaftesten Aberglauben über die Depression bestätigen: daß der Depressive letztlich nur einen guten Job, eine interessante Tätigkeit sowie eine liebevolle Familie braucht, und schon ist alles gut.

Natürlich würden wir alle – und depressive Schriftsteller ganz besonders – liebend gern solchen Unsinn glauben. Depressive Menschen sind immer, übrigens durchaus zu Recht, wütend, weil es keine Heilung gibt, keine wirkliche Linderung – nicht einmal in den Praxen der besten Psychiater oder durch die teuersten Mittel der Pharmaindustrie. Keiner von uns möchte es wahrhaben, daß die Depression abgesehen von tödlicher Krankheit oder Tod die unausweichlichste Erfahrung des menschlichen Lebens ist. Sie ist so untrennbar mit Sprache und Gedanken verbunden wie ein inoperabler Tumor mit dem Körper. Ich weiß nicht, ob ich jemals wieder ein Wort schreiben könnte, wenn ich das vergäße.

ich möchte gern erfahren, warum *der kleine Körper in meinem Körper gestorben ist,*

und wichtiger

warum ich seine kleine, mumifizierte Leiche immer noch sauber halten, füttern und unterhalten muß – warum ich nichts anderes tun darf als ihm Nahrung bringen, mich mit ihm streiten, ihn unterhalten, obwohl er tot ist, keine Augen hat zu sehen, keine Ohren zu hören –

– es hat kein Ende, die Therapie hat kein Ende – die kleine Mumie wird weiter dort sein, immer dort sein, das ist die bittere Wahrheit – heute ist das dunkle Innere, sein Begräbnisschrein, mein Körper, sehr dunkel, tief, und stinkt nach Schmutz und langsam verwesendem Körper, und ich muß den kleinen verwesenden Körper in mir mit dem, was ich tue, unterhalten – und die Menschen in der Welt sehen mich und amüsieren sich über mich, aber tut das auch der kleine Körper? Wie kann ich das an seinem ausdruckslosen Gesicht ablesen?

Pericault, Mémoires historiques sur la Louisiane, *über die Biloxi in den französischen Besitzungen auf dem nordamerikanischen Kontinent:*

»Nachdem sie ihren Häuptling durch Räuchern über dem Feuer mumifiziert haben, stellen sie ihn neben andere Häuptlinge in ›Tempel‹.« Seine Familie besucht ihn von Zeit zu Zeit. »Manche fragen ihn, warum er es zugelassen hat, daß er vor ihnen gestorben ist ... Wenn er Fehler beim Herrschen gemacht hat, nehmen sie sich Zeit, ihm Vorwürfe deswegen zu machen. Aber sie enden immer mit der Bitte, er möge nicht böse auf sie sein und gut essen. Sie sagen, sie würden immer gut für ihn sorgen.«

ein Stamm von Neurotikern, bei ihnen hätte ich
mich wohlgefühlt. Thunder, der Held der Biloxi, wird
krank und findet Befreiung. Ich hätte mich wohlge-
fühlt bei den Biloxi, in ihren Illusionen und in ihrem
Schicksal, eine Sprache zu sein, die verschwindet.
(Thunder hat einen Onkel namens Taunt.)

Selbsthilfebücher, in denen es darum geht, wie man die Anhedonie bekämpft und die Freude findet, die den Depressiven fremd
ist, sind eine wahre Goldgrube. Ich habe in diesem Kapitel
bereits angedeutet, daß es Möglichkeiten gibt, sich mit der Depression zu arrangieren, aber das ist auch schon alles.

Chronisch Depressive und Unzufriedene werden sich weigern, mir zu glauben. Eine Journalistenkollegin, die sich ausgezeichnet auskennt auf dem internationalen Buchmarkt, riet mir,
ich solle das vorliegende Buch *In sechzig Tagen zum neuen Ich*
nennen. Sie war sich sicher, daß der Titel einen durchschlagen-
den Verkaufserfolg haben würde – einfach, weil der Markt gar
nicht genug kriegen kann von Büchern mit solchen Titeln, von
denen es bisher keinem gelungen ist, das Leben auch nur eines
Menschen zu verändern.

Aber woher kommt die Gier nach solchen Büchern? Ich vermute, sie hat damit zu tun, daß wir Angehörigen der liberalen,
säkularen Demokratien im Grunde unseres Herzens alle krasse
Darwinisten sind – wir glauben fest an den unaufhaltsamen Aufstieg der ganzen Menschheit und die Wiederholung der Stam-
mesgeschichte in jeder einzelnen Menschenseele, von einem
Stadium der hirnlosen Gewalt zum Seelenadel. Es sei denn
natürlich, dieser Prozeß wird vereitelt. Wenn dieser Prozeß nun
tatsächlich vereitelt wird und wir irgendwo in unserer Entwicklung von der Verwirrung zur Klarheit, von der Rolle des Opfers
zu der des Herren, stecken bleiben, dann, ja dann, sagt der kleine
Anhänger Darwins in unserer Brust, müssen wir herausfinden,
was dafür verantwortlich ist, daß wir uns nicht weiterent-
wickeln, und wir müssen diese Macht besiegen. Die Rassisten

wenden sich gegen die Juden oder Schwarzen, die Anarchisten gegen alle Institutionen des Staates oder der Gesellschaft, die Totalitären gegen das Chaos – und die Depressiven, die gleichzeitig Rassisten, Anarchisten und Totalitäre sind, gegen sich selbst.

Kein Teil der zeitgenössischen Bourgeoisie orientiert sich stärker und vorhersehbarer an Darwin als die chronisch Depressiven, und von ihnen sind die Schriftsteller und Künstler wiederum die vermutlich striktesten Anhänger darwinschen Gedankengutes. Wir hassen uns selbst, manchmal so sehr, daß wir uns selbst Gewalt antun, dafür, daß wir aus Gründen, die wir uns nicht erklären können, nicht in der Lage sind, uns der Entwicklung in eine glorreiche Zukunft anzuschließen. Wie die meisten anderen Menschen haben auch wir einen fast schon unerschütterlichen Glauben an die liberale Hoffnung, die uns verspricht, daß wir diese Entwicklung schaffen, wenn wir uns nur genug anstrengen, wenn wir nur genug dazulernen. Doch mehr als ein bißchen Distanz von unserem zwanghaften Darwinismus und dem störrischen Optimismus, dem wir Schriftsteller und Künstler so gern anhängen, können wir uns auch durch die Psychotherapie nicht erhoffen.

KAPITEL SECHS

Schreiben

Das Tagebuch eines Schriftstellers ist wie ein Schuppen voll Bauholz und Ziegeln für die Zukunft. Dort bewahrt er die Materialien auf, aus denen er später Gedichte macht, Romane erbaut, kritische Schriften konstruiert. Ich hatte jahrelang solche Tagebücher geschrieben, bevor ich mich endgültig für die Schriftstellerei als Beruf entschied: Notizen in linierten oder unlinierten gebundenen Heften, maschinen- oder handschriftlich auf Tausenden von losen Blättern in Ordnern, auf der Rückseite von Umschlägen, Boarding Passes, den Vorsatzblättern von Büchern. Sie begleiteten mich in alle Arbeitszimmer, die ich je hatte, immer zur Hand.

Aber in all meinen Tagebüchern – ganze Scheunen voll Ideen, Phrasen, Provokationen, die ich aus Hunderten von Büchern geerntet hatte – ist immer ein Makel gewesen, der kaum wahrnehmbare Geruch der Depression.

Deshalb sah ich mich beim Verfassen dieses Buches genötigt, mir widerwillig die Tagebücher anzusehen, die ich schon so lange aufbewahre – schließlich künden sie von den außerordentlichen Mühen, die ich darauf verwendete, alle Probleme, auch die geringsten und banalsten, aufzuzeichnen, sorgfältig düstere Gefühle für später zu bewahren, als seien sie völlig neu oder wichtig. Die Tagebücher erinnern mich daran, wie ich vom Wahn der Depression gefesselt war: die träge Freude, die wir empfinden, wenn wir dem ständigen Gejammere der Depression den Status eines Diskurses verleihen, weil wir ihr sinnloses Geschwätz immer wieder in unseren Schriften durchscheinen lassen, uns so zu Komplizen dieses merkwürdigen Zustandes der Sprache, des Geistes und der Kultur machen.

1964 hatte ich noch nicht die Worte dafür, aber ich war jener »neutralen, formlosen Macht ohne Schicksal« begegnet, die der französische Autor Maurice Blanchot beschreibt und von der er sagt, daß sie allem Geschriebenen zugrundeliege – *neutral* in dem Sinn, in dem Tiere oder Erdbeben neutral sind, ohne Gewissen oder Furcht.

Das Führen eines Tagebuchs, so Blanchot, ist für einen Schriftsteller oder Möchtegernschriftsteller vorgeblich etwas ganz Verständliches, denn es liefert eine Alternative zu einer ansonsten möglicherweise aktiveren Aversion gegen die Formlosigkeit. Es errichtet dem Ich, das im Akt des Schreibens immer weiter verschwindet, »ein Denkmal«. Die Entwicklung des Textes führt zu »einer Reihe von Referenzpunkten, die ein Schriftsteller aufstellt, um sich selbst neu zu organisieren, wenn er sich der gefährlichen Metamorphose bewußt wird, die ihm droht ...«

Gleichzeitig jedoch ist das Tagebuch als Genre ein Symptom. Wer in der Lage ist, die Oberfläche des Textes zu durchdringen, der erfährt, daß der Mensch, der dieses Tagebuch führt, »nicht mehr in der Lage ist, der Zeit durch entschlossene Handlungen, die durch Arbeit oder Beruf geschaffene Gemeinschaft, durch die Einfachheit vertrauter Rede, die Macht der Gedankenlosigkeit, anzugehören.«[22]

Jetzt, da ich diese Tausende von Seiten durchgegangen bin, weiß ich, daß sie wertlos sind. Aber nur das, was einmal Wert besessen und diesen wieder verloren hat, kann wirklich wertlos sein. Ihr Wert bestand hauptsächlich in dem Vorwand, der Ausrede, die sie dafür lieferten, daß man die Dinge niederschreiben und so vergessen konnte. Vielleicht hat die Tatsache, daß ich jene Papiermassen durch viele Umzüge hindurch rettete, mit dem Aberglauben zu tun, die purgierten, verborgenen Gedanken und Worte würden sich auf mich stürzen und meinen Geist wieder in jenen Zustand der emotionalen Ausgeschlossenheit zurückversetzen, in dem die meisten Einträge noch bis vor kurzem verfaßt wurden, wenn ich es wagen würde, die trockenen, verstaubten Kisten zu öffnen, in denen ich sie aufbewahrte.

Wenn mich tatsächlich jemand fragte, warum ich ein Tagebuch führe, erklärte ich höflich, aber auch ein bißchen frech, dabei handle es sich um etwas Erbliches, wie die Glatzenbildung.

Soweit ich weiß, begann diese Gewohnheit bei den Männern und Frauen der Mays-Familie Ende des letzten Jahrhunderts. Bis zu der auf meinen Urgroßvater John Matthew Mays, einen verarmten Exrebellen aus South Carolina und späteren wohlhabenden Banker und Händler in Texas, folgenden Generation existieren bei uns keine Tagebücher. Aus gutem Grund beginnen sie nicht bei diesem Mann – er war zu beschäftigt mit Kriegen, Wohnortwechseln und anderen Übeln der modernen Zeit, um viel zu schreiben – sondern bei der Generation seiner Kinder oder doch zumindest bei manchen von ihnen. Helen Mays allerdings, das letztgeborene von Captain Mays' Kindern, die ihrem Vater wohl am meisten ähnelte, führte kein Tagebuch. Sie war eine Frau der Tat, nicht der Phantasie: Sie floh bereits früh von Texas an die Ostküste, studierte an der Columbia University in New York und ging dann in die damals noch junge Sowjetunion, wo sie sich unermüdlich für das Wohl von Kindern einsetzte, die der postrevolutionäre Bürgerkrieg zu Waisen gemacht hatte. Ihre Briefe und Postkarten, alle mit dem Moskauer Stempel, zeugen von Leiden und Erfolg – also den Dingen, über die auch ihr Vater geschrieben hätte, falls er jemals zur Feder gegriffen hätte.

Aber ihre Brüder und deren Frauen waren etwas anderes. Sie hatten fast alle keine Lust, sich für neuen Reichtum abzurackern; die Söhne von John Matthew Mays, die die Kindheit überlebten, ahmten nach einer ziemlich trägen Teenagerzeit das feine, autokratische Leben ihres Bankervaters nach und übertrieben dabei immer ein bißchen: Sie verhielten sich zwar der gesellschaftlichen Stellung gemäß, die sie durch ihre Geburt erlangt hatten, waren aber nicht mehr in der Lage, diese durch ihre schwindenden Ressourcen zu finanzieren.

In dieser lebensfrohen, lockeren Generation, die in den spießbürgerlichen, optimistischen Wohlstand von Amerika nach dem Bürgerkrieg hineingeboren wurde, in die Fin-de-siècle-Sinnlichkeit, die sogar im östlichen Texas ein bißchen unwirklich war, beginnen die Aufzeichnungen. Es gibt ganze Bände davon, angefangen bei den täglichen Notizen meiner Großmutter väterlicherseits seit ungefähr 1890, die alle damit zu tun hatten, wer zu Besuch gekommen oder gestorben war. Ferner ging es darin um ihre Hochzeit mit meinem Großvater John Matthew Mays im

Jahre 1904 und die darauf folgenden Geburten, um die Zugabfahrtszeiten von San Antonio und die Qualität des Hotels, in dem sie logierte, wenn sie dort Verwandte besuchte, um die scheußlichen Auswirkungen der hohen Luftfeuchtigkeit auf die Nerven und die Gelenke daheim in Lousiana und um die Linderung, die das Klima des Ortes im Tal des Rio Grande brachte, in dem die Familie immer überwinterte.

Diese Tagebücher geben fast keine wichtigen Informationen preis. Sie beschäftigen sich mit Teegesellschaften im Rosengarten und Treffen der Missionary Society, mit Todesfällen und Geburten gleichermaßen, jeweils im Geiste einer kodierten, erzwungenen Normalität. Sie sind durchdrungen von Frömmigkeit, aber jegliches Gefühl und jedes Vorkommnis wird durch eine merkwürdig moderne Handlung atomisiert: die endlose Aufzählung. Es fehlt die erzählerische Kohärenz, das Gefühl, daß das Leben einem Ziel entgegenstrebt. Nichts wird auf den Punkt gebracht. Die Tagebücher bleiben Textfragmente, sie treiben auf der ruhigen Oberfläche eines Weihers jenseits aller Zeit dahin.

Vandalia, die Tochter meiner Großmutter, begann etwa um 1920, auf diese Weise Tagebücher zu führen. Vandalias Aufzeichnungen über jede noch so kleine Machtverschiebung in ihrer Gesellschaft, über Krankheitssymptome und Heilmittel sowie über Bibeltexte lassen sich bis einen Monat vor ihrem Ableben im Jahre 1991 verfolgen. Ähnlich wie die Tagebücher meiner Großmutter wirken die von Tante Vandalia wie der Versuch, den Schrecken des Todes, ja schon den Gedanken daran, auf Distanz zu halten. Die Tagebücher scheinen ihrem Bedürfnis entsprungen zu sein, eine Basis zu finden, wenn auch nur auf dem wechselhaften Schauplatz des Schreibens.

Als meine Tante starb, war ihre Welt längst untergegangen. Der Ort, in dem sie einmal eine begehrte Aristokratin, gesellschaftlich lediglich ihrer Mutter untergeordnet, gewesen war, sah nun ganz anders aus als früher: Die Menschen, die sie gekannt hatte, waren verschwunden, das soziale Netz zerstört, die alten Leute durch junge Vorortmenschen ersetzt, die nichts von meiner Familie wußten, sich nicht an die Kostümbälle und die Flirts unter den Magnolien erinnern konnten, welche Tante Vandalia pflichtschuldig in ihren Tagebüchern aufgezeichnet hatte. Am Ende schaffte es meine Tante nur noch, die Symptome ihres herannahenden Todes aufzulisten, den Schmerz, der nun auch noch die letzte Zitadelle, welche die Zeit ihr gelassen hatte, stürmte.

Die Tagebücher meiner Vorfahren sind, wie vielleicht alle modernen Tagebücher ohne literarischen Anspruch, Reaktionen auf die erschreckenden Veränderungen in einer immer unverständlicher werdenden Welt. Schließlich ist die Auflistung eine Methode, das Chaos unbegreiflicher Ereignisse in beherrschbare Einheiten einzuteilen. Diese Auflistung hat ihren Platz im neuen Amerika, das von Produkten und dem Besitz von Produkten (oder Mitgliedschaften, gesellschaftlichen Ereignissen) dominiert wird. In dieser Hinsicht führen die Tagebuchaufzeichnungen nur die merkantile Mittelschichtkultur fort, die seit den Zeiten des Bürgerkriegs die öffentliche Haltung und das ungeschriebene Gesetz der Mays-Familie darstellte: eine sprachliche Imitation des Auffüllens von Regalen mit Luxusprodukten um ihrer selbst willen.

Gleichzeitig erscheinen mir die frühen Tagebucheinträge meiner Familie wie ein Versuch, die drastischen, für die Kultur, der sie eingeschrieben waren, so charakteristischen Veränderungen aufzuhalten. In den Tagebüchern geht es hauptsächlich um die alltäglichen Riten, die gesellschaftliche Stellung und Frömmigkeit erforderten – eine Routine, die sich im Lauf der Jahre nicht veränderte und dazu diente, den eigenen Status angesichts des sozialen Wandels und Chaos zu bewahren. Vielleicht führen Menschen ohne Depressionen Tagebuch und legen Fotoalben an aus Gründen, die ich mir nicht vorstellen kann, aber meiner Meinung nach stellt das Text- und Bildarchiv einer Familie fast zwangsläufig eine komplexe, defensive Lüge dar. Oder – wohlwollender ausgedrückt: Es ist eine Fiktion, geschaffen von vielen Händen und über viele Generationen hinweg, um das Gefühl des Niedergangs, die unausweichliche Realität des Todes, im

Zaum zu halten, jedes noch so flüchtige Ereignis auf die Seiten
eines Buches zu bannen. Die Erosion der Solidität und Sicherheit wird durch die Intimität von Details erstickt, durch die
nivellierende Flachheit von Fakten erdrückt. Diese Qualitäten
machen die Tagebücher meiner Großmutter und meiner Tante
fast unlesbar und ganz und gar *modern*.

8. Oktober 1973

*»die Zeit« wird nur dann in der modernen Erfahrung
»suspendiert«, wenn wir durch körperliche Prozesse
bewegungsunfähig gemacht werden: vorübergehend
(in den Augenblicken, in denen der Kot durch den
Anus ausgeschieden wird) oder permanent (im Tod).
Warner Münsterberger,* Some Elements of Creativity
Among Primitive Peoples: *»der Ursprung der Kunst
liegt in der Verehrung und der Furcht vor den Toten;
den Unbeweglichen; dem Körper im Augenblick des
Ausscheidens aus dem Leben, Kot, ausgeschieden aus
dem Körper der Welt.«*

*Kunst, Kultur – vielleicht sogar die Sprache – wer-
den so emblematisch für die »suspendierte Zeit« – das
Museum, Schrein von Objekten »in suspendierter
Zeit«, emblematisch für den Ort der Evakuation – der
Anus, der toten Kot ausscheidet, die Stimme, die tote
Worte ausscheidet, die Welt – ja, sie ist rund – der helle
muskulöse Ring, den wir in die tote Zone drücken,
Misthaufen, Totenhaufen, Ort der Ablehnung und
Ausscheidung, jenseits der Zeit, endlich jenseits der
Sprache.*

Hier sind sie alle, die Geschichten, in den Tagebüchern: die
Geschichten von der Unmoral, der Untreue, eine ganz normale
Biographie eben.

In der Kultur der Südstaaten spielt jener Zustand der gestörten Subjektivität, den wir als »Schuld« bezeichnen, wie in jeder anderen an Traditionen ausgerichteten Kultur keine praktische Rolle im Leben der Menschen. Eine sexuelle Eskapade ist fast immer vorübergehender Natur, und das Gewissen läßt sich durch ein Gebet oder den Glauben, daß schon niemand herausfinden wird, was man getan hat, beruhigen. Wenn man jedoch in puncto Sex tatsächlich von Schuldgefühlen geplagt wird, interpretiert die Umwelt die Symptome normalerweise als Wahnsinn, und die Angelegenheit entwickelt sich zu einer medizinischen Frage. Wo ich herkomme, gelten Schuldgefühle als abnorm, und sie lassen sich letztlich nicht tolerieren.

Scham jedoch wird sehr viel ernster genommen. Ein sexueller Fehltritt bedeutet, daß man sich selbst und vor allen Dingen seiner Familie Schande macht; das gehört zu den schlimmsten Sünden überhaupt, die man begehen kann. Aber die Tat selbst wird erst dann zu einer Sünde, wenn sie zu jenem peinlichen Gefühl der Öffentlichkeit führt, das als »Schande« bekannt ist. Folglich wird ein sexueller Fehltritt in der traditionellen Südstaatenkultur, in der ich aufgewachsen bin, nicht per se verurteilt, und es ist auch keine Heuchelei, wenn man sich am Samstagabend mit seiner Geliebten trifft und am Sonntagmorgen zusammen mit der eigenen Familie in die Kirche geht, solange man dadurch keine Schande über die Menschen bringt, die man liebt und für die man verantwortlich ist.

Allerdings wären alle Rationalisierungsversuche dieser Welt nicht in der Lage gewesen, mir die Schuldgefühle und die Scham zu nehmen, die ich empfand, als ich mich 1974 der Versuchung ergab.

Mein Seitensprung begann als erotisches Interesse an einem attraktiven, zurückhaltenden Mann, der auch Gefallen an mir fand. Dieses gegenseitige Interesse entwickelte sich von spielerischer Aufmerksamkeit zu Zuneigung und führte schließlich ins Bett. Die Affäre hatte viel mit Angst und wenig mit sinnlichem Genuß zu tun und dauerte nur kurz. Wieder brach die Frage nach meinen ungeklärten sexuellen Neigungen auf, die zusammen mit dem Verrat, den ich an meiner noch jungen Ehe begangen hatte, eine ungeheure Belastung darstellte. Die Beziehung endete, zum Teil, weil ich die Ängste nicht mehr ertragen konnte, und zum Teil auch, weil ich den Gedanken daran, meine Ehe, die mir viel bedeutete, durch eine Beziehung zu ruinieren, die mir – da war ich mir sicher – schon bald nichts mehr bedeuten würde, nicht ertragen konnte.

Erschöpft und unglücklich, wie ich durch den Anruf war, der die Affäre zum Abschluß gebracht hatte, hatten die schwarzen Hunde leichtes Spiel mit mir. Sie kamen noch in jener Nacht.

Soweit ich mich erinnere, verrichteten die Hunde ihr Werk noch schneller als sonst. Wie immer kamen zuerst die Trostlosigkeit, der Selbsthaß und die Selbstvorwürfe. Dann hörten sie unvermittelt auf und lullten mich in eine merkwürdige Ruhe ein. Diese Ruhe wurde irgendwann von verführerischen Gedanken an den Tod unterbrochen, durch die Planung der Selbstvernichtung ohne irgendeine Beschäftigung damit, welches Leid mein Selbstmord über andere oder mich selbst bringen würde. Dieser Augenblick war wundervoll, fast schon berauschend in seiner Ruhe, und ich hatte keinerlei Ängste oder Zweifel, als ich die Hilfsmittel zu meinem Selbstmord bereitlegte.

Aber irgendwo außer Hör- und Sehweite kam es zum Kampf zwischen verschiedenen Hunderudeln. In jener Nacht gewannen wieder einmal die Hunde des Himmels, und in einem Augenblick, den ich als unglaublich schmerzhaft in Erinnerung habe – plötzlich wurde die wunderbare selbstmörderische Dämmerung von grellem Licht erhellt –, packten mich die Himmelhunde in ihren grausigen Fängen und zerrten mich weg von den Werkzeugen der Selbstvernichtung. Wie das passierte, weiß ich nicht so genau; jedenfalls erinnere ich mich noch klar und deutlich an die Notaufnahme des nahegelegenen Krankenhauses, wo man mich auf eine Rollbahre legte und in ein Zimmer im obersten Stockwerk schob. Dieses Zimmer hatte lediglich ein Fenster, vor dem dicker Maschendraht angebracht war.

Am nächsten Morgen machte Dr. Rosen, ein Psychiater ungefähr in meinem Alter, die Runde. Es ergab sich eine Situation, die fast identisch war mit der, in der ich mich fünf Jahre zuvor mit David befunden hatte. Ich erzählte Dr. Rosen meine traurige Geschichte voller Selbsthaß, die Geschichte meiner endlosen Fehler in Liebe, Leben und Beruf und daß der Tod meine gerechte Strafe sei. Er hörte mir eine Weile geduldig zu – ich glaubte wirklich einen Augenblick, einen neuen David gefunden zu haben –, bis er mir, ohne daß sich sein Gesichtsausdruck wesentlich verändert hätte, erklärte, er finde mich widerlich, und ich spiele Schmierentheater.

Dr. Rosen war angeekelt von mir, und ich reagierte mit Wut – nach den eigentümlichen Regeln der Psychotherapie deutete das mit ziemlicher Sicherheit auf eine Liebe auf den ersten Blick hin. Dies war der Beginn einer therapeutischen Beziehung, die nun mit Unterbrechungen schon zwanzig Jahre andauert und wahrscheinlich erst dann zu Ende sein wird, wenn er in den Ruhestand tritt, einer von uns stirbt oder irgendwann kein Interesse mehr am anderen findet. (Wir haben uns hin und wieder schon so angeödet, daß einer von uns die Therapie abbrach, aber diese Unterbrechungen haben nie lange gedauert, und bald war ich wieder in seiner Praxis und beklagte mich über die üblichen Dinge. Wenn ich wieder zurückkam, empfing mich Dr. Rosen übrigens jedesmal mit einem ganz eigenen Lächeln, das ich inzwischen hasse, und den aufreizenden Worten »Willkommen daheim!« an seiner Praxistür.

Dr. Rosen hat mich bis jetzt nicht geheilt; es glaubt auch keiner von uns, daß er es kann. Allerdings hat er mir, genau wie meine Frau, immer die Wahrheit gesagt, wie er sie sah, und nie so getan, als wisse er alles. So hat er mir geholfen, ein Leben mit der Depression, jedoch ohne die Lügen der anderen und die Selbsttäuschungen zu führen, die die Symptome der Störung nur noch verschlimmern. Vielleicht hat er eine scharfe Zunge, aber diese Zunge ist mit Sicherheit nicht schärfer als die Zähne der Himmelhunde und außerdem viel vernünftiger als diese. Ich habe es in hohem Maße seiner scharfen Zunge und seiner oft schmerzlichen Offenheit zu verdanken, daß ich noch immer eine gute und enge Beziehung zu meiner Frau habe. Und auch ihr Temperament und ihr gesunder Menschenverstand sind noch so frisch wie vor einem Vierteljahrhundert, als wir uns kennenlernten.

Wenn ich in puncto Sex nicht so gut Bescheid weiß, wie andere Männer es anscheinend tun – zum Beispiel könnte ich immer noch nicht sagen, in welche sexologische Kategorie ich gehöre, denn mich interessieren sowohl bestimmte Frauen als auch bestimmte Männer erotisch –, soll mir das egal sein. Schließlich kann man von einem Mann, der die Pubertät ohne Freunde, dafür aber mit Depressionen durchlebt, erst mit siebenundzwanzig Jahren zum erstenmal mit jemandem geschlafen und auch hinterher nur eine begrenzte Anzahl von Sexualpartnern gehabt hat, nicht erwarten, daß er ein zweiter Oswald Kolle ist.

10. Oktober 1973

Daphne Marlatt hat diese Woche ihre Gedichte in A Space vorgelesen, lange Zeilen – lange Zeilen, die die Seite in ihren Besitz bringen, um die Welt zu besitzen. Ihre Schönheit ist ihr aufgeschrieben durch »glückliche Zufälle«, wie sie sie nennt ...

Zu ihren schönsten Gedichten gehören ihre Schilderungen von Orten in British Columbia, vom sanften Hirten Sprache aus dem Unaussprechlichen in das Feld des Seins getrieben, vom Dichter geführt, den Heidegger »den Hirten des Seins« nennt – aber ich sollte Daphnes Werk mehr lieben, als ich es tue, denn etwas an dem, was sie tut, diese Dokumentation der Orte, weckt in mir immer ein Gefühl des Betrugs – wie kann dieses romantische Projekt, dieses Festhalten, bevor es verschwindet, dieser Akt des geduldigen Aufzeichnens, etwas anderes sein als Archäologie, Totenverehrung, Grabschändung?

Das Lebensskript, das ich mir in dem Jahrzehnt nach 1973 schrieb, war ein Flickenteppich aus alten und neuen Erfahrungen. Ich hatte noch mit meiner zweideutigen Sexualität und Seitensprüngen zu kämpfen, die letztlich keinen Sinn ergaben, versenkte mich wieder in die Religion, fiel erneut von der Lehre Gottes ab und ließ mich treiben. In den siebziger und achtziger Jahren brachte ich außerdem mehrere Therapien mit Dr. Rosen hinter mich – der nie etwas anderes in mir gesehen hat als einen widerwärtigen Menschen und somit einen interessanten Patienten – und mühte mich ab, mich an das Familienleben und die Ehe zu gewöhnen. Die Schriftstellerei allerdings hat mich immer begleitet; sie war mir immer ein Stück voraus, immer schon dort, wo ich meinte, hin zu wollen.

Ich kann nicht über diese Jahrzehnte schreiben, ohne mich gleichzeitig an meine Selbstmordgedanken zu erinnern, an die Verzweiflung und die Phasen des Selbsthasses, die im Lauf der Jahre immer wiederkehrten – die plötzlich hereinbrechenden Düsternisse und die ganz langsam heraufziehende Morgendämmerung, die einander abwechselten wie eh und je und mich wahrscheinlich auch nie verlassen werden. Abgesehen von meiner Krankheit ereigneten sich viele Dinge – gute und schlechte Momente im Beruf, in der Ehe und in der Gesundheit, über die ich Seiten füllen könnte, wenn es sich bei dem vorliegenden Buch um eine ganz normale Autobiographie handeln würde. Aber es ist eben etwas anderes, so eine Art ehrliche Fiktion, gesponnen aus verfärbten, verzwirbelten Fäden, die ich aus dem Nähkorb auf dem Grund meiner Seele gezogen habe, ein Gewebe ohne Saum und Ende.

In jenen biographischen Fakten, die mein Leben ausmachen, gibt es wenig, worüber ich mich beklagen könnte. Ich möchte noch einmal an die Zeile von Sartre erinnern, an die ich, so habe ich an anderer Stelle schon geschrieben, gern glauben würde: Meine Lebensgeschichte hat sich seit den sechziger Jahren tatsächlich verbessert. Traurig muß ich lediglich über den Tod geliebter Verwandter und eines lieben, treuen Freundes sein.

Denn die innere Wahrheit jener Biographie, die andere als die meine sehen, sollte sich nach 1973 nicht mehr wesentlich verändern – es ereignete sich nichts, was sie »besonders« gemacht hätte; sie wurde letztlich von den gleichen chronischen Symptomen gekennzeichnet, unter denen wahrscheinlich andere Depressive auf der Welt auch leiden. Es handelt sich dabei um ein Leben in der Düsternis einer offenen Anstalt, die sich aus längst verschiedenen Ärzten, Theoretikern und anderen Institutionen, welche die Kultur repräsentieren, zusammensetzt, und deren Erbe für uns der Selbsthaß ist.

Dieser Selbsthaß nährt sich von der Massenkultur. Wir alle – Menschen, die unter Depressionen leiden, und Menschen, die es nicht tun – werden durch die Werbung und die Erwartungen unserer Umwelt ständig dazu getrieben, angewidert zu sein von dem, was wir sind, was wir haben, wie wir riechen, von den Alternativen, die wir haben. Wenn wir zufrieden wären, gäbe es keinen Handel mit Macht und Beherrschungstechnologien und Gebrauchsgütern – keine Wirtschaft, angetrieben von der Lust und dem verlockenden Traum der Erfüllung, kein Gefühl des Mangels bei Menschen, denen es an nichts zu fehlen scheint. Der Depressive unterscheidet sich in gewisser Hinsicht überhaupt nicht von allen anderen Angehörigen der Massendemokratien, die besessen sind von der Vorstellung des Mangels, stets darauf bedacht, jenes Nichts zu füllen, wo sich früher einmal die Seele befunden hat, als die Menschen noch an Seelen glaubten. Der Depressive jedoch kann nicht einmal ein provisorisches Gefühl der Zufriedenheit empfinden; daraus folgen die endlosen Klagen, die die Neurose charakterisieren.

Wird mir der Leser glauben, wenn ich mit dieser Geschichte fortfahre – sie ist, in dem Sinne, wie die Nicht-Kranken das Wort »wahr« verwenden, nicht ganz wahr – und sage, daß sich sehr wenig ereignete? Oder zumindest abgesehen von meiner Abkehr vom Alkoholismus, sehr wenig, was man wirklich *neu* nennen könnte?

schreibe etwas am frühen Sonntag morgen, so gegen zwei Uhr, glaube ich – nachdem ich den ganzen Abend im heißen Cabana Room getrunken habe und ausgeflippt bin mit Leuten von der Queen Street, die ich kannte, bevor The Globe *mich holte; sie schlenderten vorbei, tanzten anders jetzt, tauchten in meinen Wahn ein und tanzten, aber anders jetzt – Lichter und Bier und Menschen, so anders jetzt, eine Woche, nachdem ich als* Kunstkritiker *zu arbeiten angefangen habe, und nach Stunden des verrückten Trinkens im Cabana Room zusammen mit Leuten, die alle so anders sind jetzt –*

verrückter Abend, verschwommene Lichter, langsame Linien in der verrauchten Luft, Punkband

– die ganz normale Paranoia, die ganz normale Angst ist immer noch da, sogar in den merkwürdig verwischenden Scheinwerfer-Spots auf die Band, die blaue und rote Blitze durch das Glas mit hellem Bier schießen, und ein verrückter Abend, und ich war wahnsinnig beim Trinken und alles ist anders –

... ungefähr zehn Uhr früh, ich weiß es nicht so genau – jedenfalls ist Sonntag – Kater, Kopfweh und alles Drum und Dran – wie dumm von mir, jetzt philosophisch zu werden – die dunkle Seite, die gestern abend ins Wasser schwappte, ist wieder aufgetaucht, sichtbar, häßlich, voller Ranken und Algen und Dingen aus der Vergangenheit– beißende Bierkotze in der Toilette: das ist es, und das bin ich, Geist in der Toilette, kotzen, spülen, und Schluß mit allem –

Der Journalismus ist für Depressive aus demselben Grund attraktiv, wie es die Tagebuchschreiberei ist: weil er weder die Vertrautheit noch die Kameradschaft erfordert, die bei vielen anderen Aktivitäten nötig sind. Der Journalismus hält bewußt Distanz; der Journalist ist im Bild, aber nicht Teil des Bildes, über das er berichten soll.

Es müssen harte Fragen gestellt und beantwortet werden – ein Geschäft, das man auf anerkennenswerte Weise auch dann noch betreiben kann, wenn man stark depressiv ist. Aber solche Fragen zu beantworten, bedeutet auch, den Schutz des eigenen Arbeitszimmers zu verlassen, das liegt auf der Hand. Und sie regelmäßig und öffentlich zu beantworten, wie ich es seit 1980 tun muß, bringt immer wieder den Umgang mit der Welt im großen mit sich. Als ich mir Anfang der achtziger Jahre allmählich einen Namen als Schriftsteller machte, entdeckte ich den Alkohol als Schmiermittel für mein Eintauchen in die Gesellschaft.

Möglicherweise ist er auch der Grund, warum ich meine Therapie damals immer wieder unterbrach und schließlich ganz beendete. Denn der Alkohol kaschiert die offensichtlichsten Symptome der Depression, die mir am meisten zu schaffen machen – der leere Blick, die unkoordinierten, langsamen Körperbewegungen, die Leichenblässe. Genau aus jenem Grund trank ich: Um die Ängste zu ertränken, die mich schon bei den harmlosesten gesellschaftlichen Anlässen überkamen. Ich trank, um meiner Furcht und meiner Aggression den Anschein von Leutseligkeit zu verleihen. Ich trank viel, um eine Ausrede zu haben für die sexuellen Eskapaden mit Männern und Frauen, die sich nicht ereignet hätten, wenn ich mein übliches moralisches Bewußtsein nicht ersäuft hätte. Ich trank, um die Depression auf Distanz zu halten. Und schließlich trank ich auch um des Trinkens willen, um betrunken zu sein – ein Zustand, den ich trotz des Elends und der Peinlichkeiten, die er mit sich brachte, immer mehr dem der Depression vorzog.

Leider ließ sich meine raffinierte Strategie der Selbstzerstörung wunderbar durch den mythischen Ruf der Kritiker kaschieren, der sie als Eigenbrötler und Schluckspechte darstellt – möglicherweise ist an diesem Ruf sogar etwas Wahres dran. Tatsache ist, daß überdurchschnittlich viele talentierte Depressive und talentierte Alkoholiker sich für Berufe entscheiden, in dem die Zuverlässigkeit auf ein Maß reduziert ist, das in der Wirtschaft sonst kein Überleben garantieren würde. Ich persönlich empfinde meine Arbeit als Kunstkritiker für *The Globe and Mail* als perfekte Möglichkeit, mir mein Geld durch periodische Wechsel von erstaunlichen Willensleistungen und ebenso erstaunlichen Ausfällen zu verdienen. Es gibt zahllose Gründe, warum ein Kritiker dem Büro tagelang fernbleiben muß – er muß schließlich Ausstellungen besuchen, Ateliers besichtigen und Museen und Galerien in anderen Städten abklappern. Die Fortschritte in der modernen Informationstechnik – insbesondere die Tatsache, daß sich heutzutage praktisch jeder einen eigenen Computer und andere Mittel der Telekommunikation leisten kann – haben die ohnehin schon schwache Bindung zwischen Kritiker und Schreibtisch, zwischen Schriftsteller und Lektor, noch weiter gelockert.

Heutzutage braucht kein Chef zu erfahren, wenn der Schriftsteller den größten Teil des Tages ohne Grund geweint hat oder einfach auf einem Stuhl saß und dumm in die Gegend starrte oder die ganze Zeit Bourbon trank, um seinen grundlosen Schmerz zu lindern – immer vorausgesetzt, der depressive Schriftsteller kann seine Energie und seine wirren Gedanken wieder so weit mobilisieren, daß er in der Lage ist, seine Termine mehr oder minder pünktlich mit einer halbwegs lesbaren Story einzuhalten, die er durchfaxt.

Als ich mit dem Trinken aufhörte, hatte mich der Alkohol noch nicht dazu gebracht, meinem Arbeitgeber einen Grund für meine Kündigung zu geben. Außerdem hatte er mir die Ruhe verliehen, die ich brauchte, um berufliche Treffen zu überstehen. Wenn ich angetrunken war, war ich auch leutselig, und wenn ich leutselig war, fand ich mich besser auf Vernissagen, in Galerien und Museen zurecht, die normalerweise den großen internationalen Ausstellungen wie zum Beispiel der Biennale in Venedig vorausgehen, und auch die Essenseinladungen mit Künstlern und Kunsthändlern waren keine so große Qual mehr.

Vermutlich wäre mir meine Trinkerei auch weiterhin nicht nur von der Kunstwelt verziehen worden. Doch irgendwann kam der Tag, an dem ich mir selbst nicht mehr verzeihen konnte.

28. Dezember 1985

das Fest der Unschuldigen Kinder, tiefer Winter, ein ruhiger Tag, allein auf dem Land, Frieden nach weihnachtlicher Völlerei und Feiern, nach Trinken und Trunkenheit jeden Tag –

– ich schreibe nach einer verkaterten Fahrt durch die verschneiten Hügel, glitzernde, tief violettfarbene Schatten hinter Hügeln und Bäumen, Winter pur, sozusagen Platons Archetyp, ganz nahe an der Erde, in Schneestürmen und der dunklen Helligkeit des Schnees, sogar unter dem Wintermond

– und besessen von dem Schmerz, der nie verschwindet, nach Jahren dessen, was die Welt wohl »Besserung« nennen würde – d. h. ein Job als Schriftsteller, Teil der Welt sein, bekannt, außerhalb meiner selbst, dort, das, was ich wollte, als ich beschloß, Schriftsteller zu werden

– und der verhaßte tote Mann in mir
gejagt von hungrigen Hunden
gejagt von ihnen, hungernd, wenn nicht sturzbetrunken, verblüfft, dann nicht-fühlend, wie sie in der hellen Dunkelheit der Wintersonne und des Wintermondes herumschleichen – dann kommt der Anblick von Schneewehen und Eishaufen am windgebeutelten See, und der Gedanke kommt, – sich auf einen zu setzen, die Winterlichter von Sonne und Mond auf Nebelschwaden und vom Wind verwehten Wolkenfetzen zu betrachten, bis ich schlief und schlief, und dann nicht mehr schlief
– Ende der Müdigkeit, Ende der trunkenen Tage

und Nächte und der endlosen Lügen, Ende des sinn-
lichen, nichtssagenden Dings in mir, seine Pflichten
aufgelöst, aber Null unter dem Wintermond, weiß,
jungfräulich –

Seit dem Morgen des 29. Dezember 1985 bin ich nur ein einziges Mal betrunken gewesen. Eine Weile gestand ich mir ein Gläschen Champagner bei einer Hochzeit, einem Geburtstag oder einer anderen festlichen Gelegenheit zu. In den letzten Jahren habe ich nicht einmal mehr das getan.

Ich war nicht besonders verkatert, hatte auch keine übermäßigen Kopfschmerzen oder Magenbeschwerden an jenem Dezembermorgen, obwohl ich den Abend zuvor im Landhaus eines Freundes ziemlich viel getrunken und gegessen hatte. Selbst wenn ich unter diesen Symptomen gelitten hätte, hätte ich nicht aus diesem Grund mit dem Trinken aufgehört. Ende 1985 hatte ich mich an meinen täglichen Kater schon gewöhnt; normalerweise vertrieb ich ihn gleich am Morgen wieder mit einem ersten Drink. Der Alkohol hatte mich nie im Stich gelassen, er hatte meine Depressionen gedämpft, die Bedrohung, die in dunklen Winkeln auf mich lauerte, auf Distanz gehalten, auch die kleineren Sorgen des Alltagslebens erträglich gemacht.

Vor Ende 1985 hatten besonders alkoholintensive Abende mir immer wieder vor Augen geführt, wohin mich meine Trinkerei führen würde: Ich würde alles verlieren, was ich liebte. Ich sah die bevorstehende Zerstörung meiner Ehe, das Elend meines kleinen Kindes, den Kummer aller Menschen, denen ich etwas bedeutete, und schließlich das Ende einer erfolgreichen beruflichen Karriere, die sich mir erst spät, nach vielen Umwegen, eröffnet hatte. Jedenfalls konnte ich nicht behaupten, nicht zu wissen, welche Folgen der Alkohol hat.

Nicht einmal schlimme Erinnerungen hatten mich am Trinken gehindert – die an meinen Großvater mütterlicherseits zum Beispiel, wie er nackt und betrunken am Boden lag, und auch nicht die an die Gewalttätigkeit meines Vaters und sein vergeudetes Leben. Vielleicht wünschte ich mir damals noch immer insgeheim, eins zu sein mit meinem Alkoholikervater, den die Trinkerei zuerst in den Ruin trieb und dann auf indirekte Weise sogar umbrachte. Mit dem Rausch hatte ich einen Zustand gefunden – der sich leicht herbeiführen ließ, von den anderen toleriert wurde und ohne weiteres zu verbergen war (das glaubte ich zumindest) –, welchen ich allemal meinen Ängsten vorzog.

Aber egal, welche Motive da im Spiel waren: An jenem klaren Dezembermorgen traten sie in den Hintergrund. Nachdem ich den Alkohol aus meinem Leben verbannt und ihm die Kontrolle darüber entzogen hatte, begann ich zu merken, daß man in den ungelegensten Augenblicken mit seiner Störung konfrontiert wird, auch wenn es einem zuvor mit Hilfe des Alkohols gelungen war, sie in Schach zu halten. Manchmal erschien ich nicht zu einer Party, konnte einen Abgabetermin nicht halten, nahm eine Einladung bei Freunden nicht wahr und blieb zu Hause in meinem Arbeitszimmer. Hin und wieder sagte ich sogar im letzten Augenblick einen Termin mit einem Künstler oder Intellektuellen der Kunstwelt ab, weil ich mir nicht mehr sicher war, ob meine Hände zittern würden oder nicht und ob ich die Tränen zurückhalten könnte.

Warum ich ausgerechnet an jenem Morgen mit dem Trinken aufhörte, nicht später oder überhaupt nie, weiß ich nicht – allerdings habe ich immer das Gefühl gehabt, daß das Datum etwas damit zu tun hatte.

Der neunundzwanzigste Dezember ist der Jahrestag von Erzbischof Thomas à Beckets Ermordung in der Canterbury Cathedral – oder, im Vokabular der Kirche: der Tag seiner Geburt in ein neues, ewiges Leben. Er war der führende Prälat der Church of England geworden, weil der König, der gleichzeitig sein Freund war, ihn für einen Schwächling, einen liebenswürdigen Trinker und einen Genußmenschen gehalten hatte, der sich den Wünschen des Königs beugen würde. Thomas' Ernennung jedoch hatte eine erstaunliche Wirkung: Plötzlich wurde aus diesem sinnenfrohen Höfling ein Mann, der die Korruption in der Gesellschaft erkannte, in der er lebte, und der zu handeln begann. Und sein Vorbild hat viele Generationen von Pilgern nach Canterbury gestärkt.

Als ich die Stelle, an der der Heilige Thomas in der Kathedrale von Canterbury ermordet wurde, zum ersten Mal sah, war ich zutiefst erschüttert gewesen. Seit jenem Jahr war kein neunundzwanzigster Dezember ohne Erinnerungen an jenen außergewöhnlichen Mann vergangen. Zwar wird der Festtag seines Martyriums von der Kirche nur selten gefeiert – er kommt zu bald nach Weihnachten –, aber in mir erzeugte er im Jahre 1985 einen gewissen inneren Frieden und so etwas wie Dankbarkeit.

Ich berichte ohne Befriedigung oder Triumph von meinem Beschluß, mit dem Trinken aufzuhören. Dieser hatte nichts mit Willenskraft zu tun, was das auch immer sein mag. Ich kann auch nicht verschweigen, daß ich so etwas wie ein Gefühl des Bedauerns empfand. Denn tief in mir liegt noch immer der Impuls zur Selbstzerstörung und Verblendung, der mich in einen Trinker verwandelte. Die Gefahr ist nicht gebannt. Die Sehnsucht nach vorübergehendem Vergessen habe ich nie verloren.

Ich hätte nie beschlossen, mit dem Trinken aufzuhören, wenn ich geahnt hätte, welche neuen Abgründe der Depression und des Selbsthasses sich dadurch vor mir auftun würden.

18. April 1986

nur zwei Tage Arbeit am Buch diese Woche – ich kann nicht schlafen, es passiert dieses und jenes, und alles zieht mich hinunter, weg vom Schreiben –

ich habe das Gefühl, daß alles zerbricht, was ich versprochen hatte, aus diesen Jahren der Kritiken über Kunstausstellungen zu machen, dieses Buch über das Projekt, das Schreiben und Weiterschreiben, – ich lese,

und die Worte sickern durch mich hindurch – ich
schreibe, und die winzigen Zeichen, die Buchstaben,
häufen sich zu einem Nichts wie Sandverwehungen,
vom Wind verweht aus allen Formen, in die ich sie
presse –

2.*Mai 1986*

zu seelenkrank, um zu tippen
 der Tätigkeit nicht gewachsen, zu dumm
  seit Tagen nicht geschlafen – in den Minuten des
Halbschlafs die Vorstellung, daß Ärzte mich medika-
mentieren, hinunter
  Ding

Den Alkohol aus meinem Leben zu verbannen, war offenbar das
einzig Richtige, doch erst jetzt sehe ich, wie falsch ich die Sache
anging. Ich hörte einfach auf mit dem Trinken. Ohne die Anony-
men Alkoholiker, ohne Beratung und ohne auch die Psychotherapie bei Dr. Rosen – mit genau dem Ergebnis, das ein vernünf-
tigerer Mensch vermutlich vorhergesehen hätte. Der Alkohol ist
so etwas wie ein wackliger Wall gegen die völlige Betäubung und
das Herannahen der schwarzen Hunde. Ich war nun ganz und
gar schutzlos.
    Die erste Niederlage gegen diese virulentere, mächtigere post-
alkoholische Form der Depression ereignete sich Anfang 1986,
während eines achtmonatigen Urlaubs von der Zeitung. Ich
hatte vor, ein Buch über die Kunst in Toronto zu schreiben, das
sich kritisch mit dieser Kunst beschäftigte und sie zusammen-
faßte, ein Werk, das sich mit den erstaunlichen Leistungen in der
modernen visuellen Kultur beschäftigen sollte – Video, neue
Malerei, Bildhauerei und Installationen –, welchen ich in den
fünfzehn Jahren meiner Tätigkeit als Kunstkritiker begegnet
war. Das Buch sollte ein Meilenstein werden für Menschen, die
mir auf diesem Weg nachfolgen wollten.

Doch fast unmittelbar nachdem ich unbezahlten Urlaub von *The Globe* genommen hatte – das geschah zeitgleich mit meiner Abwendung vom Alkohol – und begann, in der Stille der Bibliothek und meines Arbeitszimmers die Struktur zu erarbeiten, spürte ich wieder jenes scheußliche Austrocknen und die Leere, die ich bereits vor zwanzig Jahren erlebt hatte. Ich quälte mich noch ein paar Monate lang mit dem Projekt ab, sah mir Künstlerfilme an, sammelte Archivmaterial zur Torontoer Kunst seit den frühen siebziger Jahren, vertiefte mich in die Materie und las. Aber meine Fähigkeit zu *denken*, ohne mich gleichzeitig mit Selbstvorwürfen und Zweifeln zu belasten, ließ immer mehr nach.

Als ich mich von den Recherchen ab- und dem Schreiben zuwandte, stellte ich fest, daß ich Prosabrocken produzierte, undurchdringliches Zeug ohne Form oder gedankliche Richtung. Ich suchte wieder Zuflucht in den Recherchen und kramte immer verzweifelter zwischen meinen Karteikarten herum. Das war so wie Federn in einem Sturm zusammenzukehren.

Ich versuchte zu fliehen – diesmal sollte es eine Reise in die amerikanischen Südstaaten sein. Als Grund redete ich mir und meiner Frau ein, ich müsse meine im Sterben liegende Schwester besuchen und mich wieder einmal mit einer älteren, gebrechlichen Freundin unterhalten, die ihre Familie in einem billigen, scheußlichen Altersheim untergebracht hatte.

Doch eigentlich ging es mir bei der Reise um die Suche nach dem toten edwardianischen Jungen, den ich von meinem Rücken losgebunden hatte. Während dieser Fahrt konnte ich die konfektionierte Maske des öffentlichen, verantwortungsbewußten Menschen, die ich in Toronto trug, eine Weile absetzen. Ich konnte zum Friedhof meiner Vorfahren zurückkehren und Veilchen an das Grab meines Vaters bringen – ein Totenspaziergang zwischen Toten. Ich konnte ganz allein durch die tiefen Wälder gehen, in denen ich als Kind vor der Welt Zuflucht gesucht hatte; sobald ich wieder in Greenwood war, konnte ich mir die

Bücher und Spielsachen meines Vaters wieder ansehen, konnte den ausgetrockneten Holzpropeller seines ersten Flugzeugs in den Händen halten. Ich konnte allein in seinem Zimmer schlafen, in dem noch immer die präparierten Köpfe der Hirsche und Gebirgsschafe hingen, welche er während seiner jährlichen Ausflüge in die kalifornischen Berge vor fünfzig Jahren erlegt hatte.

Der allmähliche Abstieg in die längste, dunkelste Herrschaft der schwarzen Hunde seit meinem schmerzlichen Zusammenbruch von 1969 begann auf dem Flug zurück nach Toronto. Da erkannte ich eine neue Wahrheit, die düster am Horizont heraufstieg, eine Wahrheit, wie die Hunde sie lieben: daß es nie ein Buch geben würde, kein Kind meiner Phantasie, kein Produkt zum Anfassen. In Toronto wartete lediglich ein Nichts auf mich, das ich Freunden, Händlern, Kollegen und Künstlern gegenüber mit Lügen über ein Buch füllen mußte, das zu dem Zeitpunkt schon in mir verrottete.

Natürlich hätte ich freimütig über mein Scheitern sprechen können, als ich im Sommer 1986 meine Arbeit bei der Zeitung wieder aufnahm. Solche Dinge passieren nun mal. Wahrscheinlich hätten die Leute deshalb auch keine schlechtere Meinung von mir gehabt. Wenn ich gesund gewesen wäre, hätte ich sicher an eine solche Lösung gedacht. Aber ich war eben nicht gesund. Ich tat mein möglichstes, um nicht über mein Projekt zu sprechen. Wenn interessierte Bekannte und Kollegen sich auch durch meine Zurückhaltung nicht abschrecken ließen, mich danach zu fragen, begann ich, mich noch weiter von ihnen zu distanzieren und schließlich den Kontakt zu ihnen abzubrechen. Ich traf mich immer seltener mit ihnen und auch mit meinen Freunden und dachte mir Gründe aus, warum ich sie zurückweisen und meiden mußte. Damals wußte ich noch nicht, daß diese übertriebene Empfindlichkeit und meine Weigerung, irgend jemanden an mich heranzulassen, mich wieder in meine alte Einsamkeit am Rande der Lichtung zurückdrängten.

8. Juni 1986

sitze in einem Southern Maid Donut Shop, schreibe,
nachdem ich eine Stunde mit Mrs. S. im Altersheim
verbracht habe, einer verschrumpelten alten Dame, die
hilflos auf ihrem Eisenbett liegt.
    habe ihr einen Whitman's Sampler als Geschenk
mitgebracht – meine Großmutter hat mir vor dreißig
Jahren gesagt, daß das Mrs. S.' Lieblingspralinen sind –
    und ich frage mich, ob es ein Buch geben wird, über-
haupt etwas geben wird, das nicht hier enden wird,
auf einem Eisenbett, in die Nicht-Existenz leckend
    das Bett ruht auf Rädern, die sich drehen lassen,
und sie drehen sich die ganze Zeit, während sie das Ei-
senbett den Flur hinauf und dann wieder herunter
schieben
    ich habe kein Buch in mir, jedenfalls nicht heute –
ich kann nur versagen und versagen, und dann gibt es
irgendwann das Versagen, das Fallen in das Eisenbett
auf sich drehenden Rädern, und ich kann nicht hier
schlafen, genausowenig wie in Toronto – immer nur
Räder und kein Buch und das Nicht-Schreiben des
Drehens im Nicht-Schlafen
    – ich bin so müde, müder als die verschrumpelte alte
Dame, meine Freundin, denn sie liegt im Sterben und
ich nicht, und es muß so viel ermüdendes Leben erledigt
werden, sich drehend nirgendwohin und überallhin –

Ich verbrachte den größten Teil des Frühlings 1987 mit der Angst vor einer Reise nach Deutschland. Dort würde ich die Documenta besuchen, eine der wichtigsten internationalen Kunstausstellungen, die mir seinerzeit wie ein Natternnest erfolgreicher Künstler und Kunstkritiker vorkam. Obwohl ich voller Furcht wegflog, kam ich durch einen Zwischenaufenthalt in Rom geistig berauscht in Kassel an. Ich war glücklicher, als ich es seit

Jahren gewesen war, frei von den Qualen des vorangegangenen Sommers. Ich verbrachte die ersten paar Tage damit, mir die zahllosen Exponate anzusehen, die Kunst neu zu entdecken, sie zu genießen.

Dann wurde ich ganz allmählich wieder mit Begegnungen und Gesprächen konfrontiert, mit Bekannten und Unbekannten gleichermaßen. Anfangs fand ich diese Gespräche noch faszinierend, weil sie mir Gelegenheit boten, den neuesten Klatsch über die Kunst aufzuschnappen und mich als Teil jener Welt zu fühlen. Doch dann begannen die kleinen Eifersüchteleien und Gehässigkeiten, die nun einmal auch zu dieser Kunstwelt gehören, an meiner naiven Begeisterung zu zehren. Und plötzlich fühlte ich mich als unmittelbares Objekt der intellektuellen Verachtung, mit der sich jeder auseinandersetzen muß, der der Kunst, den Künstlern, den Händlern und den Scharen von Sammlern, Kuratoren, Trittbrettfahrern und sonstigen Interessierten zu nahe kommt.

Das passierte bei einem spätabendlichen Treffen von Künstlern und Sammlern, Kritikern und Kuratoren in einem kleinen Kasseler Restaurant. Wahrscheinlich geht es bei solchen Zusammenkünften darum, sich nach der vielen Kunst und den Interviews, dem Verfassen von Kritiken und den Abschlüssen ein wenig zu entspannen. Doch für einen intelligenten, für seine spitze Zunge berüchtigten Künstler war dieses Treffen eine Gelegenheit, mich in aller Öffentlichkeit zu demütigen, in jeder nur erdenklichen Weise.

Nach zehn Jahren als Kunstkritiker war so etwas nichts Neues für mich; wenn ich noch getrunken und somit ein bißchen mehr Distanz gehabt hätte, wäre ich vielleicht in der Lage gewesen, die ganze Sache als weiteres Beispiel für die Neigung der Kunstwelt, sich so oft wie möglich zu produzieren, abzutun. Aber ich hatte den Alkohol nicht mehr, und das bißchen dicke Haut, das ich mir im Lauf der Jahre zugelegt hatte, war durch die Tatsache, daß ich es nicht geschafft hatte, das Buch zu schreiben, ziemlich strapaziert worden. Der Zwischenfall erzeugte einen merkwürdigen Zustand in mir – er hatte nichts mit normaler Depression zu tun, sondern eher mit selbstmörderischer Erbärmlichkeit, mit dem überwältigenden Gefühl, absolut wertlos zu sein.

Ich verließ das Restaurant, begleitete einen Freund zu seinem Hotel, kehrte in mein eigenes zurück und trank, bis ich kotzen mußte und nichts mehr spürte.

12. Juni 1987

häßliches Schachtelzimmer im Hotel allein trinken, schön – zum erstenmal betrunken, seit ich »mit dem Trinken aufgehört« habe –

deutsche Betrunkene fallen auf die Straße, singen Lieder – wahrscheinlich obszöne

ich betrinke mich   zum erstenmal seit – ich weiß nicht mehr, seit wann

vor ein paar Tagen in Rom, alles so schön – dann der Flug nach Frankfurt, ein Auto gemietet   die Fahrt nach Kassel herumgefahren in den Hexenhügeln und schwarzen Tälern

die Gebrüder Grimm haben ihre Geschichten hier in den Hexenhügeln und in den Wäldern gefunden, bei den Hexen

Kassel Documenta   ist Kassel   mehr bedeutet sie mir nicht

wollte herkommen, also bin ich hergekommen, um die Kunst zu sehen, zur Abwechslung mal etwas Schönes   vielleicht die Begeisterung für die Kunst wieder entdecken

– bin heute abend von einem kanadischen Künstlerschwein zerfetzt worden, das ist die Kunstwelt   weg davon   verdammte Künstler, verfluchte Kunsthändler und Sammler

der ganze verfluchte Haufen haßt mich, und ich kann nichts dagegen machen

das ist die Kunstwelt und das Zerfetzen, und jetzt
kenne ich es
und sie, die mich hassen, und ich weiß, daß ich zu
dumm bin, um jemals etwas von der verdammten
Kunstwelt zu verstehen muß weg von hier weg von
den Leuten, die mich zerfetzen wollen

In den Monaten und Jahren, die auf meine Rückkehr aus Europa
1987 folgten, trank ich nie wieder. Allerdings schrieb ich weiter
über die Kunst. Doch genauso, wie ich mich zwanzig Jahre zuvor
verborgen hatte, begann ich auch jetzt, alle Kontakte zur Außenwelt zu reduzieren, um den immer schlimmer werdenden
Schmerz zu lindern, der offenbar durch die Episode in Kassel
ausgelöst worden war. Dies ist ein Beispiel für die paradoxen
Handlungen von Neurotikern, wenn sie sich einer Entscheidung
oder einer Verletzung gegenübersehen: Sie verdrängen noch stärker, widerstehen allen Versuchungen, etwas Schönes zu erleben
und verlängern und verstärken so nur den Depressionsschub.

Auch in den folgenden Jahren erlebte ich viele verlorene Stunden und Tage, aber sie waren nichts im Vergleich zu meinem Zusammenbruch in den sechziger Jahren. Als ich mich
nun wieder meinem Innern zuwandte, machte ich zahlreiche
Entdeckungen, zum Beispiel, daß mein ganz persönlicher Weg
durch den Zauberwald der deutschen Romantik, die Welt von
Friedrich Hölderlins Gedichten, die Gemälde von Caspar David
Friedrich, die Opern von Richard Wagner und in unserem Jahrhundert die Kunst von Joseph Beuys und Anselm Kiefer führt.
Um den Weg durch diesen Wald zu finden, erlernte ich die deutsche Sprache und beschäftige mich auch weiterhin damit.

Doch trotz dieser neu entdeckten Freuden wurde ich immer
wieder von Depressionen heimgesucht, die mich immer länger
in immer größere Tiefen hinabzogen. Ich hatte nichts mehr, was
mich vor meinen akuten Ängsten in *kleinen* Gruppen oder in
intimen Situationen geschützt hätte.

Die besonders schweren und langen Depressionen, die ich im

Frühjahr 1990 und 1991 durchlebte, erzeugten Schlaflosigkeit und Ängste; sie lähmten mich und trieben mich manchmal wirklich an den Rand des Wahnsinns – der Zustand, vor dem ich immer am meisten Angst gehabt habe, weil ich glaube, daß es von dort kein Zurück mehr gibt. Ich stieß Freunde mit Beleidigungen und Gleichgültigkeit vor den Kopf, schwieg. Aber trotzdem habe ich die Schwelle zum Wahn nie überschritten; ich bin immer kurz davor stehen geblieben, in jenem kleinen Teil des Lebens, in dem ich mich noch zurechtfinden konnte, wenn auch auf vorsichtige, beschränkte, exzentrische Weise.

20. August 1991

die Hunde haben sich letzte nacht in meinem schmalen Bett auf mich gestürzt.
neulich nacht haben sie mich in ein Tier verwandelt.
heute nacht habe ich Angst, daß sie wiederkommen, ins Zimmer kommen, um herumzuschleichen, sich in dunkle Winkel zu drücken, mich durch ihre Nähe wachzuhalten, durch die Stille.

die Hunde sind letzte nacht wiedergekommen, um das Gift aus dem Tumor zu saugen, der in meiner Seele wächst, während ich sterbe und bete, ins Dunkel sterbe, und dann ins unsägliche Licht.
und jetzt gibt es Orte für die Hunde in meinem Zimmer, es muß immer einen Platz für sie geben in meinem Herzen, ein Herdfeuer, das sie erwartet. Sie gehören zu mir – das kann ich nicht vergessen –, sie lassen sich nicht mit einem Stock vertreiben, denn dann kehren sie wieder und setzen sich in die Ecke meines Zimmers und ängstigen mich in die Krankheit ohne Ende.

KAPITEL SIEBEN

Weisheit und Chemie

> *Bald Weihnachten   empfinde nichts dafür, davon*
> *sprödes klingeln wie glas in meinem kopf*
> *klingeln spröde   schnapp, dann stille*
> *Adventskerzen leuchten heute hell auf dem kranz*
> *doch würde ich meinen finger hineinstecken, könnte*
> *ich nichts spüren –*
> *spröder finger aus metall*
> *vielleicht zink, ein klopfendes geräusch an der fen-*
> *sterscheibe,   das wäre dann wieder ich, auf zehenspit-*
> *zen, mit einem kalten, glänzenden zinkfinger an das*
> *glas an einem haus klopfend, in das ich nicht gehöre –*

Es hätte immer so weitergehen können, das zurückgezogene, geheimnistuerische Leben, das ich nach 1991 führte, nach dem Scheitern meines Buchprojekts, in jener Zeit der kleinen Verletzungen, die sich schließlich zu einem offenen Magengeschwür auswuchsen und zu unablässigen Schmerzen führten. Anders als während meiner Gehetztheit und Verwirrtheit in den sechziger Jahren war mein Kopf diesmal fast zu klar, ich war zu konzentriert auf bestimmte Ziele. Ich ging sowohl meiner ausgesprochen privaten Suche nach spezifischen Formen des Wissens nach als auch meiner höchst öffentlichen Arbeit als Journalist und Kunstkritiker – während sich zwischen diesen beiden Daseinsformen ein immer öderer Bereich der Leidenschaftslosigkeit auftat. Die alten Vertrautheiten verschwanden eine nach der anderen.

Natürlich gibt es eine wohlwollende und ganz und gar normale Erklärung, die nicht auf melancholische Ausreden voller Selbstanklage zurückzuführen ist. Margaret und ich waren schon über Vierzig, als unsere Tocher Erin geboren wurde; folglich hatten manche Freunde – besonders diejenigen, deren Kinder erwachsen und aus dem Haus waren oder bereits eigenen Nachwuchs hatten – verständlicherweise weniger Zeit für uns und unsere völlig neuen, schwierigen, aber auch wunderbaren Erfahrungen mit unserer kleinen Tochter. Zweifellos hatten auch wir weniger Zeit für unsere Freunde.

Außerdem weiß ich von anderen, daß Männer, die auf die Fünfzig zugehen, manchmal dramatische, häufiger jedoch subtile Veränderungen erleben – plötzlich geht es um die Konzentration auf eine letzte triumphale Leistung, sei sie nun intellektueller, sexueller oder anderer Natur. Wahrscheinlich hat das mit der Erkenntnis zu tun, daß der größte Teil des Lebens vorbei ist, und daß wir allmählich die Dinge erledigen müssen, die wir so lange aufgeschoben haben. In meinem Fall verstärkte die Entwicklung meine ganz natürliche, wahrscheinlich harmlose Vorliebe für die zurückgezogene Beschäftigung mit Büchern und Musik. Doch dazu kamen bei mir dunklere Motive des Geistes, die mit der Geschichte meiner Depression zusammenhingen.

So machte ich mir, kurz bevor ich Fünfzig wurde, nicht nur Gedanken über neue Ziele, sondern auch und gerade über die Dinge, die ich nicht geschafft hatte – beispielsweise wollte ich endlich meine Doktorarbeit in Englisch fertigstellen, das Buch über die Kunst, das ich 1986 begonnen hatte, zu Ende schreiben, ein wirklich guter Kunstkritiker werden, einen Platz in der Kirche finden, ja, sogar Deutsch lernen. Große und kleine Dinge beschäftigten mich und sorgten dafür, daß ich nicht aus dem inneren Aufruhr herauskam, der so typisch ist für die Depression.

Wenn ich gemerkt hätte, wie sich die Depression wieder anschlich, wäre ich vielleicht auch in der Lage gewesen, der Tatsache ins Auge zu sehen, daß ich es war, der sich schon beim geringsten Anlaß zurückzog, nicht meine Freunde oder Bekannten. Statt mich damit auseinanderzusetzen und mit Aufrichtigkeit dagegen anzugehen, stauten sich alle möglichen Ressentiments in mir an, die mir eine wunderbare Ausrede boten, mich nicht mit jemandem treffen, nicht an einer Veranstaltung teilnehmen oder Freundschaften pflegen zu müssen.

Ich kann mir ziemlich genau vorstellen, was aus mir geworden wäre, wenn das so weitergegangen wäre. Doch an einem kalten, hektischen Nachmittag mitten im Dezember 1991 änderte sich alles.

15. Dezember 1991

> *bin diesen Sonntagmorgen früh aufgewacht, habe mich dazu zwingen müssen – bin aber dann nach Hilton Falls hinausgefahren und 20 Kilometer in der Kälte marschiert; es ging alles sehr schnell, meine Füße bewegten sich, als gehörten sie nicht mir – weil alles so schön war – schartiger Himmel mit grauen Wolkenfetzen, klappernde Bäume, jetzt kahl und blattlos –*
> *doch wieder allein:*
> *und fragend in jenes Alleinsein, während ich in die ratternden Wälder wanderte, windgezittert, abseits der Pfade heute, mich selbst verlierend, wie ich es gern tue, dann immer etwas mit meinem Kompaß findend –*
> *aber ins Alleinsein zu wandern, ist es nicht, nicht mit einem Kompaß, der rettend den Weg zeigt –*
> *Margaret sagt, es ist jetzt vier Jahre her, daß ich aufgetaut bin, ein Wort von der Seite, in der Sprache springend – vier Jahre, ja, das kann ungefähr stimmen: 1987 – aber ich habe alles so satt jetzt, habe es satt ein aktuelles Wort zu sein*
> *auch nicht besser, als ein totes oder ein englisches Wort zu sein, das niemand mehr benutzt:*
> *ybunden …*
> *hrimcealde …*
> *Hwæt!*

Die Ereignisse, die schließlich dazu führten, daß ich mich von meinen düsteren Gedanken befreien konnte, begannen mit einem dringenden Anruf von *Destinations,* dem Reisemagazin von *The Globe and Mail,* das es mittlerweile nicht mehr gibt. Es ging um einen eiligen Artikel über ein europäisches Thema.

Ich war mir ziemlich sicher, daß mir etwas einfallen würde. Die Aufträge, die ich bis dahin für *Destinations* erledigt hatte, waren immer interessant gewesen, aber auch von langer Hand geplant. Der Gedanke, mich hinzusetzen und mir sofort eine gute Geschichte auszudenken, nach Europa zu fliegen, wieder zurückzukommen und sie aufzuschreiben, gefiel mir. (Übrigens war ich gerade Fünfzig geworden.)

Das, was *Destinations* von mir erwartete, schien mir eine leichte Aufgabe zu sein. In dem Artikel sollte es um einen europäischen Ort gehen, an dem sich exemplarisch die großen politischen und gesellschaftlichen Veränderungen des betreffenden Kontinents aufzeigen ließen. Als Ziel wählte ich mir Kiew – und der Redakteur war sofort einverstanden. Das zentrale Thema des Textes sollte die berühmte Sophienkathedrale aus dem elften Jahrhundert sein, von der im vorangegangenen Herbst in der Kunstwelt häufig die Rede gewesen war.

Die Kathedrale war Objekt einer heftigen symbolischen Auseinandersetzung zwischen zwei Mächten, die um die moralische Autorität in den Trümmern der postkommunistischen Ukraine kämpften. Die eine Partei bestand aus Bürokraten und Museumsleuten alten Stils, die entschlossen waren, ihren Einfluß auf dieses ausgesprochen historische »Museum« mit seinen wertvollen Mosaiken und Fresken nicht aufzugeben – sie waren sozusagen die Verkörperung des Mikrokosmos, des verhaßten Regimes, das das ukrainische Volk nach dem versuchten Moskauer Staatsstreich vom vorangegangenen Sommer gestürzt hatte. Die andere setzte sich aus ganz normalen Gläubigen sowie den bärtigen, schwarz gekleideten Angehörigen der ukrainischen orthodoxen Kirche zusammen – möglicherweise waren sie bis dahin Mitläufer gewesen, doch nun fanden sie den Mut, den säkularen Autoritäten die Stirn zu bieten. Die zweite Gruppe hatte es sich vorgenommen, die Kathedrale, die unter Stalin säkularisiert und in den dreißiger Jahren beinahe abgerissen worden wäre, um anti-russischen Ansichten entgegenzuwirken, wieder zu einem Haus des Gebets zu machen.

Die Auseinandersetzungen zwischen den beiden Lagern kulminierte im Oktober, als Orthodoxe einen Hungerstreik vor der Kathedrale begannen und einige Museumsvertreter sich ebenfalls ohne Nahrungsmittel in der großen Kirche verschanzten, um die Gläubigen von ihrem Vorhaben abzubringen. Ein gewaltsamer Konflikt wurde durch ein eilig einberufenes Treffen von Kirchen- und Staatsvertretern verhindert, die sich darauf einigten, eine einzige orthodoxe Liturgie in dem Gebäude zuzulassen, auf die eine Ruhephase folgen sollte. Die Frage, was aus der Sophienkathedrale werden sollte, war immer noch nicht geklärt, als ich am 2. Januar 1992 in die Ukraine flog.

Kiew gehört zu jenen alten Stätten christlicher Verehrung – Glastonbury Abbey, Canterbury und Rom sind weitere –, die ich immer gerne besuche. Ihr spirituelles Erbe reicht bis ins zehnte Jahrhundert zurück, als der heidnische Kriegsherr Wladimir beschloß, seine lärmenden Horden ins orthodoxe Christentum einzugliedern. Er marschierte zusammen mit seinen Soldaten und den Bürgern seiner Kiewer Festung zur Großtaufe in den Dnjepr, was bedeutete, daß er sich von nun an als Teil des christlich-römischen Reiches betrachtete.

Heutzutage erscheint es verwunderlich, daß die rauhen Bekehrungen, die so typisch fürs europäische Mittelalter sind, nicht nur dazu führten, daß der Glaube Fuß faßte, sondern daß dieser sogar prächtig gedieh. Auch ich stehe am Ende solcher Bekehrungen, zuerst meiner romanisch-britischen Vorfahren, dann, ein wenig später, meiner angelsächsischen. Die Erklärung für ihre dauerhafte Wirkung liegt meiner Meinung nach in dem, was die Bekehrten für ihre mehr oder minder freiwillige Taufe bekamen: nicht nur das Lob ihres frisch christianisierten Kriegsherrn, sondern auch die abrupte Integration in eine völlig neue, hochstehende Kultur.

Und Wladimirs Bekehrung hatte auch zur Folge, daß Byzanz sich als großzügig erwies: Bibliotheken, Gelehrte und Mönche, Priester für die atemberaubend schönen Riten des Staates und der Kirche, Anwälte und Gesetzeswerke, Vermittler imperialer Manieren und Moral, Schulen und Klöster und Ärzte hielten Einzug ins Land. Doch noch immer galt es, eine Lücke zu füllen. Als Prinz Jaroslaw, Wladimirs kultivierter Erbe, 1019 den Thron bestieg, fand er zwar eine Kultur vor, die auf der byzantinischen aufbaute, aber keine großen Gebäude, die von ihr gezeugt hätten. Also wies der Prinz Architekten aus der Hauptstadt am Bosporus an, eine beeindruckende Kirche nach dem Vorbild der mächtigen Kathedrale der Heiligen Weisheit in Konstantinopel zu erbauen, die der Salbung, Krönung und Beisetzung christlicher slawischer Prinzen würdig wäre. Es entstand die Sophienkathedrale.

Als ich in Kiew ankam, am dritten Tag der ukrainischen Unabhängigkeit, schien die sozialistische Forderung nach öffentlichem Atheismus fast vergessen. Schon vor dem offiziellen Bruch mit Moskau am Neujahrstag drängten die Orthodoxen, die ihren Glauben bis dahin im geheimen praktiziert hatten, in die wenigen Kirchen, die während des Bestehens der Sowjetunion geöffnet gewesen waren, und machten diejenigen, die bis dahin als staatliche Museen gedient hatten, wieder fürs Gebet zugänglich. Orthodoxe Mönche mit schäbigen schwarzen Kutten und langen, zerzausten Haaren tauchten von weiß Gott woher auf und ergriffen Besitz von den alten Klöstern, die Jahrzehnte zuvor von den Kommunisten geschlossen worden waren.

Das konfliktbeladenste Gotteshaus von all jenen Schreinen der ukrainischen orthodoxen Christen und des ukrainischen Nationalstolzes – Kräfte, die auf eine Weise unauflöslich miteinander verbunden sind, die Christen aus dem säkularisierten Westen merkwürdig, vielleicht sogar bedrohlich finden – war die Sophienkathedrale.

Ich hatte erwartet, daß nicht nur die beschriebene Auseinandersetzung, sondern auch die wunderschönen Fresken und Mosaiken der Kathedrale faszinierend sein würden; daß sie mich völlig verwandeln würden, damit hatte ich nicht gerechnet.

*Ich schreibe diese Zeilen in meinem kargen, soziali-
stischen Touristenhotel, nach meinem ersten Tag in der
Sophienkathedrale, die mir von eifrigen Kuratoren gezeigt wurde. Ich finde kaum Worte für die Kirche – ich
laufe in Kiew herum, in einer fremden Stadt, deren
Architektur aus dem neunzehnten Jahrhundert mir in
ihrer Behaglichkeit vertraut ist, auch wenn sie noch so
heruntergekommen wirkt –, aber ich bewege mich auch
in einem lodernden Garten, den die Flammen nicht
auffressen.*

*– alles hier brennt, in diesem lodernden Garten –
die Mosaike und die Steine und der Gips der Kirchen,
die Ikonen, die Gläubigen, die zur Messe hereindrän-
gen, sie alle brennen in jenem grellen Licht und in der
Herrlichkeit – sogar die schäbigen Mönche in ihren
schmutzig schwarzen Kutten, die jungen Mönche mit
ihren schütteren Bärten, die alten heiligen Männer, die
über schlammige Rasenflächen schlurfen, sie alle brennen, glühen wie Kohle –*

*– ich spüre, daß ich Feuer fange; ich kann nichts
berühren, keine Hand und keine Wand, ohne vom
flackernden Feuer dieses Ortes versengt zu werden, von
seiner Heiligkeit –*

Die Sophienkathedrale ist wie ein ganzes Universum im
kleinen: Ihr hemisphärisches Profil erinnert an das Him-
melsrund, während die abgerundeten Ziegelbögen mit den
Fresken, die dreizehn Kuppeln stützen, den nach oben streben-
den Blick sanft wieder zum Boden zurückführen, in die Realität. Der Besucher muß sich hier nicht wie ein Zwerg vorkom-
men, nein, er wird umfangen, von der wenig eindrucksvollen
modernen Vorhalle zu den dämmrigen, von einem ganzen
Wald fester Säulen definierten Gängen hineingezogen, hin zu

der Lichtung in der Mitte, die die Fensterkuppel ganz oben erhellt.

In dieser Lichtung im Zentrum der Welt befindet sich das wunderbarste Kunstwerk, das die Raubzüge der Mongolen und die vierhundert folgenden Jahre der Vernachlässigung überdauert hat: aus zahllosen schimmernden Glasstückchen ein Porträt der Mutter Gottes, die Arme siegreich zum Gebet erhoben.

Beim Anblick dieser gewaltigen Figur in tiefblauem und goldenem Glas wurde mir die erhabene Verbindung bewußt: Pallas Athene, die Schutzherrin der Stadt, das Gesicht erstrahlend vor Kraft, Intelligenz, Liebe, verschmolzen mit der Mutter Gottes, die Erde und Himmel gleichermaßen schützt. Alle architektonischen Details und Ornamente führen das Auge zu dieser jungfräulichen Kriegerin, der personifizierten Weisheit, die Unwissen und Aberglauben weggefegt und alle Feinde im Namen der Freude, der Intelligenz und der Freiheit überwunden hatte.

Ich weiß nicht, ob ich das, was mir in der Sophienkathedrale widerfuhr, als religiöse Erleuchtung bezeichnen soll. Auch andere Menschen, die nicht an einen Gott glauben, berichten von plötzlichen Einsichten und Demut in der Gegenwart großer christlicher Kunstwerke. Aber eins steht fest: Als ich die Schönheit der Sophienkathedrale zum erstenmal sah, rollte eine mächtige Flut gegen den Wall an, den ich um meine Einsamkeit errichtet hatte, und erschütterte ihn in den Grundfesten. Schon einmal hatte die Großmut des Herrn meine selbstgewählte Kleinheit mit ihrer Schönheit, ihrem Wissen und ihrer Gnade duchflutet. Schon einmal hatte ich erfahren, wie schnell die göttliche Majestät einfache weltliche Kompromisse schal und die selbstgewählte Isolation des Depressiven verhaßt erscheinen lassen kann.

Ganz allein auf einem hohen Felsvorsprung über dem Dnjepr dachte ich an einem kalten, sonnigen Nachmittag über das derbe Wunder nach, das Wladimirs Taufe gewirkt hatte.

Ich stellte mir einen Mann vor, mich selbst vor tausend Jahren, der insgeheim an seinen stummen kleinen Götzen und seinem Aberglauben festhielt und zusammen mit Hunderten anderer Männer und Frauen von der Zitadelle den Hügel hinunter, ins Wasser getrieben wurde, um sich von den bärtigen, bis zur Taille im schlammigen Fluß stehenden und Worte in einer Sprache, die der Mann nicht verstand, murmelnden Priestern eintauchen zu lassen.

Dann wurde er von starken Armen wieder aus dem Wasser geholt, zurück an die Sonne. Vielleicht stolperte er nun einfach zum Ufer zurück, im Herzen immer noch Heide, und fragte sich, worum es bei dieser Pflichtübung wohl gegangen war. Erst Jahre später würde er sich der materiellen und intellektuellen Vorteile bewußt werden, die der Eintritt seines Stammesverbandes in die christliche *Romanitas* mit sich gebracht hatte. Doch vermutlich würde er trotzdem die Freude, die der Herr geben kann, nie erleben.

Aber dieser slawische Krieger könnte auch völlig verändert wieder aus den Fluten des Djnepr aufgetaucht sein, sich bewußt darüber, daß ein neues Leben für sein Volk und sein Land beginnen würde. Vielleicht verwirrten ihn die Riten dieser komplexen neuen Religion, vielleicht verstand er die Veränderung, die da in ihm vorgegangen war, noch nicht ganz, aber er war erfüllt von spiritueller Neugier. Möglicherweise kehrte der Bekehrte zu seiner Familie und seinen Freunden zurück, um seine Erlösung dort zu leben und auf die Herrlichkeit von Kunst, Kultur und Architektur zu warten – auf die Offenbarung jener größeren Herrlichkeit, die er im funkelnden Sonnenlicht auf dem Wasser erblickt hatte.

Nach Jahren der Distanzierung von mir selbst und der Selbstisolation wollte ich plötzlich der zweite dieser gedachten Bekehrten sein, der Mann, der das Spiegelbild des Herrn in den Wassern der Taufe erblickte und danach nie müde wurde, nach dem Ursprung zu suchen. Doch wenn das nicht ginge, würde ich mich auch mit der Rolle des anderen Mannes zufriedengeben und weiter blind und voller Sehnsucht weitertasten.

Aber, das erkannte ich nun, meine Depression hinderte mich

daran, einer dieser beiden Männer zu werden. Jedenfalls wurde mir klar, daß ich nun mit meiner langsamen Bekehrung beginnen mußte, mit der allmählichen Taufe meiner Seele, so daß ich die Liebe wiederentdecken konnte, in den Wassern meiner Heimat.

Januar 1992
nachweihnachtliches Kiew

das lebende Dogma, das flammende Brot, die morali-sche *Schönheit – ich habe das alles mit eigenen Augen gesehen und gelebt –*

ich habe die Hinweise gesehen, muß sie gesehen haben, die Spuren oder Fragmente, in den Scherben eines zerbrochenen Spiegels, mein ganzes Leben lang, sonst hätte ich sie hier nicht erkannt – die Schönheit des Herrn, in Fragmente zerschmettert, vielleicht für uns: Denn wir könnten es nicht ertragen, den Blick ständig auf einen solchen Schmelzofen zu richten –

und doch habe ich sie auch in dem haarigen Wesen aus Fleisch und Blut gesehen, das ich bin, sexuell und ursprünglich, und darf es noch erleben, das zu schreiben denn Gott hat die Welt so sehr geliebt, daß er sei-nen Sohn mit ihrem Haar und ihrem Fleisch kleidete – das zu hören und zu sehen, wie ich es in Kiew getan habe, heißt, verkörpert zu sein, geschaffen, genau wie ich, die sexuelle, emotionale Washeit.

die Vision verbietet den Haß auf die Begierde, den Körper, wie er ist. Keine Gefahr: »Denn wir wissen, daß nichts uns trennen kann von der Liebe, die Jesus Christus ist.«

die Vision verbietet den Haß des spröden Bißchens, das hier sitzt und darüber schreibt, von Ihr die Vision entfaltet sich und enfaltet sich und entfaltet sich noch einmal; die heilige Maria öffnet sich mir, nach-sichtig, unendlich nachsichtig –

Am Ende meines Besuches in Kiew war ich wütend. So lange ich mich erinnern konnte, hatte die Depression mir jede menschliche Freude, sogar die an der verschwenderischen Pracht großer Kunst und Musik und der Natur selbst, verdorben.

Ich hatte gelernt, ohne die meisten dieser Freuden zu leben. Ich konnte kein Gärtner sein, weil ich die Schönheit der Blumen nicht empfand; ich konnte mich nicht am Nachthimmel erfreuen. Sogar meine Wanderungen durch die Wälder rund um Berlin – näher war ich der Freude vermutlich nie gewesen – wurden oft verdorben durch meine Ressentiments, die Erinnerung an längst vergangene Verletzungen, das Netz der Böswilligkeit und Verschwörung, das ich um mich herumgesponnen hatte. Aber das große Bild in der Sophienkathedrale hatte mich an eine Schönheit erinnert, die kein Haß, weder auf Erden noch in der Hölle, besiegen oder verwässern kann. Dort, an den Ufern des Djnepr, schwor ich, mit allen mir zu Verfügung stehenden Mitteln, notfalls bis zum Tod, gegen die schwarzen Hunde zu kämpfen.

Als ich wieder in Toronto war, verwandelte sich meine Wut in theatralisches Getue. Ich war bereit – oder bildete mir das zumindest ein –, alles zu tun: Ich würde fasten, eine Pilgerfahrt machen, beten und meditieren, nur eines nicht – die Erinnerung an und die Erfahrung jener Schönheit aufgeben, der ich in Kiew begegnet war.

Ich beschloß, mich nach einer langen Zeit der Abwesenheit wieder an Dr. Rosen zu wenden und zu tun, was ich noch nie zuvor getan hatte: Ich würde ihm ein Ultimatum stellen. Falls es überhaupt eine Behandlungsmöglichkeit für meine tiefe, andauernde Anhedonie gab, erklärte ich ihm – egal, wie radikal und erschreckend oder unerforscht diese Behandlungsmethode auch sein mochte –, würde ich sie ausprobieren: Hydrotherapie, eine Diät aus Sprossen und Körnern, Elektroschocks, die geschlossene Abteilung, Medikamente. Ich wußte, daß die Krankheit, die mich meiner Fähigkeit, Freude zu empfinden, beraubte, möglicherweise unheilbar war oder sich nicht behandeln ließ.

Trotzdem beschloß ich, dagegen anzukämpfen, auch außerhalb der Therapie, wenn es sein mußte. Wenn Sie nichts tun können, sagte ich zu Dr. Rosen, komme ich nicht wieder. Dann werde ich von einem Arzt, Psychiater, Geistheiler, Akupunkteur, Pyramidologen zum nächsten gehen, bis ich jemanden finde, der in der Lage ist, mir die Mittel zu geben, mit denen ich meine Verzweiflung ein bißchen länger und ein bißchen besser im Zaum halten kann.

Nach diesem melodramatischen Auftritt, den mein Psychiater wie üblich schweigend und auch ein bißchen geistesabwesend hinnahm, sagte er, er würde mich nun wieder in wöchentlichem Turnus erwarten. Dann schrieb er ein Rezept aus und reichte es mir mit den Worten: Probieren Sie das.

Wäre ich ein verantwortungsvoller Depressiver und hinsichtlich der Forschungslage auf dem laufenden gewesen, hätte ich Zeitschriften oder die Artikel zu dem Thema in meiner eigenen Zeitung gelesen oder gelegentlich ferngesehen, dann hätte ich gewußt, daß die grün-cremefarbenen Kapseln, die der Apotheker mir gab, Prozac enthielten. Soweit ich mich erinnere, las ich das Wort auf dem Arzneimittelfläschchen an jenem Morgen Anfang 1992 zum erstenmal.

2. Februar 1992

– in Kontemplation auf das Gute (die natürliche Tugend):
»darauf seid bedacht!« schreibt Paulus (im Brief an die Philipper, Kap. 4, Vers 8) –

alēthē	*das Tatsächliche, Wahre, Unverborgene*
semna	*das Ehrwürdige, Ernste, Würdevolle*
dikaia	*das Richtige*
agna	*das Heilige, Reine, Unverschmutzte*
prosfilē	*das Angenehme, Schöne*
eufēma	*das Wohlklingende*
arete kai epainos	*das Tugendhafte, Empfohlene.*

vielleicht werde ich jetzt in der Lage sein, über diese
Dinge nachzudenken, mein ganzes Streben jetzt, alles
wonach mein Herz sich sehnt, auf seinem Wanderweg
über die grünen Hügel

An einem bitterkalten, verschneiten Februarmorgen im Jahre
1992 schluckte ich meine ersten vierzig Milligramm Prozac. In
den folgenden Tagen spürte ich überhaupt nichts, weder etwas
Gutes noch etwas Schlechtes. Von den leichten Nebenwirkungen, vor denen Dr. Rosen mich gewarnt hatte – Kopfschmerzen,
trockener Mund und so weiter, die sich normalerweise in den
ersten Wochen einer Behandlung mit Antidepressiva einstellen –,
blieb ich verschont. Doch ich erlebte auch keine sofortige Besserung meiner Laune.

Nach etwas mehr als einer Woche dann fing ich plötzlich zu
jubilieren an. Was übrigens etwas anderes ist, als ganz allmählich
fröhlicher zu werden. Ich wachte einfach eines Tages um fünf
Uhr, also ganz normal, auf, zog die alte Kleidung an, die ich
trage, wenn ich zu Hause schreibe, stolperte hinauf in die Küche
und begann mit den Aufgaben des Tages – ich machte mir den
ersten Cappuccino des Morgens und wärmte einen Blaubeer-
Muffin in der Mikrowelle, als ich plötzlich merkte, daß es reg-
nete. Es war ein kalter, windiger Winterregen, der auf das große
Glasoberlicht über dem oberen Stockwerk unseres Loft prasselte
– bis dahin hatte ich das Geräusch entweder nicht wahrgenommen oder nicht leiden können. Jetzt jedoch fand ich es schöner
als jedes andere natürliche Geräusch, das ich je vernommen
hatte. Der Nordwind, der an den Fensterscheiben rüttelte, die
kalten Tropfen, die durch die Dunkelheit auf das Glasoberlicht
über der Küche trafen, waren für mich nun so etwas wie eine
Sinfonie, in der alle Elemente zueinander paßten und einander
ergänzten.

Der Klang war so schön, daß ich hinunterlief, meine Frau auf-
weckte und ihr sagte, sie solle sich anziehen und sich den Regen
anhören. Margaret, die immer schon ein Morgenmuffel gewesen

ist, drehte sich um, zog die Decke bis zum Kinn hoch und schlief wieder ein. Also mußte ich der Musik des Regens allein lauschen – ich tat es stundenlang auf dem Sofa unter dem Oberlicht liegend, bis schließlich die Morgendämmerung hereinbrach und die Regenschauer nachließen.

Diese Euphorie, die am Anfang einer jeden Behandlung mit Antidepressiva eintritt, war wahrscheinlich nicht gut für mich. Bestimmt jedoch war sie nicht gut für meine Frau, die drohte, meinen ganzen Vorrat in die Toilette zu kippen, wenn ich nicht aufhörte, über jedes kleine Vergnügen zu jubilieren, das ich fand.

Zum Glück für meine Ehe dauerte diese Hochstimmung nur ein paar Wochen und ließ dann allmählich nach. Nach etwa einem Monat begann das Medikament ungefähr so zu wirken, wie es nach Angaben der Literatur bei chronisch Depressiven wirken sollte: Es nahm dem emotionalen Pendel ein wenig den Schwung, weckte die Fähigkeit, sich an ganz normalen Dingen zu freuen und – das war das allerwichtigste – es sorgte dafür, daß die zuvor scheinbar bodenlose Verzweiflung endlich einen Boden bekam. Prozac hatte mir die Freude am frühmorgendlichen Regen auf dem Oberlicht geschenkt. Es hatte mir auch genug innere Ruhe gegeben, um Freude an den Gebeten und Texten der Kirche am Tagesanfang und -ende zu finden, an jenen einfachen, schönen christlichen Akten also, die mich überhaupt erst dazu gebracht hatten, Zuflucht in der Chemie zu suchen.

Eine ganze Weile schaffte es Prozac, mich von dem Gefühl zu befreien, ich sei eine Beute: Die schwarzen Hunde zogen in jenem Frühjahr und Frühsommer des Jahres 1992 anderswo ihre Kreise, obwohl ich jederzeit mit ihrer Rückkehr rechnete. Monatelang wachte ich auf und war in der Lage, das Sonnenlicht zu bewundern, das durch ein kaltes Fenster auf scharlachrote Hibiskusblüten fiel; ich war bereit, all jene Schönheiten zu hören und zu fühlen, die mir so lange versagt gewesen waren.

Der Teufelskreis aus Ressentiments, Groll und bösartigen

Ängsten, die Depressiven ständig im Kopf herumwirbeln, das ekelhafte Verweilen bei winzigen Irritationen und Verletzungen, das in den vorangegangenen vier Jahren Stunden und Tage meines Lebens völlig in Anspruch genommen hatte, all das ließ nach und hörte dann ganz auf. An seine Stelle traten angenehme Dinge, die ich bis dahin nur für ein Gerücht gehalten hatte: die Freude über das Knistern eines Oberbetts, das kurz vor dem Schlafengehen ausgeschüttelt wird, oder das Geräusch von Schaufel und Harke im harten Frühlingsboden.

30. Mai 1992

Spät beginne ich, einen Garten anzulegen, spät beginne ich, darüber zu schreiben in meinem ersten Gartentagebuch, spät im Leben – aber heute war schön und genau richtig: Ich habe die schweren Holzkästen fertig, die Erde eingefüllt und bei heftigem Regen zum erstenmal gepflanzt.

Ideen verschwinden vor den Tatsachen,

Pläne bleiben zurück, wenn die Fakten sich verschwören, um sie irrelevant zu machen

Erde und Wasser und schwache, häßliche kleine grüne Dinge wanderten in den Holzkasten, die Dinge, die in den Gartenbüchern so schön aussehen; vielleicht werden sie es auch sein, bevor der Sommer zu Ende geht. Sie sind etwas sehr Heimeliges, die prallen Kästen mit durchweichtem Pseudoschmutz, durchsetzt mit schlaffen Zweigen. Schon merkwürdig, wie wenig man glauben kann, daß sich irgend etwas davon in etwas Schönes verwandeln wird.

Aber heute saß der erste Besucher auf der frisch gepflanzten Birke: ein Spatz, der Proletarier unter den Vögeln, aber immerhin ein Vogel; und deswegen willkommen an diesem geheimen Ort über den Dächern der Stadt.

Meine frühesten Erfahrungen mit Prozac brachten, obwohl merkwürdig und neu, nicht jene Art von Neugierde (eine pedantische, mikroskopische, technische Neugierde), mit der ich mich normalerweise meinen Hobbys oder privaten Unternehmungen zuwende.

Ich persönlich wußte nichts über Psychopharmaka, da ich vor dem Versuch mit Prozac noch nie solche Mittel genommen hatte. (Dr. Rosen war immer der Meinung gewesen, daß die Nebenwirkungen der vor Prozac üblichen Antidepressiva schlimmer seien als die Depression selbst.) Folglich hatte ich mich auch nicht für Medikamente interessiert, nicht einmal für diejenigen, die ich schon seit Jahren gegen meinen Bluthochdruck nahm. Aber am chronischen Bluthochdruck ist ja auch nichts Greifbares, experimentell Reales. Er hat nichts, was den Betroffenen neugierig machen müßte. Das Bewußtsein registriert die Symptome stark erhöhten Blutdrucks erst dann, wenn dieser bedrohlich wird; es bekommt auch nichts davon mit, wenn die Gefäße sich weiten und der Blutdruck sinkt.

Im Gegensatz dazu ist ein Depressionsschub immer etwas Schreckliches. Egal, ob leicht und allmählich oder drastisch schnell: die Wirkung ist immer die gleiche – der Verlust der Lebensfreude, die Unterwanderung des Lebenswillens und des Bedürfnisses zu lieben oder auf Liebe zu reagieren. Und egal auch, ob die Erleichterung abrupt kommt oder nicht: Das genaue Timing und der Auslöser bleiben rätselhaft.

Doch jetzt sollte ich feststellen, daß der Depression so etwas wie eine verdächtige Magie innewohnt, wenn der Rückzug der schwarzen Hunde – Staunen – fast sofort beginnt, nachdem man zwei winzige, teuere Kapseln geschluckt hat. Obwohl diese allmorgendlichen Kapseln genau jene Wirkung haben sollten, hätte ich dies nicht für möglich gehalten, bevor ich sie selbst erlebte. Zum erstenmal in meiner Laufbahn als Depressiver entwickelte ich Neugierde auf mein liederliches Innenleben und die seltsamen Vorgänge, die sich jetzt darin abspielten.

Hochsommer, spät dieses Jahr – aber die grünen Dinge haben alles getan, was sie tun sollten, und jetzt sitze ich inmitten hübscher weißer und blauer und veilchenfar-bener Blüten, betrachte die verschiedenen Grüntöne der Bäume, Büsche, Kriechpflanzen, prächtigen Reben und denke an genius loci.

Die Veranda: Planken über einem Dach, darunter mein Arbeitszimmer voller Bücher, und darunter unser Schlafzimmer, auf einem Teppich, auf Beton, und Beton über dem alten Lehmbett des Lake Iroquois, der austrocknete, als die Oberfläche der riesigen eiszeit-lichen Pfütze absank und zum Lake Ontario wurde.

Eine glatte Verandaoberfläche, und gleichzeitig der Abschluß des Daches, das sich in Richtung Süden über das alte Seebett öffnet, welches man jetzt nicht mehr se-hen kann, weil die Stadt die Flüsse und Bäche unter sich begraben, die Wälder abgeholzt, die Bären und Hirsche nach Norden vertrieben hat.

Eine Weile war das hier ein Feld gewesen, dann, etwa 1912, kamen die kleinen Häuser meiner Straße und bedeckten mit einemmal die Ebene, bis auf ein freistehendes Grundstück, wo eine Werkzeugfabrik er-richtet wurde, in der ich heute wohne. In dieser Fabrik wurden Dinge hergestellt bis zu dem Zeitpunkt, als diese nicht mehr in Toronto produziert wurden, und das heruntergekommene Gebäude wurde eingenom-men von den Machern der Information – Worte, Bil-der, architektonische Formen, dieses Tagebuch, der ver-gängliche Stoff der Kultur

eingenommen von uns.

Genius loci: *Eine Veranda, die gleichzeitig ein Dach ist, geheimes Baumhaus, dachloses Belvedere, offen für Sterne und Himmel; eine Erinnerung an die Lichtun-*

gen, die sich hier vor noch nicht zweihundert Jahren im
Wald auftaten. Oben: Das veränderlichste Wetter der
Welt, das ständig vom weltumfassenden Wind, dem Jet-
stream, gewandelt wird. Unten: meine Brüstung und
der Garten. Innen: Kain, der gefallene Mann, der nicht
ganz freiwillige Gärtner, der zum Kultivieren gezwun-
gen wird. Abraham Cowley: »Gott schuf den ersten
Garten und die erste Stadt, Kain . . . «

Aber mein Garten ist in gewisser Hinsicht ein
Widerspruch zur Stadt. Das Gebäude eines negativen
Altars, ein Raum in dem Hain der Kultur, der selbst
eine Art Kultur ist, allerdings mit einem Unter-
schied – daß er das Licht und die Witterung und das
Gewicht der Luftfeuchtigkeit nicht aussperrt, wie
moderne Gebäude es tun. Die Stadt ist zahm; der Gar-
ten muß wild sein, versteckt, ein Schnitt durch die
Utopie des Urbanen, dieses Babel, das wir bauen, weil
wir Angst haben . . .

Die Abneigung, mich mit meiner Störung zu beschäftigen, hatte
mich daran gehindert, mir Bücher darüber zu besorgen, obwohl
die »Psychologie«-Regale in den Buchhandlungen voll davon zu
sein schienen. Noch stärker allerdings schreckte mich das ab, was
in den Büchern stand. Nachdem ich ein paar Selbsthilfebücher
gelesen hatte, gerade genug, um mir eine halbwegs vernünftige
Meinung bilden zu können, gelangte ich zu dem Schluß, daß sie
offenbar von drei unterschiedlichen Menschenkategorien verfaßt wurden.

Die erste, wahrscheinlich größte Gruppe, war die der Scharla-
tane, die es ausschließlich darauf abgesehen hatten, den Opfern
der Depression das Geld aus der Tasche zu ziehen.

Zur zweiten gehören, wie ich meine, meist halbwegs wohl-
meinende Menschen, die irgend jemand davon überzeugt hat,
daß ihre »Einsichten« oder »Techniken« etwas völlig Neues,
Wunderbares und möglicherweise Hilfreiches für die Scharen

der Depressionsgeplagten sind. Da diese Autoren nichts über die Verwurzelung der Depression im Ich, in der Psyche und der Sprache wissen, da sie nichts vom Widerstand der Depression gegen fröhliche Gespräche ahnen und den Depressiven die oft furchteinflößenden medikamentösen Behandlungen ersparen wollen, können sie nicht helfen; allerdings richten sie im allgemeinen auch keinen großen Schaden an.

Vielleicht gelingt es ihnen durch ihre Bücher sogar, ein paar melancholische, niedergeschlagene Leser wieder auf den Pfad der Besserung zu bringen. Die einzigen, denen solche Bücher schaden, sind chronisch Depressive, die sich noch nicht über die Dauerhaftigkeit ihres Leidens klar sind. Der Schaden besteht darin, daß solche Autoren falsche Hoffnungen wecken – normalerweise auf ziemlich herablassende Weise; denn welcher Depressive würde schon ein Buch von jemandem lesen, der zugibt, einsam, verzweifelt und ohne Liebe zu sein? Der Schaden, den solche Bücher anrichten, wird nie bekannt werden; die PR-Leute wählen für einen Bericht über eine wundersame Heilung nicht die Menschen aus, die die Götter im Stich gelassen haben.

Die dritte und bei weitem gefährlichste Gruppe von Selbsthilfeautoren sind die Psychiater und Psychologen, die sich der Schriftstellerei zugewandt haben oder – soweit ich weiß, ist das eher die Regel als die Ausnahme – einen Ghostwriter anheuern, der die Bücher für sie verfaßt. Ihre akademischen Würden sowie ihr anspruchsvoller Stil verleihen ihren Texten Gewicht bei gebildeten Depressiven, die sich sonst nicht solchen Büchern zuwenden würden.

Besonders die zahlreichen Hinweise dieser Ärzte auf klinische Erfahrungen besitzen Autorität; sie klingen wahr. Diese Ärzte erheben den Anspruch, keine billigen Selbsthilfebücher zu schreiben, keine modischen Lifestyle-Ratgeber, sondern eine Wahrheit zu verkünden, die die dunklen Wolken der Angst vertreibt.

5. September 1992

ein perfekter Spätsommertag – klarer, strahlend blauer
Himmel, die Sonne warm auf meinem Gesicht, auch
wenn die Luft allmählich kühl wird – der erste Tag seit
Wochen, an dem ich in den Wäldern spazierengegan-
gen bin, auf abgelegenen Wegen –
*   – der Anfang eines Pfades durch die Wälder, Bäume,*
die ein Dach über mir bilden, überall gelbe, blaue und
goldene Wildblumen, rote Äpfel an wilden Bäumen
am Rande von Feldern, all das sehnlicher vermißt, als
ich es je gedacht hätte –

Meine Beschäftigung mit Prozac begann damit, daß ich in die
ernste Literatur eintauchte, die für die meisten Laien zugänglich
ist, nämlich die Standardkompendien in den Regalen der Bibliotheken, Abhandlungen über Melancholie und Depression und
verwandte Störungen sowie ihre kulturellen Ausprägungen.

Meine erste Reaktion auf diese Lektüre war Verwunderung,
nicht über irgendwelche chemischen oder psychiatrischen Sach-
verhalte, sondern über die Vielfalt im Ausdruck, die das Englische dem Wissenschaftler eröffnet, um Unsicherheiten, Zweifel
und Vorbehalte zu formulieren, wenn er sich nicht auf Fakten
festlegen, aber gleichzeitig die Wahrheit für sich beanspruchen
möchte.

Kein Zeitungsreporter käme mit so einer Taktik ungestraft
davon. Man fragt sich, wie Verfasser von medizinischen Handbüchern mit einer ganz normalen redaktionellen Bearbeitung
gerade der Ausdrücke zurechtkämen, die für ihr Handwerk unerläßlich erscheinen – nämlich die schwer zu greifenden kleinen
Modifikatoren »vielleicht« und »angeblich«. Außerdem verwässern sie die eigentliche Bedeutung durch geschickte grammatika-
lische Konstruktionen, wobei häufig aktive Verben im konjunk-
tivischen Modus verwendet werden. Solche Tricks erlauben es
ihnen, ihre Ansicht mit Nachdruck vorzutragen, aber gleichzei-

217

tig die Möglichkeit offen zu lassen, daß ihre Behauptungen null und nichtig sein könnten.

Denn obwohl Prozac eine experimentell nachweisbare Wirkung auf den Körper hat, ist nicht klar, warum oder wie es die Stimmung beeinflußt, in der besagter Körper sich befindet. Die Fachliteratur zu Prozac (die Arzneistoff-Verbindung ist Fluoxetin-Hydrochlorid) und Serotonin (die Zielsubstanz im neuronalen Netzwerk, auf das Fluoxetin wirkt) ist ein dichter Sumpf aus »Vielleicht«-Phrasen.

Diese Vorbehalte sind alles andere als neu. Zwar hat die neueste Generation von Antidepressiva in Diskussionen vorsichtige Zustimmung gefunden, aber in den Thesenpapieren zu einem internationalen Symposion der London Royal Society of Medicine zu dem Thema aus dem Jahre 1981[23] – um nur eine der Veranstaltungen zu zitieren, die im Jahrzehnt vor 1987, also bevor Prozac auf den Markt kam, stattfanden – ist eine gewisse Verwirrung zu spüren. Die anwesenden Forscher gaben zu, Probleme bei der Feststellung »einer kausalen Verbindung zwischen Defekten im Serotonin-Transportsystem und der Depression« zu haben. Verständlicherweise rangen sie die Hände wegen der Widersprüche zwischen den euphorischen Berichten Depressiver, die an Fluoxetin-Experimenten teilnahmen, und den »widersprüchlichen und schwer interpretierbaren« Labordaten.

Etwa fünfzehn Jahre später und acht Jahre nach Prozacs kometenhaftem Aufstieg ist das Rätsel der Wirkung von Fluoxetin noch immer nicht gelöst. In der Ausgabe der *Pharmacological Basis of Therapeutics* von 1992[24], einem der unentbehrlichen Lehrbücher für Medizinstudenten, heißt es kategorisch, »die Neurotransmitterhypothese der affektiven Störungen« bliebe weiterhin eine Hypothese. Die Daten seien in sich nicht schlüssig und weder diagnostisch noch therapeutisch durchgehend von Nutzen.

Noch mehr Zweifel hinsichtlich der Kausalität schwingen in der vierten Auflage des von der American Psychiatric Association herausgegebenen *Diagnostic und Statistical Manual of Mental*

Disorders von 1994 mit. Hier heißt es, zu den Neurotransmittern, »die pathobiochemisch an einer Episode einer Major Depression beteiligt sind«, werde auch Serotonin gerechnet, »wofür Untersuchungen der Konzentration im Blut, Liquor und Urin sowie Untersuchungen von Lymphozytrezeptoren sprechen«.[25] Allerdings gehen die Verfasser auf Nummer Sicher und erklären später, daß »keine Laborergebnisse« auf eine direkte Verbindung zwischen Prozac und einer Linderung schwerer Depressionen hinweisen. Auch der Pharma-Gigant Eli Lilly wagt sich in seiner in winziger Schrift verfaßten Broschüre für Apotheken nur bis zu der Behauptung vor, daß »die antidepressive Wirkung von Fluoxetin vermutlich mit der Hemmung der Serotonin-Aufnahme durch das zentrale Nervensystem zusammenhängt.«[26]

23. Oktober 1992

ein schöner, sonniger Nachmittag voll goldenem Herbstlicht

perfekt für das, was ich erledigen muß: die letzten, verblühten Zeugen meines Sommergartens herausreißen, die mehrjährigen Pflanzen zurückschneiden, den Wassergarten reinigen, die Goldfische ins Haus bringen –

ich habe den Eindruck, daß ziemlich viele von den Blumen, die ich gepflanzt habe, verschwunden sind, aber schließlich muß ich auch noch so viel über all diese Dinge lernen –

darüber und über die Blüten in meinem Kopf, über die Chemie, mit der ich mich möglicherweise in diesem Winter weiter beschäftigen werde – es gibt Interessanteres zu tun: die Werkzeuge zurechtlegen, die Mulchmenge berechnen, die ich für das kommende Frühjahr kaufen muß, Muster für die Dinge entwerfen, die ich in dem winzigen Bereich auf der Veranda ausprobieren möchte –

ein trauriger Tag in all seiner zärtlichen Schönheit
und kühlen, entschlossenen Glückseligkeit – denn dies
ist etwas, was ich schon immer habe machen wollen,
diese Gartenarbeit – erst jetzt »bin ich dazu gekom-
men«, wie der Lügner in mir früher gesagt hätte – ich
hatte nie Zeit dafür, wegen meiner endlosen Depressio-
nen, wäre die wahrhaftigere Formulierung –
   die Nacht bricht schnell herein; es wird schon früh
dunkel: leuchtende elektrische Stürme knistern im We-
sten, heftige Regenschauer, die sich auf ruhigen herbst-
lichen Schlaf ergießen –

Als ich den dichten Dschungel der »Vielleicht« -Sprache hinter
mir ließ und wieder die Lichtung der Gewißheiten betrat, stellte
ich fest, daß zumindest so viel stimmt: Fluoxetin beeinflußt
nachweislich den körpereigenen Stoff Serotonin (das ist die
kurze Bezeichnung für die chemische Verbindung 5-Hydroxy-
tryptamin). Dieser Stoff, der aus den Speichern am Ende der
Nervenfasern freigesetzt und in die Synapsen zwischen den
Nervenzellen ausgeschüttet wird, findet sich in unterschiedlich
hohen Konzentrationen im ganzen Körper. (Er existiert übrigens
in allen Lebewesen, die ein Nervensystem besitzen, sogar in
Blutegeln, die seinetwegen einen so großen Appetit auf Blut
haben.)
   Serotonin wurde in Blutproben entdeckt, und zwar schon
mehr als ein Jahrzehnt vor 1948. Erst in diesem Jahr allerdings
bestimmten Forscher aus Cleveland seine chemische Struktur
und gaben ihm seinen Namen – eine Kombination aus den Worten Serum (der Teil des Blutes, in dem das Serotonin entdeckt
wurde) und Tonus (das ist die Spannung, die das Serotonin in
Blutgefäßen und Muskulatur in der Auskleidung von Hohl-
organen wie zum Beispiel der Lunge oder dem Darmbereich
erzeugt).
   Schon kurz nach seiner Isolation aus dem Blutserum und seiner chemischen Analyse wurde nachgewiesen, daß das Seroto-

nin auf die Nervensynapsen im Gehirn wirkt. Das war keine sonderlich große Überraschung, aber es bedeutete die empirische Bestätigung eines Modells der Nerventätigkeit, das der Engländer Sir Henry Dale und ein österreichischer Wissenschaftler namens Otto Loewi in den dreißiger Jahren entwickelt hatten.

Das Dale-Loewi-Modell erschien mir auf interessante Weise altmodisch. Von der Antike bis zur Mitte des letzten Jahrhunderts glaubten Anatomen, daß Körperinformationen durch »feine Flüssigkeiten« transportiert würden. Sogar Luigi Galvani, der in den neunziger Jahren des achtzehnten Jahrhunderts nach seinen berühmten Frosch-Experimenten verkündete, er habe die sogenannte »tierische Elektrizität« entdeckt, meinte noch, über eine neue Art von Flüssigkeit zu sprechen.[27]

Erst Mitte des neunzehnten Jahrhunderts, als man immer tiefere Einblicke in das Wesen der Elektrizität gewann, zogen die Physiologen einen Schlußstrich unter die alten Lehren. Die Nerven verrichteten ihre Arbeit, so die Viktorianer, nicht mit Hilfe von »feinen Flüssigkeiten«, sondern durch »Nervenkraft«, die der Elektrizität analog, wenn nicht sogar identisch mit ihr war. »Es wurde zum Gemeinplatz«, schreibt ein Historiker der Nervenheilkunde, »die graue Materie des Gehirns, die Nervenkraft generierte, mit einer voltaischen Batterie zu vergleichen, die Elektrizität erzeugte. Die Nervenfasern übernahmen dabei die Aufgabe der elektrischen Drähte und leiteten die Energie durch den Körper.« Noch in der Zeit Edwards glaubten die Ärzte, daß Depressive ihre fehlende »Nervenenergie« zurückerhielten, wenn ihr Körper mit Elektrizität behandelt würde.

Doch Dale und Loewi waren anderer Meinung. Die wesentliche Transaktion in dem komplizierten Übertragungssystem des Körpers, das meine Finger dazu bringt, diese Worte zu schreiben, Ihre Hände, das vorliegende Buch zu halten und Ihre Augen, den gedruckten Zeilen zu folgen, ist keineswegs elektrisch, sondern chemisch – es geht dabei um Flüssigkeiten. Tatsächlich haben unsere Bewegungen und Verhaltensweisen etwas mit Elektrizität zu tun, allerdings nur *innerhalb* der Nervenzelle. Durch diese inneren lokalen Strömchen wird die Erregung über die Nervenfasern fortgeleitet. Am Faserende veranlaßt sie die Freisetzung winziger Chemiepakete, der sogenannten Neurotransmitter, deren Moleküle dann durch den winzigen Spalt zwischen den Nerven diffundieren.

Einfach ausgedrückt: Die Botschaft ist dann überbracht, wenn diese Moleküle die Rezeptoren am aufnehmenden Ende des nächsten Nervs berühren. Wenn sie ihre Arbeit erledigt haben, werden manche dieser Moleküle durch in den Synapsen befindliche Enzyme inaktiviert, während der Rest wieder von der aussendenden Zelle aufgenommen und dort von Enzymen zerstört wird – all das geschieht, um Erregungsübertragung genau unter Kontrolle zu halten. Die Signale, die die Muskelkontraktionen verursachen, welche ihrererseits wieder zu den Buchstaben auf meinem Computer-Monitor führen, werden daran gehindert, mich dazu zu bringen, daß ich das Wort »Monitor« Tausende von Malen tippe, bis ich völlig erschöpft umfalle.

Für die Entdeckung dieses Mechanismus erhielten Dale und Loewi 1936 gemeinsam den Nobelpreis, fast zwanzig Jahre bevor die Botenstoffe selbst isoliert und benannt wurden. Wissenschaftler, die sich mit Körper und Gehirn beschäftigen, sind sich mittlerweile darüber einig, daß Serotonin einer von mehreren Neurotransmittern ist, die unzählige Botengänge erledigen müssen, damit Körper und Geist richtig funktionieren.

16. Dezember 1992

weicher Schnee jetzt draußen im Morgengrauen, vor noch nicht ganz einer Stunde, als ich in der Dunkelheit erwachte

Advent, in der althergebrachten Jahresstruktur der Kirche – die Zeit des ersten Schnees, der gefürchteten Hektik vor Weihnachten, danach die abrupte Stille nach dem Fest und Frieden im Lesen der täglichen

Gebete und Psalmen, die alten Lieder der Weihnachts-
zeit –
auf der Veranda, im Garten: die letzten Reste der
sommerlichen Chrysanthemen zerdrückt unter dem
Schnee, verblühte Klematisranken hängen traurig
unter seinem Gewicht durch, und ich habe mich um
nichts gekümmert, die Arbeit für spätere Zeiten liegen
lassen, wann diese auch immer kommen mögen, falls
sie überhaupt kommen –
der winterliche Garten ist auf seine Weise nicht
weniger schön als der sommerliche – alles lebt, zurück-
gezogen in seinem Versteck, zusammen mit Gott ver-
borgen unter der kalten Schneedecke –
es ist jetzt ein Jahr her, daß mir der Gedanke kam,
nach Kiew zu fahren, und ich bin tatsächlich gefahren,
in jenes Rätsel, das ich immer noch nicht ganz verstehe,
sein wunderbarer Glanz und seine Herrlichkeit –
königliche Freuden des Vorjahrs, zum Teil um ihrer
selbst willen genossen, zum Teil auch wegen der
Distanz, die sie zwischen mir und der modernen Tech-
nologie schufen, der Wurzellosigkeit, die ich kenne, die
Gott weiß in seinem Un-werden, die die schlafende
Klematis auf der Veranda nicht kennt, weil sie im
Boden *verwurzelt ist –*

Die gute Nachricht für die Pharmaindustrie kam Anfang der
sechziger Jahre, als Hirnforscher feststellten, daß Menschen, die
unter Depressionen oder Zwangsneurosen leiden, weniger Serotonin in den Synapsen haben als Menschen ohne solche Störungen. Schon bald machten sich die Labors daran, das Wissen um
die augenscheinliche Verbindung zwischen Serotonin-Mangel
im Gehirn und unmotivierten Tränen beziehungsweise Selbstmordgedanken oder mangelnder Lebensfreude, unter denen
zahllose Menschen litten, wissenschaftlich aufzuarbeiten.
Milliarden von Dollars wurden in die Suche nach der psycho-

aktiven Pille gesteckt, die alle anderen Pillen unnötig machen sollte. 1972 gewann Eli Lilly, ein Unternehmen aus Indianapolis, das Rennen mit einer Substanz, die die Forscher Fluoxetin nannten (die exakte chemische Bezeichnung lautet *(±)N-methyl-3-phenyl-3-[(∂, ∂, ∂-trifluro-p-tolyl)-oxy]-propylamin Hydrochlorid)*. Die Bedeutung von Fluoxetin für die Behandlung von psychischen Erkrankungen besteht in seiner Fähigkeit, die Serotonin-Menge an den Verbindungsstellen zwischen den Neuronen zu erhöhen, ohne dabei andere Neurotransmitter bei ihrer Arbeit zu beeinflussen. Das geschieht, indem die Tendenz des Neurons, das ausgeschüttete Serotonin wieder aufzunehmen und zu inaktivieren, gehemmt wird. Wenn diese Hemmung funktioniert, fühlt sich der Betroffene besser. Keiner weiß warum.

Mitte der achtziger Jahre hatte Fluoxetin erfolgreich die von der amerikanischen Regierung vorgeschriebenen Tier- und Menschenversuche durchlaufen und die Erwartungen in mehrfacher Hinsicht übertroffen. Es hemmte nicht nur wie vorhergesagt die Wiederaufnahme des Serotonin, sondern bewirkte auch, daß fünfundsechzig bis siebzig Prozent der chronisch Depressiven, die das Medikament in klinischen Versuchen erprobten, sagten, sie fühlten sich besser und fänden sich besser in der Welt zurecht. – Sie reagierten konzentrierter, waren weniger geistesabwesend und ließen sich nicht mehr so leicht von Zwangshandlungen aus der Bahn werfen. Außerdem schien das Mittel die Gefahr eines Abrutschens in die dunklen Tiefen der Depression, das Menschen mit Serotonin-Mangel so oft erleben und fürchten, zu reduzieren.

Aber würde dieses wunderbare Medikament uns irgendwann vergiften wie schon so viele vor ihm? Der Giftgehalt ist die Schattenseite der Effektivität. Bei jedem neuen Mittel müssen die Gefahren gegenüber dem Nutzen abgewogen werden. Doch Fluoxetin versieht seinen Dienst noch immer mit erstaunlicher Effektivität. Die Ärzte konnten sogar voller Freude feststellen, daß das Medikament nicht einmal dann zum Tode führte, wenn der Patient eine ganze Handvoll davon schluckte – welch erfreu-

liche Meldung für depressive Menschen, denen Selbstmordgedanken immer ein bißchen näher liegen als anderen.

Die Versuchsreihen schienen auch zu belegen, daß nur wenige
Fluoxetin-Benutzer unter jenen unangenehmen Nebenwirkungen litten, die alle früheren Antidepressiva mit sich gebracht hatten – von extremer Müdigkeit über Schwindelgefühle bis zu
Herzproblemen und Verstopfung. Da sich das Produkt von Lilly
als leicht einzunehmendes, zuverlässiges, nicht süchtig machen-
des und erstaunlich effektives Mittel erwiesen hatte, wurde es
von der amerikanischen Food and Drug Administration zugelassen. Und 1987 kam es unter dem Namen Prozac auf den Markt,
wo es schon bald in den Mittelpunkt kontroverser Diskussionen
bei Ärzten und Patienten gleichermaßen trat – doch von alledem
wußte ich nichts, als ich es zum erstenmal nahm.

Ich empfand Prozac in jenen ersten Monaten als wunderbar,
weil es sofort eine spürbare Besserung der Symptome brachte,
die mich so viele Stunden meines Lebens gequält hatten. Es
schenkte mir Zeiten, die ich sonst verloren hätte. Es gab mir
einen Garten. Ich erwartete, daß es mir auch weiterhin Frieden
und Ausgeglichenheit schenken würde. Doch das tat es nicht.

KAPITEL ACHT

Resignation

29. März 1993

*... das Verlangen flackert auf und verbrennt sich selbst,
ein schwarzer Fleck auf dem feuchten Boden ... der
Idealismus dessen, was ich sein sollte, wendet sich mit
entblößten Fängen gegen mich ...*

   eine schwerelose, merkwürdige Zeit des Nicht-Wissens, wo ich bin –

   *auf der Veranda wiederholen sich die alten Rhythmen, schwellen die Blattknospen der Klematis, eine
winzige Blüte salbeigrüner Sparsamkeit über der eisigen Mulche –*

   *ich kann nicht machen, was ich mir erhofft hatte,
nichts davon – dies ist wieder das Ende, das, was, so
hoffte ich, nicht mehr wiederkommen würde,*

   von harter Arbeit und unruhigem Schlaf,

   *und ein Blick auf die ersten grünen Knospen im
Garten nach dem Winter, ohne etwas dafür oder dabei
zu empfinden – ich habe kein Bedürfnis, dieses Aufbranden aus dem Innersten der Welt zu pflegen oder
auch nur zu sehen, von der ich getrennt bin – und hier
am Rand der Lichtung beschleichen mich Erinnerungen der Vergangenheit, unsichtbar, aber mit dunklen
Schatten – die Verbitterung ist zurückgekehrt, und ich
verstehe so wenig*

Die schwarzen Hunde kehrten an einem Märzmorgen des Jahres
1993 zurück, während ich die Eiszapfen auf der Veranda über
meinem Arbeitszimmer betrachtete. Kleine Wassertropfen fielen
von ihren Enden. Im Vorjahr hatten diese Vorboten des Frühlings mir ganz ungewöhnliche Freude verschafft, Hoffnungen in
mir geweckt. Diesmal hatte ich nicht das Gefühl von Beginnen,
ich spürte lediglich, daß sich eine Angst auf mich senkte, die ich
beinahe vergessen hatte.

Und zusammen mit den Hunden kamen auch die alten Klagen wieder – die Mattigkeit, die Hoffnungslosigkeit, dann die schrecklichen, harten, brutalen Worte. Sie waren das allermerkwürdigste. Die Sprache des Selbsthasses hatte ich schon seit Monaten nicht mehr so klar und deutlich gehört. Sie war weit weg gewesen, nur noch so etwas wie Tintenkleckse in den Tagebüchern aus den Tagen, bevor Dr. Rosen mir die rätselhaften Kapseln verschrieben hatte, die so lange Zeit so vieles verändern sollten.

Ich war immer noch fast sprachlos über diese Wendung der Dinge, als ich eine ungewöhnliche Anfrage erhielt. Sie kam von meiner Freundin und Kollegin Anne Collins, der Chefredakteurin von *Saturday Night*, einem bereits seit hundert Jahren erscheinenden Magazin, das es sich zur Aufgabe gemacht hat, den gebildeten Kanadier über Themen von allgemeinem Interesse zu informieren. Anne wußte um meine Depressionen und auch um meine Erfahrungen mit Prozac, aber merkwürdigerweise wandte sie sich nicht direkt an mich. Statt dessen rief sie Margaret an und fragte diese, ob ich es mir ihrer Meinung nach vorstellen könnte, über etwas so Intimes wie eine schwere psychische Störung zu schreiben.

Die Vermutung, daß ich meine Depressionen möglicherweise als etwas sehen könnte, wofür ich mich schämen müßte, war nicht so weit hergeholt. Auch Annes Verdacht, daß ich vielleicht nicht bereit sein würde, mich psychisch so zu entblößen, wie ein solches Projekt es erforderte, war durchaus begründet. Weil Depressionen immer etwas mit moralischem Versagen, mit einer fehlenden Grundtugend zu tun haben, wollen Depressive nicht darüber reden – auch wenn sie es eigentlich besser wissen sollten.

Allerdings wußte meine Freundin von *Saturday Night* nicht – es war mir nie in den Sinn gekommen, irgend jemandem davon zu erzählen –, daß mich die ersten Psychotherapiesitzungen Jahre zuvor von der Illusion befreit hatten, Depressive seien persönlich verantwortlich für ihr Leiden. Ich wußte, daß ich nichts getan hatte, was eine Strafe wie die chronische Depression gerechtfertigt hätte, und es gab auch nichts, was mich davor bewahrt hätte. Die Entdeckung, daß Depressionen unheilbar, ihre Ursachen unbekannt und der Behandlungserfolg bestenfalls unsicher ist, hatte mich von aller Schuld befreit.

Wie gesagt, es war eine interessante Anfrage. Da bat mich jemand darum, die *Depression zu schreiben* – nicht, darüber zu jammern, daß sie mein Leben ruiniert hatte, nicht, mich in wissenschaftlichen Erklärungsversuchen zu ergehen, die ich selbst nur halb verstand, nicht, die Kontroversen zur aktuellen Fluoxetin-Therapie zu referieren. Meine Aufgabe war es, einen erzählenden Text zu erstellen, der ein Gegenstück zum Leiden selbst wäre – aufrichtig die »Fakten« meiner Situation darstellend, so wie ich sie ziemlich unaufrichtig und nur halb realistisch erinnerte. Dieser Text wäre wahr auf eine Art und Weise, wie neurotische Texte nur wahr sein können – nie mehr als teilweise.

Prozac hatte mich im Stich gelassen, oder besser ausgedrückt: Seine positiven Wirkungen waren nicht so stark gewesen wie die anderen Kräfte, die am komplexen Geflecht der Depression zerrten. Trotzdem fiel es mir nicht schwer, die Energie für das Verfassen des Artikels aufzubringen, denn dies war eine Herausforderung, von der jeder Schriftsteller träumt: Ich sollte etwas tun, was ich noch nie zuvor versucht hatte. Ich wollte herausfinden, ob ich es schaffen würde, ohne Selbstmitleid und Selbstüberhöhung über ein alle Lebensbereiche durchdringendes Problem zu schreiben.

Also nahm ich den Auftrag an – allerdings nicht, weil ich glaubte, daß mein Artikel helfen würde, die Depression daran zu hindern, daß sie mir und anderen Betroffenen weiterhin die Lebensfreude raubte, und auch nicht, weil ich der Meinung war, ich könnte den Selbsthilfespezialisten, Wunderheilern und anderen Scharlatanen eins auswischen. Ich nahm den Auftrag an, weil ich dachte, die Depression *zu schreiben* könnte mir dabei helfen, sie *neu zu schreiben* – neue Skripte zu erstellen, so daß ich die alten, schäbigen, endlich ablegen oder doch zumindest so bearbeiten konnte, daß es für mich leichter wäre, sie ohne Stottern aufzuführen.

Schreibe dies nach einem Ausflug in die Gärtnerei, wo ich mir eine Fliederpflanze und eine weiße Klematis geholt habe, die im Herbst blühen soll, silberfarbene Spitze – kann aber kaum denken, kaum einen Gedanken im Kopf behalten, wegen des Elends, das sich da regt.

Bin heute morgen weinend aufgewacht – unfähig, auch nur ein Wort, einen Satz, vorauszudenken – Werde mir diese Woche freinehmen müssen . . . wie sehr ich mich dafür hasse – ich versage an allen Fronten, der spirituellen, der intellektuellen, der literarischen –

Und das Lesen für den Artikel – was soll mir das nützen? Was bedeutet es? Welche Hexerei wirkt da auf meinen wirren Geist ein? Ich würde gern ein anderer werden, mein altes Ich zurücklassen, eine lebende Fiktion mit einer Geschichte ohne Mißgeschicke, Bedauern, Verluste, Frustrationen, Wut – und die Zeit sickert in den unersättlichen Boden –

Aber in diesem Raum bleibt ein Mann, der diese Worte schreibt, ein Mann, der sich daran erinnert, daß der Raum wunderbar ist, ausgekleidet mit unzähligen Bänden voller Ideen, mit Musik und Bildern – der seine Wurzeln tief in diese Erde schlagen und die Nahrung des Geistes aus den Bildern und Büchern holen könnte, wie eine Pflanze aus Sonne, Wasser, Erde und Luft – wenn da nicht dieses Dahinschwinden wäre, das Versickern der Gedanken im Boden und in dieser Lektüre, die trüber ist, noch trüber –

Ich habe es bereits erwähnt – möchte es aber noch einmal sagen, weil ich eventuelle Nachahmer abschrecken will –, daß ich ein schlechter Psychiatriepatient bin. Ich habe mir nie die Mühe gemacht, bezüglich der Forschungslage in den unterschiedlichen, sich überschneidenden Bereichen, die mit der Depression zu tun haben, auf dem laufenden zu bleiben. Jeder Depressive hätte 1992 eigentlich über Fluoxetin Bescheid wissen müssen. Und jeder, der im Frühjahr 1993 über Depressionen schreiben wollte, hätte sich zumindest über all die Bücher und Artikel zu diesem Thema sowie das immer größer werdende öffentliche Interesse an dieser weit verbreiteten Krankheit bewußt sein müssen.

Ich begann meinen Artikel mit einigen Kenntnissen über die Fachliteratur zu den psychoaktiven Substanzen, darunter auch Fluoxetin, aber in naiver Unkenntnis davon, was die Faszination der Bevölkerung sowohl in bezug auf die Mittel als auch die Krankheit anbelangte. Erst nach der Veröffentlichung des Artikels in der November-Ausgabe von *Saturday Night*, der eine wahre Sintflut von Briefen und Anrufen zur Folge hatte, welche mich immer noch verblüfft, wurde mir klar, daß meine Erfahrungen auch andere Menschen interessieren konnten, depressive wie nicht depressive gleichermaßen. Nun entdeckte ich, daß es mehr als genug Schriften darüber gibt, wie man Depressionen überstehen kann, aber nur sehr wenige, die von Betroffenen selbst verfaßt wurden. Ohne es vorzuhaben, hatte ich so etwas wie eine literarische Kuriosität geschaffen, einen Text über chronische Depressionen, der keinerlei Antworten bot, aber auch keine Fragen stellte; einen Text über das Alltagsleben auf dem Planeten der Depression.

Doch das Verfassen des Artikels überzeugte mich auch davon, daß es keine Heilung geben kann für ein Leiden, das im sozialen Netz der Sprache und der Macht verankert ist; es bestätigte gewisse Mutmaßungen und rechtfertigte die eine oder andere Angst.

Eine dieser Ängste hat mit dem zwanghaften Wunsch eines jeden Depressiven zu tun, in seinem Glauben, ein Versager zu sein, bestätigt zu werden. Im Alltag des Depressiven kann es gar nicht genug Demoralisierung geben. Er sorgt schon dafür, daß er in dieser Hinsicht nicht zu kurz kommt. In unserer modernen Zeit wächst eine ganze Armee von Folterknechten heran, von professionellen Pessimisten, die Mutlosigkeit in die Zentrifuge der Massenkultur schütten und die Verzweiflung verstärken. Vermutlich gibt es keinen Depressiven, dem nicht schon einmal jemand gesagt hätte, daß er nicht die ganze Zeit jammern und sich endlich den ganz normalen Enttäuschungen und Verlusten des Lebens stellen soll. In dieser Hinsicht ist es interessant, das näher zu betrachten, was der amerikanische Historiker Christopher Lasch die »Kultur des Narzißmus« genannt hat.

In seinem berühmten Buch aus dem Jahre 1979[28] – ein Buch, das ganz klar die allgemeine Meinung referiert und keine neuen Ideen präsentiert – stellt Lasch die narzißtische Dekadenz und den Zusammenbruch der Sozialcourage bloß. Das gilt sogar für Kanada, das so »lange eine träge Bastion bürgerlicher Verläßlichkeit« gewesen ist. In den Vereinigten Staaten findet er den politischen Liberalismus intellektuell und moralisch korrupt, nicht mehr in der Lage, »die Geschehnisse in der Welt des Wohlfahrtsstaats und der multinationalen Konzerne zu deuten«.[29] Die akademische Welt liegt in Tümmern; »die Philosophen erklären nicht mehr das Wesen der Dinge und behaupten nicht mehr, uns lehren zu können, wie wir zu leben haben«.[30] Sogar der »Homo oeconomicus« – jene große, noble, kreative Fiktion des säkularen neunzehnten Jahrhunderts – wurde ersetzt durch etwas, das Lasch voller Verachtung den »Homo psychologicus« nennt.

Er ist der neue Narziß aus Laschs Titel. Er »wird nicht von Schuldgefühlen gequält, sondern von Ängsten« – nicht von der Vereitelung edler Ziele, soll das heißen, sondern von frei-flottierender, im Selbst zentrierter Angst. Dieses widerliche neue Wesen wird weniger von hohen gesellschaftlichen Zielen angetrieben als von einer vagen Sehnsucht, »einen Sinn zu finden im Leben. Vom Aberglauben der Vergangenheit befreit, bezweifelt er sogar die Realität der eigenen Existenz ... Seine sexuelle Einstellung ist eher lax als puritanisch, wenn ihm auch die Befreiung von alten Tabus sexuell keine Ruhe schenkt.«[31]

Der »neue Narziß« entwertet die Lektionen der progressiven Vergangenheit – besonders diejenigen, die Amerika während der populären, erfolgreichen liberalen Proteste gegen die Rassendiskriminierung und den Vietnamkrieg lernen mußte. Folglich leidet er ganz bewußt unter Gedächtnisschwäche und ist doppelt verdammt, weil er das Alibi, daß der Liberalismus versagt hat, ausnutzt, um sich in Nostalgie und Selbstmitleid suhlen zu können. Der »Narziß« hat den »Willen zum Fortschritt« verloren, etwas, worauf Lasch großen Wert legt.

28. April 1993

tränen, die nicht versiegen, nicht einmal hier, wo ich dies schreibe, in der bibliothek der medizinstudenten – und die bücher über das gehirn, so weit weg vom geist, oder zumindest meinem geist – gehen wir einmal davon aus, daß serotonin in ganz ähnlicher form existiert wie kobolde, als erklärungen – daß sowohl der diskurs des serotonin als auch der der gnome real ist wie jede mythische sprache, weil sie so stark erscheint
    aber hier das wort von Heraklit: die wahrheit ist es gewöhnt, sich zu verbergen – in schwäche, vielleicht im dunkel – die starke sprache der chemie hat nichts zu tun mit der depression, dieser schlechten dichtung, dem merkwürdigen skript – in den büchern heißt es, chemikalien und dichtkunst seien das gleiche, aber nichts in mir reagiert darauf, wenn ich diese worte in den abgrund schreie –

So wie reuige Hedonisten der sechziger Jahre die Erklärung für ihre Unfähigkeit, glücklich zu sein, in *The Culture of Narcissism* fanden, entdecken sich reuige Sünder jüngeren Datums in Robert Hughes' Abhandlung *Culture of Complaint: The Fraying of America* von 1993.[32] Auch dieses Buch bietet weniger originelle Gedanken als abgedroschene, in der Kultur der Depression weit verbreitete Meinungen. Das sollte man angesichts der ausgesprochen klugen Negativkritik dieses Buches im Hinterkopf behalten.

Hughes verteidigt die Seele der amerikanischen Republik gegen ihre zeitgenössischen Feinde und führt noch ein paar Kategorien des moralischen Verrats mehr ein als die, die Lasch uns schon fünfzehn Jahre zuvor präsentiert hatte. Jetzt sind die Mittäter Feministinnen und Jammerlappen aus den Minderheiten, intellektuell kraftlose Professoren, die sich für Jacques Derrida und Michel Foucault begeistern, sowie eine ganze Reihe anderer Meckerer, unter ihnen interessanterweise auch die amerikanische Rechte, die es in den achtziger Jahren, als sie kurze Zeit die Schlagkraft dazu besessen hätte, versäumt hat, alles wieder in Ordnung zu bringen.

Hughes' Philippika richtet sich jedoch ausdrücklicher als die von Lasch gegen diejenigen, die die liberale, säkulare, undogmatische, menschliche Seele Amerikas verraten haben, indem sie sich aus der öffentlichen Verteidigung der Tugend in Saunen, Selbsthilfebücher, Urschreitherapien, Gruppensex und Zwölf-Stufen-Programme zurückzogen. Hughes' Beschreibung ist eine besonders gefährliche Karikatur, weil seine Zielgruppe alles andere als homogen ist, aber von ihm so dargestellt wird, als sei sie es. Die Gruppe, über die der Autor sich so aufregt, umfaßt die Faulen und die vorübergehend Unzufriedenen, denen wirklich mit Massagen oder Urlauben geholfen werden kann, aber auch die chronisch Depressiven, bei denen solche Maßnahmen nichts nützen. Die Faulen tun gut daran, sich Hughes' Kritik anzuhören. Die vorübergehend Unzufriedenen sollten ihr keine Beachtung schenken und sich weiter massieren lassen. Doch die Depressiven sind, selbst wenn sie sein Buch nicht lesen, seine wahren Opfer: Hughes macht sich lustig über unsere »Schwäche« und drückt seinen Ekel über unsere »Charakterlosigkeit« aus, Anschuldigungen, die jedem depressiven Menschen nur zu vertraut sind.

Die narzißtische Verweigerung guter Taten zugunsten hedonistischer Ziele ist tatsächlich ein Phänomen in unserer und jeder anderen technologischen Hochkultur. Die Gründe dafür sind zu komplex, als daß ich sie im vorliegenden Buch diskutieren möchte. Es geht mir nicht darum zu beweisen, daß Lasch und Hughes mit ihren Feststellungen nicht recht hätten, denn das stimmt nicht. Vielmehr möchte ich auf die vermutlich von den Autoren von *Culture of Narcissism* und *Culture of Complaint* nicht beabsichtigte Stoßrichtung der beiden Bücher hinweisen: auf die Selbstzüchtigung der Depressiven, die sich auf unser permanentes Gefühl gründet, die Ursache von Versagen, Vernichtung und Enttäuschung zu sein.

Schließlich sind die einzigen Menschen, die sich selbst wirklich für dekadent halten, die chronisch Depressiven, weil der Selbsthaß ein weit verbreitetes Symptom des Leidens ist, egal, ob man nun wohlhabend, gebildet oder erfolgreich im Beruf ist. Und wenn man sich die anderen Leser dieser Bücher vorstellt, hört man schon fast den ungläubigen Aufschrei: »Was, *ich*?«

Nein, es ist tatsächlich der Depressive, der sich als bester Abnehmer für den Glauben an eine mysteriöse Verschwörung des Egoismus entpuppt. Und genau dieser Glaube ist es auch, der jede neue Generation von Depressiven in die zum Mißerfolg verdammte Suche nach Heilung schickt, welche ganze Legionen von uns in Anhänger von dramatischen und nutzlosen Therapien, von Gurus, Sekten und Selbsthilfegruppen verwandelt.

Denn wer würde sich selbst schon gern als Narziß sehen oder von anderen für einen solchen gehalten werden?

6. Mai 1993

Auf der Veranda ein lauer Tag – habe das, was von den üppigen Sommerblüten der Klematis »Lady Betty Balfour«, meiner Lieblingssorte, noch übrig ist, auf Handlänge zurechtgestutzt und gemulcht und auch die anderen Pflanzen auf das Maß zurückgeschnitten, das sie haben müssen, in diesem zweiten Versuch, einen hortus conclusus, *einen meditativen Ort der Zuflucht, zu schaffen –*
habe auch weitergelesen und geschrieben, über alles,

was so weit weg zu sein scheint, aber angeblich in mei-
nem Kopf passiert – die Funken und Spritzer, die, so
heißt es, in meinem Schädel sind, mir aber keinen
Hinweis auf ihre Existenz geben, nichts sagen –
aber der Geist ist in der Welt und im Wasser und in
der Erde und in der Luft,
der Geist bewegt sich in Geistphysik, Finger huschen
über ungesehene Dinge – bewegt sich in der Gier der
Arzneimittelhersteller, sehnsüchtig, in der Gier der
Depressiven, will das Nesselhemd des immerwähren-
den Schmerzes abstreifen, weiß aber nicht wie –
bewegt sich über das Wasser im Körper, über die welke,
gestutzte Klematis, die sterbend auf dem Liegestuhl
liegt – bewegt sich langsam, ganz langsam in Flüssig-
keit, bewegt sich unter dem Schädel des Himmels,
übersät mit Sternengedanken –

Sogar Neurotiker, denen die Umsetzung der Botschaft schwerfällt, lassen sich gerne sagen, sie sollen sich zusammenreißen,
aufhören mit den Klagen, mit anpacken. Zumindest die Amerikaner unter uns haben zu dieser Ermahnung ein ehrliches
Verhältnis. Jeder, der in einer amerikanischen Schule Geschichts-
unterricht hatte – was bei dem Australier Robert Hughes nicht
der Fall ist –, weiß, daß der Mythos des amerikanischen Sünden-
falls nicht nur eine einnehmende Quelle des nationalen Selbst-
verständnisses, sondern auch eine schier grenzenlose Brutstätte
von Alibis für amerikanisches Fehlverhalten ist.

Lasch und Hughes sind nicht die einzigen Schriftsteller, die
sich angesichts des Verfalls von »Amerika« zu Haßtiraden hin-
reißen lassen. Wir modernen Menschen gehören einer »schwachen, jämmerlichen Rasse« an, schreibt ein anderer Autor und
beklagt sich darüber, daß wir durch zu hohe Bildung und Zügel-
losigkeit geschwächt werden. »Die Menschen nennen einen
Spaten heutzutage ein landwirtschaftliches Gerät«, schreibt ein
Kommentator verächtlich, während ein anderer Kritik am kon-

sumorientierten Konformismus und dem Mangel an sozialem Gewissen übt, die so typisch für junge berufstätige Menschen sind: »Alle haben Angst, sich gehen zu lassen, gegen die Konventionen zu verstoßen, verächtliche Herablassung in anderen hervorzurufen.«

Wenn der Wille, öffentliche Probleme anzusprechen und zu lösen, sich verflüchtigt, werden Zynismus und Falschheit zu den herrschenden städtischen Werten – mit dem Ergebnis, daß nicht mehr das Glück, sondern die generalisierte geistige Depression zum Schicksal der Wohlhabenden und Gebildeten wird. Ein bedeutender Essayist beklagt sich: »Die alte Antriebskraft für einfache Gefühle schwindet schnell dahin. Es ist herzlos zu lachen, albern zu weinen, indiskret zu lieben, morbid zu hassen, und es ist intolerant, mit Begeisterung für irgendeine Sache einzutreten.«

Eine beliebte Zeitschrift fragt angesichts des augenscheinlichen Anwachsens von Klagen, Hoffnungslosigkeit und Selbstmordgelüsten: Warum ziehen sich die Menschen zunehmend aus der Realität in Phantasien der Massenunterhaltung und das Pseudodasein des Erwerbs und des Geldausgebens zurück, »wenn das Leben doch immer lebenswerter gestaltet wird?«

Ich bin mir nicht so sicher, ob das so wichtig ist, aber alle Zitate aus den vorhergehenden drei Absätzen stammen aus dem letzten Jahrhundert, aus dem Buch *No Place of Grace: Antimodernism and the Transformation of American Culture 1880–1920* des Historikers T. J. Jackson – ein Buch, das die zeitgenössischen Unkenrufe in eine angemessenere Relation bringt.[33]

Damals wie heute ist die Verachtung der Journalisten für die hektische, dekadente, überbildete Bourgeoisie Amerikas ein gutes Geschäft. Die Leser glauben nur zu gern, daß alles den Bach runtergeht. Verlage hatten größeres Interesse daran, Bücher zu verkaufen, als richtige Fakten zu liefern, also schrieben sie die schmerzliche Wahrheit, daß immer mehr Menschen depressiv werden, sich ins Bett legen und nie wieder aufstehen, einem allgemeinen Verfall der Tugenden und der generellen geistigen

Schwäche zu, die seinerzeit unter der Bezeichnung »Neurasthenie« bekannt war. »Gequält von Unentschlossenheit und Zweifeln«, schreibt Lears, »erschien der Neurastheniker wie ein jämmerlicher Abkömmling der willensstarken Amerikaner, die Wälder gerodet, Sümpfe trockengelegt und einen ganzen Kontinent unterworfen hatten.«

Das, was die journalistischen Opportunisten des ausgehenden neunzehnten Jahrhunderts so schamlos ausbeuteten, ist das gleiche Phänomen, das auch die zeitgenössischen Unkenrufer ins Brot setzt: der erschreckende Anblick von immer mehr gestörten Menschen sowie ihre hektische Suche nach Abhilfe. Ein ganzes Jahrhundert lang, das beweist Lears, ereifern sich nordamerikanische Fortschrittsgläubige der anpackenden Sorte schon angesichts einer Gesellschaft, die früher einmal von hoher industrieller Produktivität beflügelt wurde, sich aber jetzt immer stärker in den Hedonismus und somit in die Neurasthenie zurückzieht, so daß anstelle einer allgemeinen Arbeitsmoral das entsteht, was Lears »eine therapeutische Kultur« nennt.

Wie üblich werden zu diesem Zweck die üblichen Verdächtigen vorgeführt und des Hochverrats bezichtigt: hysterische Frauen, hektische junge Männer mit Pfirsichhaut, verrückte Tanten, Einzelgänger, seltsame Jungs, die wahrscheinlich einfach zu viel masturbiert haben, die Alten, die geistig Zurückgebliebenen und schließlich die Wahnsinnigen.

Und den üblichen Verdächtigen werden immer die üblichen Verbrechen zur Last gelegt – wenn auch im mehr oder minder gleichen Geist der Ambivalenz. Denn seit dem ausgehenden neunzehnten Jahrhundert ist es noch niemandem gelungen, einen einzelnen für die »Dekadenz« verantwortlich zu machen. Im Zentrum jeder Kritik steht traditionell das Schreckgespenst des Zusammenbruchs der kulturellen Autorität unter dem Ansturm des rücksichtslos expansiven Konsumkapitalismus. Die neue, alles durchdringende Erschöpfung rührt daher, daß man ständig gegen die Zeit ankämpft, vorwärts kommen, schneller als die anderen sein muß. Die Desorientiertheit der ständigen Meinungsveränderung in der Werbung nagelt den Verbraucher ans Kreuz von Mode und Stil. Der New Yorker Neurologe George Miller Beard, der den Begriff »Neurasthenie« einführte und in einem Buch von 1880 dazu auch zum erstenmal eine Beschreibung lieferte, fragte: »Wie können wir glücklich sein, wenn unsere Nerven Tag für Tag und Nacht für Nacht gereizt werden?« [34]

9. Mai 1993

> *bin jetzt ein wenig beruhigt durch die ruhige Garten-*
> *arbeit, es ist Friede in der Beobachtung*
> *das Auftauchen von Grün aus dem Wasser und dem*
> *Wind*
> *und dem stummen Stoff des Bodens –*
> *das Auftauchen wird vorangetrieben; und dann*
> *tauchen plötzlich Gärten auf, angezogen von der*
> *Sonne, der Wärme, und im Licht steckt die Aufforde-*
> *rung, sich zu erheben –*
> *in diesen Tagen sehe ich mich vor allem nach den In-*
> *sekten um, die wieder in den Garten zurückkommen:*
> *die geselligen Bienen, die ich am liebsten mag, und die*
> *glänzenden Wespen, die aus den Blättern der Forsy-*
> *thien kreisrunde grüne Stücke herausschneiden, um*
> *damit ihre neuen Behausungen auszukleiden – all die*
> *fliegenden Wesen, die der Aufforderung folgen zu woh-*
> *nen, ohne zu wissen, daß es sich dabei um eine Auffor-*
> *derung handelt: tief im werdenden Jahr zu wohnen, in*
> *der Entstehung der Welt –*
> *irgendwo läutet eine Glocke, das Angelus-Läuten*
> *über der heidnischen Stadt – dreimal, dann Pause:*
> *und die Wespe kleidet ihre Behausung mit grünen*
> *kreisrunden Stücken aus im Werden der Welt –*

Was ich schon an anderer Stelle gesagt habe – nämlich, daß ich wenig über die öffentliche Diskussion zum Thema Depression wußte, bevor ich den Artikel für *Saturday Night* schrieb –, stimmt, wenn auch nicht ganz. Ich hatte Foucaults Schriften zum Thema Wahnsinn, Kultur, Gefangensein und Kontrolle gelesen – folglich wußte ich fast mehr als mir lieb war über die traurige Entwicklung der Depression in der neueren Geschichte.

Ich wuchs in der Blütezeit des wissenschaftlichen und medizinischen Optimismus hinsichtlich schneller Heilmethoden für alle Leiden auf. Die Verrückten zu strafen, die Depressiven auszupeitschen und so weiter und so fort – wie man es seit den Anfängen der Psychiatrie getan hatte, war nun nicht mehr »in«. Aber im Zweiten Weltkrieg, als ich noch ein kleiner Junge war, hörte ich von weißen und schwarzen Nachbarn, die man schreiend aus ihren Häusern tief im amerikanischen Süden gezerrt und für immer in riesige, grimmige Irrenanstalten gesperrt hatte.

Ein solches Schicksal ereilte auch einen schwarzen Feldarbeiter meines Vaters, nachdem man entdeckt hatte, daß er regelmäßig seinen eigenen Kot aß. Ich erinnere mich noch lebhaft an diesen Zwischenfall, hauptsächlich wegen des Ekels, den die weißen Pflanzer daraufhin in ihren Wohnzimmern zum Ausdruck brachten. Zum erstenmal spürte ich den fast mörderischen Abscheu, den die sogenannten normalen Menschen gegenüber den Ärmsten unter den Depressiven und Wahnsinnigen empfinden, und ich merkte auch, wie wissentlich sie die Augen vor der inneren Wahrheit des depressiven Ausdrucks verschlossen. Hätten wir das nicht getan, hätten wir möglicherweise einen Mann gesehen, der sich in eine sichtbare Ikone seiner Situation verwandelt hatte, sozusagen in ein Fleisch gewordenes Wort. Er war zum Bild jener Wertlosigkeit geworden, in der die Schwarzen im amerikanischen Baumwollsüden lebten: Sie hatten lediglich das Recht, das Wertlose zu essen, die Ausscheidung der Wertlosigkeit.

Ich kann mich nicht erinnern, daß in den Gesprächen über den armen Mann Mitleid oder irgendein Interesse an seinem Befinden mitgeschwungen hätten, nachdem er aus unserer

Gegend verschwunden war. Dieser Zwischenfall war in gewisser Hinsicht meine Initiation in das Bewußtsein der Depressiven. Plötzlich wurde mir klar, wie die Wahrheit über die Kultur, die sich in der Depression zeigt, die Menschen, die nicht unter Depressionen leiden und in deren Hände die Gesellschaft die Ordnung der Moral und des Zusammenlebens gelegt hat, verlegen macht und Unbehagen in ihnen erzeugt.

Ich persönlich finde es nicht merkwürdig, daß die Kränksten unter den Depressiven zusammen mit den wirklich Wahnsinnigen Elektroschocks ausgesetzt werden, die ihnen die Sehkraft, den Tastsinn und das Erinnerungsvermögen rauben, daß man sie in Speicher oder Keller sperrt, an ihren Gehirnen herumoperiert oder sie mit Medikamenten ruhigstellt. Diese zweifelhafte Hilfe ist nur eine weitere Folge jener Katastrophe, die wir unter der Bezeichnung »Aufklärung« kennen.

Aus der Aufklärung stammt die kalte emotionale Distanz, die die Moderne bis zum heutigen Tag charakterisiert. Praktisch ausgedrückt, ist sie ein geistiger Zustand, der den Menschen in die Lage versetzt, schreckliche Foltermethoden anzuwenden – die Todestrafe, Brandbomben und Auschwitz sind nur wenige Beispiele –, ohne sich persönlich verantwortlich zu fühlen, denn die Verantwortung liegt ja beim riesigen, bürokratischen Staat der Nachaufklärung.

Die Bewertung von Menschen mit abweichendem Verhalten als pervers und krank, der Beschluß, sie einzusperren, zu verändern, sie zerstörerischen Behandlungsmethoden auszusetzen – was oft sogar von den Behörden veranlaßt wird –, ist nur eine von vielen Manifestationen dieser Distanz, die (wie üblich) durch Haß und Herablassung gekennzeichnet ist.

11. Mai 1993

Der Kirschbaum hat heute zu blühen angefangen: kleine, duftende, weiße Blüten vor den dunkelroten Blättern, die noch dabei sind, sich zu entfalten, Lady

242

Betty Balfour wächst so schnell, daß ich nicht mit ihr Schritt halten kann.

Und heute abend, kurz bevor ich mein Abendgebet sprach, setzte sich die erste fette Hummel dieses Frühjahrs auf eine Blüte des Mandelbaums und stieß dabei ein paar Blütenblätter herunter – und da war auch die erste Wespe, die ein kreisrundes Stück von einem Klematisblatt schnitt, für das Nest (hoffe ich), das sie und ihre glänzenden Schwestern nach alten architektonischen Plänen unter einem nahe gelegenen Dachvorsprung bauen ...

Endlich wurde die Depression leichter und verschwand, was offenbar nichts mit dem Prozac zu tun hat, das ich weiter einnehme, weil ich inzwischen Angst habe, es nicht zu tun. – Merkwürdig: Nicht in der Lage zu sein, an dieses Leichter-Werden und die Rückkehr des Glücks zu denken, ohne gleichzeitig an meine immer stärker werdende Komplizenschaft mit Ideen erinnert zu werden, die ich verachte, mit einem krassen Materialismus, den ich nicht leiden kann, mit Machtideologien, Überwindungen, der Sprache militärischer Überwindungen, die dieser ganz legalen Drogenherstellung, dem Handel, der Versklavung, innewohnen.

Noch eine Wespe – und noch eine Biene, die diesmal den süßen gelben Schaum in der Blüte der Campanula kostet – und hier, sogar hier an dem winzigen Ort, den ich meinen Garten nenne, bin ich nicht weit genug weg von jener Militanz, dem Willen zur vernichtenden Macht; das ist die Krankheit der Zeit, nicht ihre Heilung, und auch nicht die meine –

In der Geschichte der modernen Therapie hat es, genau wie in der moderner Gesellschaften, immer mehr oder weniger gute Orte und Zeiten für abweichendes Verhalten gegeben. Ich schätze mich glücklich, in jener Zeit und an jenem Ort ins psychiatrische Rampenlicht getreten zu sein, in der ich es tat.

Ende der sechziger Jahre wurden die psychiatrischen Diagnosen allmählich kritischer. Meine Probleme wurden klinisch als Depression definiert, nicht mehr und nicht weniger; folglich erklärte man mich auch zum ambulanten Patienten, statt mich in die geschlossene Abteilung zu stecken. Noch vor hundert Jahren hätte man mir in Kanada und den Vereinigten Staaten sofort jene Behandlungsmethoden angedeihen lassen, die Depressiven und Wahnsinnigen vorbehalten waren: Man hätte versucht, meinen Zustand durch Peitschenhiebe und Abführmittel zu »bessern«. Wenn ich meinen Zusammenbruch in der Ära der psychiatrischen Reformen Ende des neunzehnten Jahrhunderts erlebt hätte, hätte man mich möglicherweise in eine luftige, sonnige Klinik irgendwo auf dem Land gebracht, wo man mir einfache Hausmeistertätigkeiten zur Hebung meiner Moral übertragen hätte – das sahen solche Institutionen damals als ihre Hauptaufgabe an. Wie viele Patienten damals hätte ich vermutlich sehr schnell den Verstand verloren, egal, welche der beiden Alternativen auf mich zugetroffen hätte – körperliche Gewalt oder Isolation, Herablassung und erzwungene Konformität.

Als ich damals, 1969, abstürzte, hatte ich Glück, daß ich David in die Hände fiel, einem Verfechter dessen, was eine völlig verrückte Patientin Freuds die »talking cure« genannt hatte, eine Bezeichnung, die sich gehalten hat. Davids Überzeugtheit von dieser »Redekur« hinderte ihn daran, mir Rezepte für Medikamente auszuschreiben oder mich in die geschlossene Abteilung einzuweisen oder mich Schockbehandlungen auszusetzen. In meinem schlimmen Zustand hätte ich vermutlich alles getan, was er mir sagte.

Wenn ich meinen Zusammenbruch jedoch in Montreal erlebt und im Allan Memorial Institute Hilfe gesucht hätte, das von dem berühmten, sehr geachteten Psychiater Ewen Cameron geleitet wurde, wäre vielleicht alles ganz anders gekommen. Ich hätte gut und gerne zu denen gehören können, die Dr. Cameron der CIA für ihre schrecklichen Nachkriegsexperimente mit der Gehirnwäsche zuführte.

Damals wurden solche Eingriffe in das menschliche Gehirn natürlich nicht als schrecklich erachtet. Nein, das war Wissenschaft. In der Psychiatrie hatten endlose Gespräche seinerzeit keinen allzu hohen Stellenwert. Vielleicht war die altmodische Gesprächstherapie bei der städtischen Ostküstenelite gern gesehen, aber die Unsicherheiten sowie die Dauer, die hohen Kosten und die undurchsichtigen Prozesse, die bei solchen Gesprächen abliefen, hatte sie bei den Institutionen in Mißkredit gebracht. Schnelle Autos und besonders effektive Haushaltsgeräte waren im Nachkriegsamerika groß in Mode; Psychiater und Psychologen wünschten sich ähnliche Effizienz und Geschwindigkeit für ihre Kliniken.

Anne Collins berichtet in ihrem Buch *In the Sleep Room*[35] von alliierten Ärzten, die hinter den feindlichen Linien im Einsatz waren und entdeckten, daß hohe Dosierungen von Antidepressiva und Sedativa schneller und kosteneffektiver wirkten als zeitraubende Gesprächstherapien, zumindest, wenn es darum ging, Soldaten mit Kriegsneurosen wieder kampfbereit zu machen. Nach Kriegsende kehrten die Ärzte in ihre alten Kliniken in Nordamerika zurück und kündeten dort von ans Wunderbare grenzenden Heilungen.

Solche Nachrichten verbreiteten sich schnell und wuchsen sich zu allgemeinen Prophezeiungen aus, die bei den Psychiatern mit ihren zahlreichen heilungsbedürftigen Menschen auf fruchtbaren Boden fielen: Bald schon würde sich die Psychotherapie in eine ehrenwerte medizinische Disziplin mit chemischen und elektrischen Superheilmitteln verwandeln, die genauso wunderbar wären wie all die Dinge, die die Kriegsveteranen nun plötzlich in den Haushaltswarengeschäften fanden. In absehbarer Zeit wäre das völlig durchgeplante Leben, das es in den Vororten bereits gab, für alle realisierbar.

Die Pharmahersteller machten sich sofort an die Arbeit. Zu den ersten psychoaktiven Wunderdrogen, die in den fünfziger

Jahren produziert wurden, gehörte Chlorpromazin; später folgten die unterschiedlichsten Antidepressiva, die sozusagen Abfallprodukte der Antihistamin-Forschung waren. Doch der Beifall, mit dem diese frühen Mittel begrüßt wurden, verstummte schon bald wieder, als die Patienten über Nebenwirkungen zu klagen begannen und viele der neuen Arzneien einfach nicht halfen.

Merkwürdigerweise – vielleicht auch nicht merkwürdigerweise, wenn man die Wissenschaftsgläubigkeit jener Zeit bedenkt – hinderten weder die Nebenwirkungen noch die Wirkungslosigkeit die Ärzte, diese Mittel weiter anzuwenden. Offenbar sah die allgemeine Einstellung seinerzeit folgendermaßen aus: Wenn wenig nichts nützt, dann nimm einfach mehr. Und genau zu dieser Zeit trat Dr. Cameron auf den Plan, der seine Patienten mit Hilfe von Medikamenten bis zu fünfundsechzig Stunden lang in einen komatösen Zustand versetzte und Maschinen verwendete, die das Gehirn mit erinnerungszerstörenden Schocks traktierten. Die Patienten *zu verstehen* war »out« . Einziges Ziel wurde es, sie *zu heilen* – je automatischer, steriler und »wissenschaftlicher« das vor sich ging, desto besser.

20. Mai 1993

bin schon auf dem Weg nach Frankreich, in Gedanken – schon im Flugzeug, obwohl sich dem Himmel, dem Mairegen nun ein anderer Raum eröffnet, und dort wachsen Samen –

Himmelfahrtstag: und der Tag, an dem der Herr sich aus der Welt zurückzog, die nun zu klein für seine Fülle war.

die Verteilung des Samens, der Gott durch sein Verschwinden geworden ist, findet jetzt überall statt, eine staubige Wolke der Schönheit, winzige Spermien, die sich in den Bauch der Erde bohren, und das ist hier, und alles.

*eine Biene, endlich: ihre ganze Schönheit in ihren
blütenstaubbedeckten Beinen, mit summenden Flü-
geln durch die leichte Frühlingsluft getragen, und ein
runder Körper, schwer und gelb, wie die Sonne in diesem Augenblick des Sonnenuntergangs –*

Einem gebildeten Depressiven wird es heute leicht fallen, die
Argumente im Zentrum von Abhandlungen wie Laschs *Culture
of Narcissism* oder Hughes' *Culture of Complaint* mit einem Achselzucken abzutun und sich einfach nicht um die apokalypti-
schen Hoffnungen der Nachkriegsnervenheilkunde zu kümmern.

Schwieriger ist es da schon, den neuen – ich bin versucht,
New Age zu schreiben – Sprachen der Depression zu widerstehen. Die in diesen Sprachen verfaßten Bücher sprechen kein
schreckliches Urteil vom hohen Roß der Moral aus; sie schelten
den Klagenden auch nicht wegen seiner Klagen. Sie verwöhnen
vielmehr, schmeicheln seinem fast schon zwanghaften Wunsch,
ernst genommen zu werden und Ratschläge und Hilfe zu erhalten. Schließlich mögen wir alle Geschichten von individuellen
Wundern.

Folglich war die Lektüre von Peter D. Kramers *Listening to
Prozac*[36] eine faszinierend ironische Erfahrung, weil mir das
Buch genau das sagte, was ich so gern hören wollte und was, das
weiß ich, einfach nicht stimmt. Der Psychiater und Professor
Dr. Kramer hat das bestformulierte, erhabenste Selbsthilfebuch
überhaupt geschrieben, Schund auf höchster Ebene, in dem er
auf angenehmste und verführerischste Weise falsche Hoffnungen weckt. Kein Wunder, daß *Listening to Prozac* zu der Zeit, als
ich begann, das vorliegende Buch zu verfassen, auf den
Bestsellerlisten ganz oben stand. Ein weiser Kritiker hatte es ganz
richtig erkannt: Das Werk war geschrieben worden, um genau
diese Popularität zu erlangen.

Da ist es ziemlich egal, daß viele Wissenschaftsrezensenten es
mit einem Achselzucken abgetan haben. Im Land der Märchen

besitzen die Wissenschaftler keine besonderen Kompetenzen, und genau die wunderbar erzählten Märchen von Dr. Kramer sind es, die dieses Buch so ansprechend machen. Wir wünschen es uns so sehr, daß man Männer und Frauen tatsächlich von dem schier unerträglichen Gewicht der Depression befreien und mit Hilfe von vierzig Milligramm Fluoxetin Hydrochlorid wieder zum Leben erwecken kann. Wir träumen von Menschen, denen Prozac die Kraft wiedergegeben hat, sich zu verabreden, Freude am Skifahren zu haben und einfach weiter dem Glück hinterherzujagen.

So sieht die Substanz des Buches aus: Eine Anekdote nach der anderen kündet davon, wie Blinden das Augenlicht wiedergegeben wurde, Tauben die Hörkraft und Depressiven die Lust an monotonen Schreibtischtätigkeiten. Dr. Kramer hat diese Wundermärchen in seiner eigenen klinischen Praxis gesammelt und sich von Kollegen erzählen lassen und schließlich alles in ein Märchenbuch geschrieben, das uns sagen soll, daß Eli Lilly uns den Himmel auf Erden bringen kann.

Wahrscheinlich gibt es ganz ähnliche Bücher über Lourdes. Ein paar Menschen werden in Lourdes wie durch ein Wunder geheilt, daran zweifle ich gar nicht. Ich zweifle auch gar nicht an Dr. Kramers Geschichten von ein paar Leuten, deren Leben sich auf spektakuläre Weise geändert hat. Ich bin sogar bereit zu glauben, daß die Heilungsrate von Prozac ungefähr der des Lourdschen Wassers entspricht – zwischen fünf und zehn Prozent, je nachdem, was man unter »Heilung« versteht.

Das Problem liegt natürlich darin, daß sich Dr. Kramer, ähnlich wie die aufrichtigen Anhänger des Lourdschen Wassers, an der winzigen Minderheit der Geheilten orientiert und einfach die Mehrheit der Kranken vergißt, die die Rückreise lediglich mit dem neuen Mut antreten, ihre Krankheit weiter zu ertragen.

Dieser Mut ist es auch, den ich von den fünfundzwanzig Jahren Psychotherapie und der dreijährigen Behandlung mit Fluoxetin gewonnen habe. Meiner Ansicht nach ist das eine ganze Menge.

Hüten Sie sich vor allen Propheten, die den Körper leugnen und seine Disziplinierung zu einem »höheren Wohl« verlangen. Aber hüten Sie sich besonders vor denjenigen, die wie Dr. Kramer »Heilmethoden« anbieten, welche keine dauerhafte Heilung bringen, sondern nur manchmal helfen und dann auch nur ein bißchen – während sie laut die Doktrinen der Pharma-Priester verkünden. Eine dieser Doktrinen, die im Zentrum des Buches *Listening to Prozac* steht, hat damit zu tun, was es heißt, ein Mensch zu sein: mit der altmodischen, individualistischen, atomistischen Art, den Menschen zu analysieren, die der Schlüssel zur modernen Heilkunst überhaupt ist.

Der Geheilte ist hier eine Einheit, die sich (in Dr. Kramers Worten) durch »Lebhaftigkeit und Attraktivität«, »Verachtung für Pingeligkeit«, ein Leben nach dem Lustprinzip und die Bereitschaft auszeichnet, sich auf die »geschäftlichen Vorteile zu stürzen, die geistige Wendigkeit verspricht ...« Das Gehirn mit Prozac zu reparieren – was Dr. Kramers Buch gerne als unerläßlich hinstellen würde –, bedeutet, eine Rasse glücklich konformer, hedonistischer, egoistischer, konsumorientierter, ehrgeiziger Amerikaner zu schaffen. Vermutlich soll ein Mensch genau das sein, jedenfalls da, wo Dr. Kramer herkommt, nämlich in Providence, Rhode Island. Aber das hatte ich mir nicht vorgestellt, als ich es in Kiew plötzlich satt hatte, depressiv zu sein, und beschloß, den Versuch zu wagen, etwas anderes zu werden.

Durch seine Wundermärchen liefert Dr. Kramer eloquent Argumente für die Doktrin des biologischen Determinismus. Dabei handelt es sich um einen ausgesprochen kruden Aberglauben unseres säkularisierten, massendemokratischen Zeitalters; dennoch ist er auch die Säule, auf der ein großer Teil der modernen Nervenheilkunde ruht.

Der Grundgedanke des biologischen Determinismus – ist das Gehirn in Ordnung, stimmt auch alles mit dem Geist – ist verführerisch, zum Teil, weil er ehrwürdig ist, zum Teil, weil er poetisch wirkt. Die Theorie hatte schon ein paar Jahre auf dem

Buckel, als die griechischen Ärzte sie im fünften Jahrhundert vor Christus aufschrieben. Kurz zusammengefaßt bedeutet sie, daß alle Gedanken, Launen und Verhaltensweisen das sichtbare Ergebnis von vier Körpersubstanzen oder »Temperamenten« sind, die aufeinander einwirken. (Interessanterweise verwendet Dr. Kramer die Bezeichnung *neurohumors* – Nerventemperamente – synonym mit *neurotransmitters*.)

Ein ausgewogenes Verhältnis der Temperamente (*eukrasia*) führt zu körperlicher und geistiger Gesundheit, also genau zu jenem Zustand, den alle totalistischen, konformistischen Kulturen sich ersehnen – das bedeutet animalische Vitalität und ein unerschütterliches Gefühl des Wohlbefindens, die eng verbunden sind mit den statischen Ordnungen der hierarchischen Natur und der patriarchalen Gesellschaft. Wenn diese Harmonie gestört wird – die griechischen Ärzte nannten das *dyskrasia* –, ist das Ergebnis Krankheit, ein »übles Temperament«. (Ich würde gern schreiben, daß das englische Wort *crazy* von *dyskrasia* hergeleitet werden kann, aber das ist nicht der Fall.)

Zuviel Galle zum Beispiel erzeugt die Symptome der antiken und mittelalterlichen »Melancholie«, also dessen, was wir chronische Depression nennen. Der antike Arzt Galen verbindet damit »lang andauernde Ängste und Schlaflosigkeit«, »Niedergeschlagenheit«, die ständige Kritik am Leben und den Haß auf die Mitmenschen. »Bei manchen Opfern der Melancholie überschattet die Todesangst alles«, schreibt Galen. »Andere wiederum fürchten sich vor dem Sterben und wünschen es sich doch gleichzeitig.«

Natürlich ist das alles biologischer Determinismus. Und Determinismus – egal, wie elegant er präsentiert wird und wie befriedigend er auf den ersten Blick erscheinen mag – läßt sich nicht nur nicht belegen, nein, er ist auch totalitär. Im Grunde genommen behauptet er, daß Psychiatrie und Gesprächstherapie versagt haben.

Das Hauptproblem des biologischen Determinismus liegt darin, daß er unlogisch ist und sich nicht demonstrieren läßt.

Ich bezweifle nicht, daß es eine Verbindung zwischen Gehirn und Geist geben muß; das wissen wir aus Berichten von Menschen, deren Gehirn teilweise zerstört wurde und die jetzt nicht mehr so handeln oder denken können wie zuvor. Doch bis jetzt konnte keine kausale Verbindung zwischen Körper und Geist, Gehirn und Gedanke nachgewiesen werden. Es ergibt keinen Sinn zu sagen, daß etwas Körperliches wie das Gehirn oder die elektrochemischen Prozesse des Gehirns oder ein Stein oder ein Stern auf etwas anderes verweisen oder daß eine Kausalverbindung zwischen so unterschiedlichen Realitäten wie dem Gehirn und dem Gedanken existieren könnten, auch wenn klar ist, *daß* da etwas passiert, und zwar dauernd. Der Literaturkritiker C. S. Lewis kommt zu dem Schluß: »Die Kluft ist so tief, daß man zu äußersten Mitteln greifen muß.«[37]

Er meint damit verzweifelte *philosophische* und *wissenschaftliche* Mittel, die auch nicht besser sind als andere. Heutzutage sind manche der Meinung, daß unsere Theorien über die Funktion des Gehirns von Grund auf überdacht werden müssen – möglicherweise funktioniert unser Gehirn ganz anders als alles andere im Universum. Ich finde diesen Gedanken interessant, auch wenn er bis jetzt zu keinen Resultaten geführt hat. Fürs erste erscheint es mir sinnvoller, nichts zu wissen, als sich auf einen absurden Glauben zu stürzen, nur weil er verlockend ist, wie zum Beispiel Dr. Kramers unbewiesene Doktrin, daß der »Geist« eine Ausscheidung des Körpers ist.

Daß ein intelligenter, ehrgeiziger junger Psychiater wie Dr. Kramer fröhlich den bevorstehenden Niedergang seines Berufszweigs und seine Wiederauferstehung als reine Arzneimittelverteilung heraufbeschwört, überrascht nicht. Schließlich ist die Psychiatrie nie eine richtige Wissenschaft gewesen, vielleicht nur deshalb, weil der ziemlich merkwürdige verbale Austausch, dessen sie sich bedient, niemanden heilt und auch nur manchen Leuten vorübergehend hilft – aus Gründen, die niemand so recht versteht. Die Psychiatrie wird vom Alptraum ihrer eigenen Irrealität als medizinische Disziplin verfolgt.

In diesem Alptraum sehen die Psychiater sich selbst am Ende der Zeit zusammen mit viktorianischen Nervenärzten, Phrenologen, Experten des animalischen Magnetismus und anderen Scharlatanen in einem tieferen Kreis der Hölle schmoren, gequält bis in alle Ewigkeit von den Depressiven und Wahnsinnigen, für die sie nichts getan haben. Währenddessen flattert ganz oben der selbstgefällige Engel der Psychopharmakologie – der Temperamentenlehre oder des Biodeterminismus; nennen Sie es, wie Sie wollen –, bläst in seine Trompete und verkündet: *Ich hab's euch doch gesagt!*

21. Juni 1993

Venedig, Morgenkaffee im Café Florian auf der Piazza San Marco – Proust am Nachbartisch, der seine Übersetzung von Ruskin überarbeitet – Nietzsche, der an einer schattigen Stelle gleich beim Orchester (das noch nicht da ist) schnell und ordentlich Notizen macht – Ezra Pound, der an einem anderen Tisch Statistiken zur Untermauerung seiner wirtschaftlichen Doktrinen aufschreibt …

Ich kann mich an diese Dinge erinnern, die ich irgendwo gelesen habe, doch ich kann sie nicht fühlen, was ich auch immer damit meine –

oder vielleicht geht's so: Proust und Ezra, die da drüben schreiben, erinnern an das Reale an einem Ort, an dem ich die Schönheit nicht so ganz spüren kann, oder vielleicht kann ich sie nur durch ihre literarischen Vermittler erspüren, durch die Mutationen in der Zeit; sie erscheinen mir jetzt alle viel realer als das Pflaster der Piazza unter meinen Füßen, als das Glitzern der Morgensonne auf den seltsamen Kuppeln von San Marco – ich werde nicht an die verlorenen Jahre denken, nicht jetzt – ich werde nicht in Tagträume darüber versinken, was ich gefühlt haben könnte, wenn ich ein

anderer Mensch gewesen wäre, wenn meine Nervenen-
den ihre Nahrung aus einer anderen Geschichte, einem
anderen Boden bezogen hätten –
  vor mir jetzt: schwarzer Kaffee, stark und süß, und
dazu Gebäckstücke – auf der Piazza, einem Ort, der
keine Phantasien oder abwesenden Begabungen »her-
vorlockt« (was Dandys und Kunstliebhaber seit jeher
glauben), sondern nur eine Kulisse für den hellen
Schein der Phantasie bietet –

Wie den altmodischen Psychiatern vor ihnen fehlt es auch den
psychiatrischen Materialisten nicht an Ausreden. Wenn die
neurochemische Balance wiederhergestellt und alles *nicht* in
Ordnung ist – was wahrscheinlich bei den Patienten der Vergangenheit so war und auch oft bei Prozac-Verwendern passiert –,
nun, dann hat man eben noch nicht genug praktische Erfahrungen gesammelt. *Wir wissen einfach nicht genug,* sagen die Ärzte.
Die Dosis stimmt nicht ganz. *Wir müssen noch viel lernen.* Und
so weiter und so fort. Kein Fehler ist schlimm genug, um die
Theorie selbst in Frage zu stellen. Wenn sich nur jemand genug
Mühe gäbe und genug Platz für Ausnahmen einräumte, könnte
sich die Temperamentenlehre auch heute noch als hilfreich erweisen. Es ist alles eine Frage der Überzeugung. Mit Beweisen
scheint es wenig zu tun zu haben.

Aber die Dosierung wird nie so richtig sein, wie wir uns das
wünschen. Vielleicht können wir die im Gehirn ablaufenden
Prozesse beeinflussen, aber nichts kann unsere Vorgeschichte
verändern, die Lebensgeschichte, die ein Resultat der Depression ist, oder den Schaden rückgängig machen, den wir uns
selbst zugefügt haben. Um mit dieser Geschichte fertig zu werden, werde ich mit ziemlicher Sicherheit den Rest meines Lebens
in Psychotherapie bleiben. Denn selbst wenn ich die absolute
Verblüffung als Ersatz für ein lebenswertes Leben akzeptieren
würde, gibt es keine Möglichkeit, all das wiederzugewinnen, was
Kummer und Ängste mir schon geraubt haben. Die Freuden,

Stunden und Gelegenheiten, die ich an die Depression verloren habe, sind unwiederbringlich dahin.

Zum Glück ist auch mein Psychiater ein Nihilist, ein Veteran der Moden, die sein Beruf in den vergangenen dreißig Jahren erlebt hat. Er neigt nicht dazu, sich selbst oder mich mit gerade modernen psychologischen Spekulationen zu belästigen. Ich kann mir nicht vorstellen, daß er jemals zu mir sagen wird: Was macht's schon, wenn Sie nur drei der zehn zu erwartenden Besserungsanzeichen zeigen und es Ihnen immer noch furchtbar geht? Es *muß* Ihnen besser gehen.

Dieses vordergründig bestechende Argument wird seit undenklichen Zeiten von Astrologen verwendet, wenn sie die Schlüssigkeit ihrer Vorhersagen und Geburtshoroskope beweisen wollen. Doch es belegt genauso wenig wie Kramers Thesen, außer vielleicht, daß intelligente Psychiater, die Bücher wie *Listening to Prozac* schreiben, ähnlich wie intelligente Astrologen aufmerksame Beobachter der menschlichen Natur sind und ihren gutgläubigen Klienten Trost geben können.

Apropos Astrologie und andere Narrheiten: Kramer berichtet in seinem Buch von den Erkenntnissen eines C. Robert Cloninger, eines Forschers aus Washington, der meint, herausgefunden zu haben, daß das menschliche Temperament von den drei Neurotransmittern Serotonin, Norepinephrin und Dopamin bestimmt wird. Nach diesem Modell wird jeder von uns unter einem aus drei Neurotransmitter-Sternen bestehenden Zeichen geboren. Anhand dieses Modells ließe sich theoretisch der künftige Lebensweg eines jeden Kindes ablesen. Praktisch, finden Sie nicht auch?

16. Juli 1993

Wieder daheim, an einem Samstag abend, den ich mir trotz wichtiger Dinge – Rechnungen bezahlen und ähnliches – für die Gartenarbeit genommen habe. Was für Veränderungen während unserer Abwesenheit: Die

*Oxalis sind gewachsen, die blauen Campanula schim-
mern wunderschön im abendlichen Dämmerlicht, die
hübsche Tradeskantie donnert zurück, hoch und lang
und gehaßt von den Bewohnern Ontarios, die sie für
ein Unkraut halten. Keine Blüten sind zarter blau als
die einer Tradeskantie, wenn sie am Morgen ein paar
Stunden die Blüten öffnet, wenn ich hinaufgehe, um
die ersten Gebete des Tages zu sprechen. Da ich selbst
ein Unkraut bin, habe ich Mitleid mit allem, was so
genannt wird. Wie ein Unkraut, unordentlich im Geiste, tauche ich an den falschen Orten auf, schlampig
wie eine Tradeskantie, und genauso verliebt in schat-
tige, feuchte Ecken.*

*Whitman oder Allen Ginsberg könnten ein Gedicht
auf die Tradeskantie verfassen, denn sie sind schreiben-
des Unkraut – ich gebe mich damit zufrieden, mich
jeden Morgen auf ihren Anblick zu freuen, und stelle
mir meinen Garten ohne ihre allmorgendliche Show
vor – das reicht mir: ein exquisites Aufblühen, bekannt
nur einem, mir, der im Morgengrauen aufsteht, um es
zu sehen – und dann den Rest des Tages ein Unkraut.
Ach Tradeskantie! Ach Campanula rotundifolia olym-
pica, besser bekannt als Glockenblume, du Seelen-
freundin!*

KAPITEL NEUN

Kapitulation

4. *Oktober 1993*

heute fällt der weiche, kalte Regen des Frühherbstes:
    Milchtropfen vom Busen der Lady Nÿt, der Him-
mel überwölbt die Welt in der Kosmologie des Nil . . .
die kalte Milch und der Regen tropfen auf uns Kinder,
die aus Schlamm und Asche hervorgegangen sind –

als ich heute im Wald spazierenging, die Blätter feucht
und zitternd unter den freundlichen Wassern
des Himmels, kamen mir Gedanken, ein Projekt viel-
leicht, gewendeten *Schreibens, eine Drehung im*
Englischen, ein Entwurzeln der Worte aus dem starren
Boden unserer Grammatik – ein Text wie von Ger-
trude Stein vielleicht, oder von Pound . . . ein Flußlauf
mit einem klapprigen Boot voller Wörter, die abge-
hauen sind, weg vom syntaktischen Absolutismus, ein
schlammiger, seltsamer Strom, auf dem man fliehen
kann, (mein Gott, das herrenlose Wort: das zähe Werk
der Grammatik, ihr Festhalten rückgängig machen –
die Brandung an den Rändern, der Drang und das
Ende davon, ein Wunsch
    Herr: Lehre uns in unseren Sehnsüchten das Ende des
Redens, jene Mischung und Verbindung der Geräusche
– lasse die harten, unglücklichen, zusammengepferchten
Befehle im Ich in unserer Sehnsucht platzen und mache
uns wieder zu Orten, zu Lichtungen im Wald für die
Baustelle, aus der die Welt in ihrer Schönheit, die so sehr
der deinen ähnelt, erwachsen wird –

Eines nebligen Herbstnachmittags, als die goldenen und wein-
roten Blüten in meinem kleinen Garten in der kalten Abenddämmerung glühten wie Laternen, las ich das letzte Kapitel von
Listening to Prozac und begann mit dem letzten Kapitel des vorliegenden Buches.

258

Ich dachte mir, daß das ganz leicht sein würde, und in den folgenden Tagen schrieb ich ein simples Ende, das Sie niemals lesen werden. Die gewichtigen Abschlußworte von Dr. Kramers Buch hatten mir so etwas wie ein Tagesprogramm gegeben, das dachte ich jedenfalls: eine Checkliste mit unangenehmen Dingen, die ich erledigen mußte, bevor ich mich meiner eigenen letzten Seite zuwenden konnte. »Wie die Psychoanalyse hat auch Fluctin (der dt. Handelsname für Prozac) nicht nur Einfluß auf die einzelnen Patienten, sondern auch auf die allgemeinen Denkmuster unserer Zeit. Mit der Zeit, meine ich, werden wir auch entdekken, daß die moderne Psychopharmakologie wie damals Freud zu seiner Zeit eine ganz neue Lebenseinstellung einleitet, wie wir unser eigenes Leben sehen.«[38]

Das, was Kramer schreibt, stimmt, auch wenn es trivial ist. Neue wissenschaftliche Erkenntnisse und Technologien haben seit jeher einen ganz eigenen Reiz, auch für die immer wache Öffentlichkeit unserer Zeit; sie schaffen andauernd eine »ganz neue Lebenseinstellung«. Beispiele dafür sind der frühneuzeitliche Beweis dafür, daß sich die Erde um die Sonne dreht und nicht umgekehrt, sowie Einsteins Relativitätstheorie und Freuds Entdeckungen – zumindest für Künstler und Schriftsteller – in den ersten Jahrzehnten unseres Jahrhunderts.

Dabei ist es von sekundärer Bedeutung, daß letztlich nur ein geringer Teil der breiten Öffentlichkeit die Gedanken von Einstein und Freud tatsächlich verstand. Wichtiger ist es da schon, wie schnell die Begriffe *Relativität* und *das Unbewußte* (oder zumindest Gerüchte darüber) zu ernstzunehmenden Kräften in der Kultur, insbesondere der hohen allgegenwärtigen Kultur des Relativismus, wurden.

Für die europäischen Schriftsteller, Künstler und Intellektuellen der Vorkriegszeit waren sie so etwas wie eine Ermutigung zu radikalem Zweifel aller Art, zu einer Verweigerung jeglichen künstlerischen und literarischen Realismus, zu einer Befreiung der Sprache von der Grammatik, ihrer Öffnung zum Unlogischen, Assoziativen. Wahrscheinlich begriffen James Joyce, Wassily Kandinsky und Anton von Webern nur wenig, falls überhaupt etwas, von dem, was Freud schrieb oder Einstein dachte. Aber ohne die Fin-de-siècle-Kultur der Unbestimmtheit und des Sich-dahintreiben-Lassens, die auf ganz radikale Art von Einstein und Freud bestätigt zu werden schien, wären *Finnegans Wake*, Kandinskys *Kompositionen* und von Weberns *Sinfonie* mit ziemlicher Sicherheit nie geschaffen worden, ja nicht einmal denkbar gewesen.

Doch wenden wir uns noch einmal Dr. Kramers letzter Botschaft aus seinem Buch *Listening to Prozac* zu: Zwar ist seine Grundannahme generell richtig – natürlich fließen seit Beginn der Neuzeit immer wieder verblüffende wissenschaftliche Erkenntnisse in die populäre und die gehobene Mainstreamkultur –, aber sie ist auch in wesentlichen Bereichen irreführend. Schließlich waren die Überlegungen von Freud und Einstein (und Darwin und Marx) in hohem Maße originell. Ihre Gedanken erwiesen sich, durch Massenmedien von esoterischen Theorien in leicht verdauliche Kulturparadigmen verwandelt, als unterschiedlich explosiv und kreativ, zerstörerisch und balsamisch, heimtückisch, erschütternd oder mitreißend.

Im Gegensatz dazu entspricht die »Lebenseinstellung«, die die Psychopharmakologie laut Ansicht von Dr. Kramer in unserer geplagten Zivilisation herauszufordern verspricht – immer vorausgesetzt, Peter Kramers wunderbarerweise geheilte Patienten lassen sich als genaues Tendenzbarometer deuten –, im großen und ganzen jenem Recht auf Wohlbefinden, das der Durchschnittsamerikaner zu haben glaubt, seit Thomas Jefferson unglücklicherweise Leben und Freiheit mit dem Streben nach Glück gleichsetzte. Diese »Lebenseinstellung« wäre, deterministisch wie der grimmigste Calvinismus und selbstvergessen totalitär wie in *Schöne neue Welt*, letztlich der Kontrolle von Menschen wie Peter Kramer, Eli Lilly oder anderen wohlmeinenden Materialisten unterworfen. Wir sollten uns lieber nicht wünschen, von Optimisten oder Perfektionsgläubigen beherrscht zu werden, denn das zwanzigste Jahrhundert hat uns – beispielsweise in Rußland oder Deutschland – gezeigt, daß solche Herrscher nur zu bereit sind, uns zu töten, wenn wir uns als *nicht* perfektionierbar erweisen oder uns nicht ausreichend um diese Perfektionierbarkeit bemühen.

Doch selbst im besten Fall wäre jene durch die neuen Psychopharmaka geschaffene »Einstellung« ganz ähnlich der in den konformistischen, hedonistischen Gebieten, in die nordamerikanische Touristen die Pazifikküste von Mexiko verwandelt haben – hier gibt es weder Regen noch Sorgen, man kann sich ganz dem segensreichen Konsum und dem hingeben, was Dr. Kramer als menschliche Erfüllung betrachtet, nämlich sich möglichst oft zu einem Rendezvous zu verabreden. Den Verfasser von *Listening to Prozac* bedrücken solche Aussichten nicht, und er möchte auch nicht, daß wir uns durch sie bedrücken lassen – aus dem offensichtlichen, wenn auch uneingestandenen Grund, daß schließlich sein Berufsstand das Sagen haben wird.

In einer Rohfassung des Kapitels, das Sie gerade lesen, verdammte ich *Listening to Prozac* und seine populärpsychologischen Lehren bis zur letzten Seite. Das fiel mir übrigens gar nicht schwer. Mittlerweile hat sich das Verdammen des Werks aufgrund der Kritiken zu seinem Buch und anderen Werken mit Titeln wie *Talking Back to Prozac* fast zu einem Volkssport ausgewachsen.[39]

Ich erkannte jedoch schon bald, daß sich meine Kritik an Dr. Kramer aus zwei sehr viel tieferen und persönlicheren Quellen speiste als aus der intellektuellen Neugierde.

Die erste ist die schmerzliche Erkenntnis, daß dies die blutende, wundgescheuerte Stelle ist zwischen meiner Sehnsucht, frei von Depressionen zu sein, und dem Wissen, es niemals zu sein – vorausgesetzt natürlich, es ereignet sich nicht noch ein größeres Wunder als das von Eli Lilly.

Die zweite ist das von Anfang an quälende Wissen, daß mein Buch, auch wenn ich es gern mit einer wohltönenden Prophezeiung beendet hätte, einfach irgendwann aufhören würde, ohne daß ich zu etwas gelangt wäre, was die Bezeichnung »Schluß«

verdiente. Bücher über Depressionen lassen sich leicht mit einem befriedigenden Dénouement, der Formulierung einer Lösung, abschließen. Aber ein Buch wie das vorliegende, das aus dem Zentrum der Depression heraus verfaßt ist, aus der verwirrten Mitte eines Lebens mit der Depression, das wahrscheinlich noch ein paar Jahre dauern wird, läßt sich genauso wenig zu einem Ende bringen wie die Krankheit selbst.

Ich kann keinen Rat geben und auch keine besonderen Einsichten über die Frage referieren, ob die pharmazeutische Industrie in der Lage ist, Menschen mit Depressionen einen Weg zu Freude und Frieden zu weisen oder sie geradewegs in eine Dystopie à la Huxley verbannt. Ich kann nur Geschichten erzählen.

31. Oktober 1993
Halloween

die nacht, in der die hexen in den schatten fliegen, in lichtungen, in die der fahle schein des mondes nicht dringen kann,
die nacht, in der die hexen an den feuern tanzen, an dunklen feuern mit salpeter und schwefel, teuflischen sachen ...
Halloween, und in mir der gedanke an hexen, die auf dem rücken eines heulenden, panischen oktobersturms, zu kalt, zu schnell für diese jahreszeit, reiten – hexenschweife wie meteore, am himmel meiner gedanken, unter dem himmelsschädel –
der körper unter den gedanken ist tot, begraben in dem kirchhof, über den die hexen fliegen – mein garten ist tot, alle leuchtenden herbstblumen vom hexenwind des fast-november in verschrumpelte, erschreckte posen geblasen
die Kirche sagt, die heiligen haben gelebt und sind gestorben und leben ewiglich, ganze heerscharen und

*senate und verspielte mannschaften von heiligen,
freundlich auf eine weise, in der der Tod nicht berühren, zerbrechen, zerstören kann – mir fällt es jetzt
so schwer, das zu glauben, mich daran festzuhalten, in
dem sturm, der über den garten bläst, über die vertrockneten blumen, alles andere schlafend und un-
gestört (im gleichen maße, wie ich gestört bin) von den
hexen –*

*ich denke an die tage vor uns, wenn der schlummer
unter dem mulch zu ende ist, die sonne zögernd wie-
derkehrt, den boden zu wärmen und aufzutauen, und
wenn das grüne streben wieder von neuem beginnt –
ich denke daran, fürchte mich vor dem zusammenbruch, der vielleicht mit dem allen einhergeht, der zerstreuung der gedanken, die nichts anderes sind als das
gefürchtete festtreten von gedanken zu kompost,*

*gedanken, die wie blütenblätter von haßerfüllten win-
den über den rasen getrieben werden –*

Wie andere Menschen, die nie frei von der Angst sind, daß die
schwarzen Hunde zurückkehren, wünsche ich mir die Wunder-
pille, die alles in Ordnung bringt – nicht nur für mich, sondern
auch und besonders für die unzähligen Männer und Frauen,
die unter noch hartnäckigeren Depressionen leiden als ich. Wir
wünschen uns diese Pille auch deshalb, weil sie das Ende der
Gesprächstherapie bedeuten würde, die nie heilt, sondern uns nur
so viel hilft, daß wir in der Lage sind weiterzuleben, und uns
durch die merkwürdige Dynamik der Übertragung süchtig
macht. Die Stunden, die wir mit solchen Gesprächen verbringen,
summieren sich im Laufe eines Lebens zu einer unerträglich hohen Zahl, einfach deswegen, weil wir uns nicht anders zu helfen
wissen. Wir wünschen uns, daß diese Stunden ein Ende haben.
    Ich kann es den Wissenschaftlern nicht verdenken, daß sie
weiter nach der ultimativen Pille forschen, und auch nicht den

Psychiatern, daß sie die öffentliche Begeisterung sowohl für das Vorhaben als auch für seine Ergebnisse anheizen. Vielleicht hat Prozac nicht gerade ein neues, sprühendes, beliebtes »Ich« geschaffen, vielleicht richtet es auch unbemerkt Schaden an meinem Gehirn und meiner Leber an, aber kurzfristig hat es mir sehr viel Nutzen gebracht. Seit Jahren jeden Morgen zwei grün-cremefarbige Kapseln Fluoxetin zusammen mit meinem Orangensaft herunterzuspülen scheint das Karussell der Ressentiments in meinem Kopf auf halbe Geschwindigkeit reduziert, den Selbsthaß entschärft und die Depressionsschübe, die mich schon mein ganzes Leben lang quälen, verkürzt und weniger häufig gemacht zu haben.

Eli Lilly hat ein gutes Produkt entwickelt und verdient nun eine ganze Menge Geld an denen, die es nützlich finden. So funktioniert der Kapitalismus nun mal. Und die Ärzte haben eine Waffe im Kampf gegen die Depression, die möglicherweise manchmal bei manchen Menschen wirkt. Das freut mich. Es würde mich auch freuen, wenn die neuen Mittel die Psychiatrie vor der Belanglosigkeit bewahrten, auf die sie sich zuzubewegen scheint.

Denn auch wenn immer noch viele Menschen im Gespräch mit dem Psychiater Hilfe suchen, bietet dieser – orientiere er sich nun an Freud, Jung oder einer Mischung verschiedener Schulen – lediglich in der Frühphase der Therapie Erleichterung von der Depression; danach läßt die Wirkung deutlich nach. Wahrscheinlich wird der Niedergang der rein mentalen, fünfzigminütigen Behandlung von Depressionen so lange weitergehen, wie Menschen – meiner Ansicht nach törichterweise – etwas mehr darin suchen als gelegentliche Hilfe, etwas anderes als die Beziehung, die sich im Lauf der Jahre mit einem Psychiater aufbauen läßt. Die neuen Antidepressiva bringen keine solche langsame, manchmal schmerzliche, oft langweilige und fruchtlose Entwicklung neuer Skripten und neuer Formen des Zusammenseins mit anderen Menschen mit sich. Ich persönlich kann nur sagen: Das erste Jahr meiner psychiatrischen Behandlung vor einem Vierteljahrhundert war intensiv, hermetisch, gefährlich und auf dramatische Weise erhellend, doch die folgenden vierundzwanzig Jahre waren ermüdend. Die Gesprächstherapie für sich ist bis jetzt nicht in der Lage gewesen, mich aus dem Würgegriff der Depression zu befreien. Und mittlerweile glaube ich auch, daß sie das nie schaffen wird. Falls das Ziel meiner Therapie jemals eine Heilung gewesen sein sollte, ist sie das nun nicht mehr; statt dessen geht es jetzt dabei um die schrecklich langweilige und immer nur vorübergehende Auflösung meines Selbsthasses und -mitleids. Ein Medikament wird dazu nie in der Lage sein.

Fluoxetin begann erst an dem Tag zu wirken, als ich anfing, es einzunehmen. Ich kann die Lebensgeschichten, die ich innerhalb der Kultur der Depression davor geschaffen habe, nicht umschreiben, ich kann auch nicht den Schaden rückgängig machen, den ich mir selbst zugefügt habe, die schrecklichen Erinnerungen auslöschen oder die Freuden und Tage zurückgewinnen, die ich hätte haben können. Um mein Bedauern immer wieder auszusprechen – und um jenes immer flackernde Licht des Zweifels an Heilung, Lösung, Ausweg nicht verlöschen zu lassen – werde ich den Rest meines Lebens in Psychotherapie bleiben.

12. November 1993

Banff, land der wohnwagen in den kanadischen Rockies, weiter horizont mit dahinhetzenden wolken, nach denen die scharfen fänge der berge schnappen, die ihrerseits nach dem himmel schnappen –
hin und wieder am leben zu sein in Banff; jetzt am leben zu sein; oder dann, das ist die frage. doch selbst dann am leben zu sein, in einer anderen zeit, unter wohlgesonneneren umständen, bedeutet, es mit dem jetzt und hier leben zu versuchen. es gibt keinen eskapismus oder anachronismus – nur die besondere situa-

tion der arbeit jetzt. vielleicht ist diese arbeit nur die
anmerkung zu dem buch, das ich immerzu schreibe, in
der gegenwart, das skript, dieses leben – marginalien
vielleicht, etymologie.

um dann am leben zu sein, ist die einzige möglich-
keit, jetzt zu leben; anachronisch zu sein statt chro-
nisch; tiefe zeit wegzuticken – aus dem takt in der zeit
der militarisierten zeit, jede uhr ein drill sergeant, der
nichts brüllt.

Banff, höher als die welt, aus der ich komme, und
dennoch strömt hier die ganze zeit zusammen, in die-
sem augenblick, beim schreiben im dämmerlicht der
westlichen sonne, die zum letzten mal versinkt –

jetzt zu leben bedeutet, dann zu leben, in der ver-
gangenheit, zu der die gegenwart sich immer hingezo-
gen fühlt, verschwindend in jene abwesenheit, in das
mitleid für die überlieferung mit ihrem schweigen, das
sich so sehr von den geräuschen der ungebärdigen götter
dieser *zeit unterscheidet*

ohne pathos zu versinken,
ohne bedauern in die
wiederauferstehung der toten
und in das leben der welt, die
kommen sollte

und in all jenem wird das sterben kommen,
eine glocke in der klaren kalten
berg   luft
sinnloses schreiben sowieso, ein sterben und enthüllen,
der bau eines tempels für den kommenden gott (wie
Heidegger sagt)
der allein uns retten kann
(und nicht einmal ein gott kann uns retten
im unablässigen friedlichen verderben der welt)

Wenn man bedenkt, wie skeptisch die Allgemeinheit einem Heilungserfolg durch Gesprächstherapie gegenübersteht, ist es nur verständlich, daß manche Psychiater ihre Zuflucht bei den Helfern aus dem Reagenzglas suchen, um sich ihre Rente zu sichern. Trotzdem ergibt das ausschließliche Vertrauen in Tabletten nur dann einen Sinn, wenn der Hauptzweck ihres Einsatzes die Bezwingung des Selbst oder der Umstände ist, die ein Leben mit der Depression hervorgebracht hat. Daß dies tatsächlich das Hauptziel der meisten Menschen mit Depressionen und aller Ärzte ist, dürfte nicht weiter verwundern.

Wenn man Heidegger glauben darf – und ich bin überzeugt, daß er in dieser Hinsicht Recht hat – werden unsere Gedanken und Handlungen seit der Zeit des Sokrates vor allen Dingen und immer ausschließlicher durch den Traum von der *totalen Beherrschung* angeregt. Die westliche Kultur läßt sich als riesiges Versuchslabor einer solchen Beherrschung sehen – über die Natur, über uns selbst, über unsere Launen, über das Unbekannte, das Bekannte, das nicht Kennbare und das (wie wir durch die schrecklichen medizinischen Experimente von Auschwitz erfahren haben), was es sich nicht lohnt zu kennen. Unsere gegenwärtige Sprache, die alles, vom Sex bis zur beruflichen Karriere, von physikalischen Partikeln bis zu Krankheiten benennt, ist durch eine Rhetorik der Eroberung gekennzeichnet. Diese Rhetorik hat im Verlauf ihrer zweieinhalbtausendjährigen Geschichte die mechanisierte, immer stärker automatisierte Umwelt hervorgebracht, in der wir leben, und nicht nur das, nein, auch die taktierenden, berechnenden Menschen, die wir jetzt sind.

Doch zusammen mit einer Kultur der Beherrschung entsteht auch ein kontinuierlicher Konflikt, der Kampf um die Beute. Deshalb auch die große Bestürzung und das schreckliche psychische Elend derjenigen, die sich als Verlierer in diesem Kampf empfinden – das heißt also jener Leute, die das Gefühl haben, nicht ihren gerechten Anteil zu bekommen. Als Kompensation für die Verlierer im Kampf um die Beherrschung hat die Massengesellschaft eine Kultur der Zerstreuung und Pseudoerfüllung ersonnen. Unsere Umwelt ist gesättigt mit einem utopischen Erotizismus à la Calvin-Klein-Werbung; die gesellschaftliche Maschine, in der wir leben und arbeiten, trieft nur so von beruhigendem, vergessen machendem Fett.

Deshalb hat Prozac eine ganz besondere Bedeutung und weckt Erwartungen auf noch bessere, schnellere, neuere Stimmungsaufheller. Die Psychiatrie ist nur zu langsam. Ähnlich wie die Soldaten, die im Zweiten Weltkrieg unter Kriegsneurosen litten, brauchen auch wir, die Kämpfer im ewigen Krieg aller gegen alle, immer bessere Arzneien, um die Schmach des Verlusts und des Versagens auszulöschen, wenn wir jeden Tag aufs neue in der Lage sein wollen, aus dem Bett aufzustehen und eine neue Schlacht in diesem Konflikt ohne Ende zu fechten.

Ich erlebe sowohl die Depression selbst als auch ihre Behandlung als andauerndes massenkulturelles Phänomen, nicht als individuelle Krankheit oder Zweiergespräch. Die Depression ist für mich nach wie vor eine Sprache der Selbstbestrafung, ein fortgesetztes Gefühl der Beschmutztheit und der Wertlosigkeit, der Verlegenheit darüber, am Leben zu sein; eine krankhafte Leblosigkeit, die ich voller Neid mit der Lebendigkeit vergleiche, derer sich andere Menschen wohl erfreuen. Ich kann sie mir nicht anders vorstellen als eine Anordnung von Bildern und Worten, die unauflöslich mit Modellen, Störungen und Sprachen »da draußen«, im Feld gesellschaftlicher Existenz, verbunden sind.

Die westliche Heilkunst besteht, wie jede andere Disziplin in unserer Tradition der vollständigen Beherrschung, seit jeher darauf, Depressionspatienten als funktionsgestörte Dinge zu behandeln. Zu diesem Zweck hat sie eine mächtige technische Sprache und entsprechende Aktionen hervorgebracht, die sich auf den biologischen Materialismus und Determinismus berufen und uns zu eben solchen fügsamen und behandelbaren Dingen reduzieren. Die Kunst des Arztes ist eine Art »radikaler, mürrischer Atheismus«, um Julia Kristevas Beschreibung der Depression in einen anderen Kontext zu stellen. Diesem Geist gehorchend, weiß die zeitgenössische Medizin nichts über ihre Patienten als ganzheitliches System.

Kristevas Beschreibung scheint mir deshalb so gut zu passen, weil unsere Begegnungen mit der Macht der Medizin oft genauso entmutigend sind wie die Depression selbst. Wir degradieren uns nicht nur selbst, sondern werden zusätzlich noch von anderen zum reinen Objekt der Analyse, der Taxonomie und der Bestandsaufnahme degradiert. In meinen guten Momenten und außerhalb der Klinik sehe ich mich selbst nicht so. Mein Bewußtsein suggeriert mir, daß ich nur ein Knötchen in der generellen Verschlingung der Kultur bin, eine winzige Geschichte, die sich nicht von der allgemeinen Geschichte der Sprache, des Sinns und der Vernunft lösen läßt. Mein Dasein innerhalb dieser Geschichte ist Schmerz, eine Alltäglichkeit, die immer von der Depression überschattet wird, manchmal mehr, manchmal weniger. Hin und wieder gelingt es mir, fröhliche Dinge zu tun, zum Beispiel auf Papier aufgezeichnete Tanzschritte zu üben, jedenfalls bis mir die Füße weh tun.

Diese fiktive Einheit, der »Körper«, den die Medizin sich geschaffen hat, ist nur dann interessant, wenn er verkrüppelt oder durch feindliche Einflüsse, also »Krankheiten«, geschädigt wird; ansonsten interessieren sich die Ärzte überhaupt nicht dafür. (Ich halte den »Körper«, den die Ärzte sich konstruiert haben, für unwirklich, weil ich noch nie einen Menschen erlebt habe, bei dessen Berührung ich kein sinnliches Interesse empfunden hätte. Doch Ärzte sind in dieser Hinsicht anders. Ich war einmal mit einer Kinderärztin befreundet, die irgendwann ihre Praxis aufgab, weil die Babys, die ihr gebracht wurden, gesund waren, und das langweilte sie schrecklich.)

Um die Depression zum Objekt der medizinischen Beobachtung und Beherrschung zu machen, mußte sie zu einer Krankheit wie jede andere erklärt werden, zu einer individuellen Angelegenheit mit Symptomen, die den Betroffenen einzigartig machen. Es handelt sich dabei um ein inneres Foul, Mist bauen innerhalb der Körpergrenzen, eine »gänzlich innere Unordnung«, mit einer Ätiologie, einer Epidemiologie, einer Krise und einem möglichen Resultat. Es handelt sich ebenfalls um etwas, das ganz »natürlich« seine eigene Behandlung nahezulegen scheint – obwohl die Behandlungsmethoden sich im Lauf der Geschichte der Grausamkeit immer wieder geändert haben. Der augenscheinliche Zweck dieser Behandlungsmethoden ist es immer gewesen, den Körper am Leben zu halten. Das Ergebnis ist es immer gewesen, den kranken Körper abzutöten – das heißt, ihn aus dem Blickfeld der Medizin zu entfernen.

Sogar etwas so wenig Dingähnliches wie die Depression – sie ist ausgesprochen flüchtig – unterliegt der Macht der Techniker, deren Prestige sich auf Heilen, Schnipseln und Helfen begründet. So wird der Körper wieder in den Status zurückversetzt, in dem er vorher angeblich war: den Status eines uninteressanten, unwichtigen Dinges.

26. Januar 1994

alles, wovor die menschen am winter angst haben,
trifft ein
wochenlange heftige, unerbittliche knochenkälte,
anstrengende spaziergänge in den wäldern und in der
stadt
die desorientierung macht mich sporadisch und
ineffektiv in allem, was ich tue. dahintreibend in der
kälte und ihrer stille, eine zeit zum zusammenfalten,
zusammenschrumpfen
gestern habe ich die meterhohen stapel mit
zeitschriften und büchern und alten papieren in
meinem arbeitszimmer ausgeräumt.
die ganze furcht nistet sich im herzen ein, ein
giftiger vogel, der keinen anderen platz findet. heute
morgen, eine stunde zusammen mit dr. rosen:
und, ja, ich habe ihm gesagt: ich bete wieder und
lege wieder zeugnis ab von dem gott. und ja: ich bin in

der folter des gottes und zerfalle; ich klammere mich an
nichts, weil nichts mich jetzt zusammenhalten wird
  und ja: das mitleid des gottes ist in der qual und im
reißen, und ich kann ihm jetzt nicht hineinfolgen,
nicht dort sein, mitleidender unter all den qualen.
  und ja: ich bin jetzt immer mehr in meinem zim-
mer, zurückgezogen von der welt, weil ich nichts habe,
nichts bin
  und ja: daß man es tun muß, das weitergehen, sagte
dr. rosen, man muß weitergehen, immer weiter, es gibt
kein ende
  und ja und ja: das nicht-tun ist teil des weitergehens,
das, was dr. rosen beschränkung *nennt, und daß ich*
das nicht besonders gut kann – ein nicht-tun, das nicht
das tun der gleichen dinge bedeutet, sondern ein tun
von dingen, die neu sind
  aber in der gegenwärtigen Finsternis und kälte
stirbt der gott und ich kann nicht mit ihm sterben –
aber ich lebe, und lebe im weitergehen und im nicht-
tun, das mir so schwerfällt

Schritt für Schritt, schrieb Simone Weil, mache das Leiden die
Seele zu seinem Komplizen, indem es ihr Trägheit einimpfe.
Jeder, der lange genug ein Leiden hat, empfinde eine gewisse
Komplizenschaft gegenüber seinem Leiden. Diese Komplizenschaft stehe all seinen Bemühungen entgegen, seinen Zustand zu
verbessern; das gehe so weit, daß sie ihn sogar daran hindere,
einen Weg zur Heilung zu suchen oder sich diese Heilung zu
wünschen.[40] Mitten in einer Depression habe ich oft eine
gewisse Befriedigung dabei empfunden, mich selbst als fleischgewordene Krankheit zu sehen, als Karzinom mit mechanischen
Verhaltensweisen, aber ohne Geschichte, als einen verkörperten
Verstoß gegen die »Normalität«. Während einer Depression
neige ich am ehesten dazu, der Ansicht zuzustimmen, daß meine
Krankheit in mir ist.

In solchen Zeiten habe ich natürlich kein Interesse an Gesprächen mit meinem Psychiater darüber, welche schiefen kulturellen Ordnungen in der Depression zum Ausdruck kommen. Dann möchte ich mich vor allen Dingen beklagen und über mich selbst reden. Das ist nur natürlich, denn die meisten von uns haben gelernt, unsere Krankheit – in meinem Fall seit damals, in der großen Uniklinik – als individuelles Trauma, Drama, Skript zu erleben. Zu hören, daß dieser giftige Ausfluß, der uns so elend macht, eigentlich aus einem diffusen Feld stammt und sich nicht festmachen, vielleicht nicht einmal erreichen läßt – das will jemand, der leidet und sich nach sofortiger Hilfe sehnt, einfach nicht hören. Obwohl die meisten Ärzte natürlich auch nicht auf die Idee kommen würden, einem Patienten irgend etwas Derartiges zu sagen.

Ich empfinde ein merkwürdiges Vergnügen bei der Vorstellung, daß sich in meinem Innern etwas Geheimes befindet, das plötzlich auftauchen und sich dann wieder verbergen kann – wie ein inoperabler Tumor, der im grellen Licht des OP sichtbar wird und dann wieder unter der vernähten Wunde verschwindet. So sehen wir uns selbst in einer Depression – als Tumore unter einer dünnen Fleischschicht. Und so sehen uns auch die Ärzte. Die Lektüre ihrer Fallgeschichten hat mich vieles über die Depression und über die sogenannte Objektivität der Ärzte gelehrt, die sich ihren Lebensunterhalt mit dem Unglück anderer verdienen.

Weil solche Fallgeschichten durch und durch symptomatisch sind für die moderne Betrachtungsweise und sie in Worte fassen, haben sie Michel Foucault immer fasziniert. Die Krankenberichte von Menschen mit psychischen Störungen, Texte, die er »Blitzexistenzen« oder »Lebenspoeme« nannte, umfassen lediglich eine winzige Geschichte dieser Existenzen, ihres Unglücks, ihrer Wut oder ihres ungewissen Wahns.

Der Text, sagt Foucault, ist ihre einzige Möglichkeit, sich aus der Dunkelheit zu erheben, sozusagen ihr Schritt in einen Lichtstrahl, der sie, zumindest vorübergehend, erhellt. Was sie aus dem Dunkel der Nacht errettet, wo sie auch weiterhin hätten bleiben können und vielleicht auch sollen, ist ihre Begegnung mit der Macht, mit der Macht, die schon auf dieses Leben lauerte, ihnen nachspionierte, sie verfolgte, ihre Aufmerksamkeit, wenn auch nur für einen Augenblick, auf ihre Klagen und ihren kleinen inneren Aufruhr richtete.[41]

Ermutigt durch Foucaults Vorbild, habe ich mich während einer Depression hin und wieder in Bibliotheken verkrochen und dort Stunden mit der Lektüre von Fallgeschichten in medizinischen Fachzeitschriften zugebracht. (Wer will schon wissen, ob nicht die Fallgeschichte die Populärliteratur der Zukunft sein wird, eine Art »wahrer« Science Fiction über die totale Verwaltung und die totale Unterwerfung?)

In einer dieser Zeitschriften entdeckte ich die Geschichte einer »achtundzwanzigjährigen Frau«[42] ohne Namen oder auch nur Pseudonym, erzählt von drei Psychiatern in einer staatlichen Uniklinik in New York. Sie gerät nach achtundzwanzig Jahren Dunkelheit in den »Lichtstrahl« der Macht, jedoch nur als farb- und eigenschaftslose, widerspenstig undurchsichtige Hülle für Krankheiten, die sich nun dem faszinierten Blick der Ärzte darboten: Bulimie und »schwere Depressionen«, die bisher – für mich überraschenderweise – nicht von Selbstmordgedanken begleitet wurden.

Diese Krankheiten versuchten ihre Ärzte in der Welt außerhalb der Klinik bis zu dem Zeitpunkt mit einer niedrigen Dosierung Fluoxetin-Hydrochlorid zu bekämpfen. Sie »half« nicht – das heißt, sie machte die Hülle für den Blick des Mediziners nicht transparenter.

Dann plötzlich beschlossen die Ärzte, daß eine große Menge Prozac vielleicht die Undurchsichtigkeit beseitigen könnte, gegen die eine kleinere Menge nichts half, also erhöhten sie die Fluoxetin-Dosierung gewaltig – worauf die Krankheit im Innern ungeheuer aufmüpfig wurde und ihrem Wirtskörper zuflüsterte, es sei Zeit, den Tod durch einen Sprung aus einem hohen Krankenhausfenster zu suchen.

Daraufhin senkten die Ärzte, die sich stärker für die Krankheit als für die namenlose Hülle ohne Farbe und Geschichte interessierten, die Fluoxetin-Dosierung. Die Symptome ließen nach und damit auch das Interesse der Ärzte. Die Fallgeschichte endete. Es schien den Ärzten nicht klar zu sein, daß ihr Mangel an Entsetzen über das menschliche Elend, das aus der normalen Welt gerissen und in ihre Klinik gespült wurde, die verzweifelte Suche nach einem Ausweg initiiert hatte (sie interpretierten sie ganz im eigenen Sinn als durch Medikamente ausgelöste »suizidale Ideation«), nicht ihre Dosierung des Fluoxetin. Nun wurde die Hülle mit der Krankheit im Innern so elend wie zuvor; sie war ohne Interesse für die Ärzte und wurde, ohne Hilfe erhalten zu haben, aus der Klinik in ihre frühere Obskurität entlassen – zurück blieb nur ein kurzer Text als Beweis ihrer Existenz, nicht einmal ein Wort des Bedauerns seitens der Ärzte darüber, daß sie nichts für dieses elende Wesen hatten tun können, das nun wieder verschwand.

Soweit ich weiß, hat nie jemand eine Fallgeschichte über mich geschrieben. Ich weiß, daß es Akten über mich gibt, und nur insofern habe ich erfahren, was Foucault die »Reduktion zu Asche« durch die Umwandlung in Texte nennt. Doch noch Jahre, nachdem ich auf die kurze Notiz über die »achtundzwanzigjährige Frau« gestoßen war – sie ist lediglich eine unter Tausenden von Fallgeschichten, in jeder Hinsicht durchschnittlich – quält mich ihre Abwesenheit. Wieder und wieder habe ich versucht, mir ihr veränderliches Gesicht vorzustellen, wenn sie lacht, weint, Schmerz empfindet, sich vollstopft, erbricht – habe versucht, mir vorzustellen, was sie ist, menschlich und krank, und somit meine Schwester im Leiden und der Welt. Ich versuche es, und jedesmal mißlingt es mir, einen Blick auf sie zu erhaschen durch den Sturm der Asche, die der heiße Wind des Wahns über den sonnenlosen Planeten der Depressiven treibt.

1. März 1994

Das Fest des heiligen David von Wales
   *Erinnerungen an Wales, meinen ersten aufenthalt
dort, an einen stürmischen tag über der Irischen See im
jahr 1967,*
   *die pilgerreise zum schrein des heiligen durch ein
felsig-grünes tal in dem winzigen ort im hintersten
winkel von Wales, und dann die see –*
   *doch heute: sehr kalt, sehr hell – der bittere winter
hört nicht auf, aber das licht kommt allmählich wieder, dringt durch die schmutzigen fenster meines kellers, in die dunkelheit, in der ich jetzt die meiste zeit
lebe –*
   *doch heute: ganz anders als jene sommerreise über
die hohe see nach Wales, und gebete am schrein des heiligen in der kühlen kathedrale aus stein – doch ein
bißchen licht jetzt ... ein schatten unter meiner hand
im keller meiner seele, fahler sonnenschein und*
   *dann wird das wetter aufklaren, und die wärme
wird hierher zurückkehren   aber erst, wenn
das gesegnete tropfen der eiszapfen beginnt, ein sanftes
tropfen auf die terrasse über meinem arbeitszimmer,
dort, wo die pflanzen immer noch in ihren kästen
ruhen.*

es ist jetzt so dunkel in mir, in der stille des kellers.
   *ich fuhr über die Irische See und von dort nach
Wales, und von dort zum schrein von St. David's, und
von dort über eine kleinere insel zum heiligen eiland
von Caldey, wo früher heilige lebten, den boden mit
ihren schritten segneten.*
   *Meine großmutter Erin hatte jahrelang an die post-
meisterin von Caldey geschrieben, und ich fuhr hin,
um das zu tun, was meine großmutter nie würde tun*

können, um die menschen zu besuchen, die meiner
großmutter all die jahre von ihrer heiligen insel schrie-
ben.
  erinnere dich in der dunkelheit, in dem keller mit
den spinnen in den dunklen ecken, o männliche seele,
sterbende männliche seele, erinnere dich an eins,
    an die gezeiten in der bucht von Caldey –
    jenes wochenende, und wie sehr ich mich danach
sehnte, in den gischt und die brandung zu waten, zu-
erst bis zu den knöcheln, dann bis zu den oberschen-
keln, und dann ganz zu verschwinden in den wassern
des heiligen eilands,
    in die strahlende dunkelheit, so kalt in Wales,
damals –

Manchmal halte ich meine Depression ganz und gar – nicht
teilweise, was sicher zutrifft – für eine Fehlfunktion des Gehirns,
auf die dieses passiv mit Bestürzung, Niedergeschlagenheit und
Wut reagiert. In Augenblicken, in denen ich klarer über meine
eigene Störung und die der Welt sprechen konnte, habe ich immer das Gefühl gehabt, daß die Depression eine Kultur innerhalb der realen Welt ist – ein von einer bösen Hexe verzaubertes
Wäldchen voll Flüstereien, dahintreibenden Bildern und Spie-
geln in trüben Bergseen –, in die ich mich hineinbewege und aus
der ich wieder herauskomme, ohne zu verstehen, warum und
wann.
  Das Problem, mit dem sich die materialistische Psychiatrie
auseinandersetzen muß, ohne es mit der nötigen Ernsthaftigkeit zu können, liegt in der Überzeugung des Depressiven,
daß der Geist nicht nur im, sondern auch außerhalb des Schä-
dels existiert. Falls die Gesprächstherapie überhaupt etwas zu
meinem Verständnis beigetragen hat, ist es die Überzeugung,
daß Neurosen ein kulturelles Konstrukt sind, eine komplexe
Struktur der Sprache mit einem Lexikon aus teuflisch übel-
riechenden Wörtern, elend und verderblich und voller Haß

aus einer Welt, die von Haß, Verachtung und Gewalt durchdrungen und mit einer tiefen, wütenden Enttäuschung darüber infiziert ist, daß es ihr nicht gelungen ist, alles unter Kontrolle zu bringen.

Natürlich sind bestimmte Erkrankungen der Psyche Auswirkungen geschädigter Zellen und Schaltkreise. Unsere kleinen Gehirne sind sterblich und unterliegen somit denselben Gefahren wie Herz, Pankreas oder Leber. Sie alle können von Krebs und Infektionen befallen oder durch Unfälle geschädigt werden.

Doch wenn das Gehirn der Sitz des Geistes ist, genau wie die Leber ein großes Werk der Reinigung verrichtet, dann ist dieses Gehirn anders als die Leber ein Haus mit vielen offenen Fenstern. Durch sie bewegt sich geschmeidig der Geist und bringt dem Körper Sprachen, die ständig durch das äußere Spiel aus Licht und Schatten, durch Bilder und Erfahrungen, Worte und Wünsche geformt werden. Die anderen Organe hingegen existieren offenbar nicht außerhalb des Fleisches.

Nur das Gehirn ist offen für eine mehr als einseitige Transaktion (nämlich die nach innen), und das ist genau der Unterschied, auch wenn dieser Unterschied nur schwer festzumachen ist. Ich neige jedoch zu der Ansicht, daß dieser Unterschied letztlich ganz einfach zu erkennen ist; er wird hörbar in den Ängsten und Obsessionen, den Verzerrungen und Weigerungen und den elenden Rückzügen in das selbstkasteiende Nichts, das so charakteristisch ist für den Diskurs des Depressiven. Die Leber, das Herz, die Blase – sie alle genießen das Privileg, nichts von der Welt zu wissen. Offenbar besitzt nur das Gehirn ein Werkzeug – den Geist –, das in der Lage ist, die schrecklichen Botschaften in den Körper einzuschleusen.

Ich schreibe diese Worte in einem mehr oder minder stabilen Zustand und sehe angesichts des Elends, mit dem so viele Millionen geschlagen sind, keinerlei Grund, warum ich mir wünschen sollte, »normal« zu sein.

Allerdings muß ich auch sofort sagen, daß ich die Sicht der

Depressiven *ausschließlich* als Spiegel einer massenkulturellen Krise in der unschuldigen Seele nicht unterstütze. Sie werden sich vielleicht erinnern, daß der britische Psychiater R. D. Laing sowie zahlreiche sogenannte »radikale« Ärzte und Laien in den sechziger Jahren genau dieser Meinung waren, zum Teil als Erwiderung auf Hirnzerstörer wie Ewen Cameron oder andere Fließbandlobotomisten. In ihrer populären Form wurde dieses Bild von der Unschuld, die angesichts der Gewalt aufschreit, nur zu einem weiteren Teil des großen, allgemeinen Schimpfens über die Kultur, über alles, was man für das »Establishment« hielt.

Doch die »alternative« Sicht von Laing und Kollegen hatte nicht allzuviele Jahre Bestand und schlug auch keine nennenswerten Wurzeln, und natürlich ist sie auch nie ins orthodoxe psychiatrische Establishment vorgedrungen. Ein Grund dafür ist, daß diese Sicht auf einem Informationsmangel basierte. Das Gehirn ist keine paradiesische Tabula rasa. Es wird zusammen mit unserem Körper in eine verzerrte, vorbelastete Geschichte hineingeboren, *physiologisch* strukturiert und durch diese Vorbelastung prädisponiert. Das ist einer der Gründe, warum Prozac und andere Antidepressiva möglicherweise helfen können.

Laing verweigert sich bewußt der Komplexität der Depression, aber trotzdem weist er uns in die richtige Richtung. Natürlich kann nichts die Depression wünschenswert machen, doch sie läßt sich mit Sicherheit als angemessene Reaktion auf diese wahnwitzige Welt sehen. Ein Nervenzusammenbruch ist auf ganz ähnliche Weise als Strategie des verletzten Ich interpretierbar, sich selbst durch verwirrte Sprache und Gesten von den Dingen abzuschneiden, wie sie in einer Welt sind, in der nichts so ist, wie es sein sollte.

Wenn ich mich richtig an meine letzten Tage der unbehandelten Depression in den Jahren 1967 und 1968 erinnere, war die Verwandlung meiner Worte und Handlungen in etwas Merkwürdiges gewollt. Ich wollte die Brücken der Sprache zu einem menschlichen Universum abbrechen, das mich nicht zu wollen schien, und in dem ich verdammt, statisch, unverwandelt bleiben würde. Der darauf folgende Zusammenbruch fügte mir nur wenig Schaden zu und brachte mir viel Gutes, weil ich mich im Hinblick auf die Welt nicht getäuscht hatte. Allerdings versetzte mich dieser Zusammenbruch nicht wieder in einen Zustand der ursprünglichen Unschuld, und er verwandelte mich auch nicht in einen normalisierten, glücklichen Konsumenten-Bürger der Massengesellschaft.

Doch er zerstörte verhärtete, schlechte Kommunikation in meinem Innern und mit anderen und mischte die Bilder neu, die das Ich ausmachen. Er arrangierte meine Krankheit neu, so daß ich, zumindest den größten Teil der Zeit, mit einem kranken Gehirn und in einer Welt ohne Behagen – einer kranken Welt – zurechtkomme. Vielleicht bin ich – im Kramerschen Sinn – nicht »geheilt«, weil ich das nicht sein will; ein Leben ohne Wissen um das Leiden der Welt zu führen würde bedeuten, ein Dasein als Zombie zu fristen. Wenn es mir gelingt weiterzuhumpeln und gute Werke zu tun – und mich immer noch von dem Elend rund um mich herum rühren zu lassen –, werde ich mich nicht allzu laut über meine Krankheit beklagen, außer vielleicht Dr. Rosen gegenüber, der mich ohne mein Jammern sicher nicht wiedererkennen würde.

Falls ich mir überhaupt wünschen würde, von etwas geheilt zu werden, dann von dem Individualismus, der in mich eingeschrieben ist durch die Massenkultur, und der immer als moralisierendes medikalisierendes Menetekel an der Wand meines Gehirns präsent ist. Selbst noch nach Jahren der Therapie, der Medikamente, der wiederkehrenden Depressionen sowie des Nachdenkens über das alles kann ich mich dem Gedanken nicht entziehen, daß das, was nicht in Ordnung ist mit mir, eigentlich mein morscher Wille ist.

Selbst in den beherrschtesten, rationalsten Tagebucheinträgen bleiben meine Gedanken nur selten unbefleckt von fast schon obszönem Selbsthaß – *obszön* im Sinne von degradierend, demütigend und böse. Sogar noch beim Verfassen dieser Zeilen fällt es mir schwer, mir vorzustellen, daß dieses Elend, dieses Unglück, das mich schon so viele Jahre meines Lebens begleitet, keine schlechten Manieren und kein Simulieren sind, wie meine Kindheit in einer traditionellen Familie des amerikanischen Südens mich glauben machen wollte.

Schon beim geringsten Anlaß quäle ich mich mit Versagensängsten und Vorwürfen wegen meiner moralischen Verworfenheit, mit den Verirrungen, zu denen meine Dummheit, meine Feigheit oder meine Habsucht mich verleitet haben. Darauf folgt dann immer die *Demut*, ein Geisteszustand, der sich mit abrupter Klarheit vergleichen läßt, und plötzlich bin ich zufrieden, als hätte ich endlich die Lösung zu einem verzwickten mathematischen Problem gefunden.

Doch dann kommt ganz allmählich wieder eine Zeit nach der tödlichen Gewißheit – etwa jetzt, da ich die letzten Worte eines Buches schreibe, das sich nicht beenden läßt, es sei denn, ich gäbe dieselbe Hoffnung auf ein Ende auf, die ich zugunsten der Therapie aufgegeben habe. Es ist ein später Zeitpunkt in einem Leben, das im Licht begann und in Blut und Dunkelheit weitergeführt wurde – die Stunde der Dämmerung, berührt sowohl von der Ungewißheit des Sehens als auch der Schönheit des diffusen Glanzes, die das Ende des Tages mit sich bringt. Dieses stille Licht reicht mir. In seinem Schein kann ich den nächsten Schritt in die Dämmerung und das Unwissen des endenden Tages wagen, der mir gegeben ist.

12. Mai 1994
Himmelfahrtstag, Abend

es fing an im morgengrauen mit gebeten und kalten
regenstürmen und endete mit gebeten und einem kla-
ren himmel sowie einem eisigen wind aus nordwest,
wie er im mai noch kommen kann – mein großer dra-
chen, dieser rote, rechteckige fleck vor dem unendlichen

blau des spätnachmittags, straff gespannte leine zieht
mich am strand von Cherry Beach entlang –

der drachen kämpfte gegen die winde an, die von
jenseits des horizonts kamen, aus dem unwissenden
und der schönheit, auf die wir immer zustreben –

Himmelfahrtstag: und die leine, zerrissen vom
wind des geistes, hielt den drachenkörper von Jesus
nicht, der jetzt leicht ist nach dem schlag und dem zer-
fleddern und sich in den blauen maihimmel erhebt,
um alles mit seiner leichtigkeit zu erfüllen, am ende
der zeit und der dinge –

DANK

Es wäre mir nie in den Sinn gekommen, über mein Leben mit der chronischen Depression nachzudenken, wenn Anne Collins, die Chefredakteurin von *Saturday Night*, mich nicht Anfang 1993 gebeten hätte, für ihre Zeitschrift einen Artikel über dieses Leiden zu verfassen. Ich danke Anne für ihre Ratschläge bei der Entstehung dieses Artikels. Er sollte der Same werden, aus dem dieses Buch erwuchs – so daß ich mich noch einmal bei Anne bedanken muß, diesmal für ihre sorgfältige Redaktion, ihre Hilfe und ihre Ermutigung in allen Entwicklungsstadien des vorliegenden Werkes.

Dank schulde ich auch Jackie Kaiser, meiner Lektorin bei Penguin Books, für ihre sorgfältige und einfühlsame Lektüre in allen Stadien des Manuskripts sowie dafür, daß sie immer auf klarem sprachlichem Ausdruck bestand. Außerdem bedanke ich mich bei Jan Whitford, meiner literarischen Agentin und Beraterin; bei Mary Adachie, durch deren sorgfältige Bearbeitung viele Fehler beseitigt werden konnten; und schließlich bei Catherine Bradbury, der früheren Herausgeberin von *Destinations*, die mir den Auftrag zu der Reise nach Kiew gab, die ich im siebten Kapitel beschreibe.

Mein Dank geht auch an John Cruickshank, den Chefredakteur von *The Globe and Mail*, und Katherine Ashenburg, die Feuilletonchefin, dafür, daß sie mich in den letzten Wochen der Arbeit an dem vorliegenden Buch entlasteten; schließlich an meine Freunde Richard Rhodes und Antanas Sileika, die das Manuskript lasen, an den ehrwürdigen Ralph Spence und Reverend Patrick Doran für ihre hilfreichen Kommentare und an Lasha Roche für den Hinweis auf Jacques Lacarrières *The Gnostics*.

Meiner Tochter Erin Anne Bentley Mays sowie meiner geliebten Frau Margaret Cannon bin ich für ihre Geduld und ihre Bereitschaft, mich in meiner Schriftstellerei (und anderen

Schrullen) zu unterstützen, zu tiefer Dankbarkeit verpflichtet.

Des weiteren möchte ich die Gelegenheit wahrnehmen, den beiden Psychiatern meinen Dank auszusprechen, die ich in diesem Buch David und Dr. Rosen genannt habe – für die praktische Hilfe, die sie mir in fast dreißig Jahren Psychotherapie angedeihen ließen, und für die Einsichten in die Struktur der Depression, die sie mir gewährt haben. Falls es mir gelungen ist, die Kultur des Leidens in dem vorliegenden Buch zu erhellen, habe ich das meinen Autoren, Lektoren, Ärzten und Freunden zu verdanken. Für alle Fehler oder Fehleinschätzungen, die sich in das Buch eingeschlichen haben, bin jedoch ausschließlich ich selbst verantwortlich.

Ich habe, soweit möglich, im Text oder den Anmerkungen auf meine Quellen hingewiesen. Ein paar Schriftsteller und Philosophen allerdings beeinflussen mein eigenes Denken nun schon seit so vielen Jahren, daß ich sie hier eigens aufzählen möchte:

Der vielleicht wichtigste Einfluß ist Martin Heidegger; meine Gedanken über die Depression und viele andere Dinge lassen sich schon seit langem nicht mehr von Heideggers Kritik an der westlichen Kultur der Technologie, Sprache und Vorstellungskraft und von seinen Ansichten über die Tragödie, die wir innerhalb dieses kulturellen Rahmens leben müssen, trennen.

Ich habe das vorliegende Buch im zehnten Jahr nach Michel Foucaults Tod verfaßt, in einer intellektuellen Atmosphäre voll neuer Argumente über das Erbe und die Leistungen dieses Autors. Meine Überlegungen zu Macht und Zwang, zu Institutionen und zum Einfluß der Massengesellschaft auf jeden einzelnen verdanke ich Michel Foucault und Martin Heidegger. Sie haben mir die Augen geöffnet für die Alltäglichkeit der technologischen Gesellschaft, den Webstuhl der Macht und das ewige Einerlei der Massenkultur, mit denen das Leichentuch der Depression gefertigt wird.

ANMERKUNGEN

1 Aus: James Miller: *The Passion of Michel Foucault*. New York: Doubleday, 1993, S. 55. – Das Originalzitat stammt aus »Un plaisir si simple«, *Dits et Ecrits*. II (1979), Nr. 264, S. 778–79. Gallimard, 1994: »Notre mort, il nous faudrait avoir le droit de la préparer, l'arranger, la fabriquer pièce à pièce, la calculer, au mieux en trouver les ingrédients, imaginer, choisir, prendre conseil, la travailler pour en former une œvre sans spectateur, qui n'existe que pour (nous seuls), juste le temps que dure la plus petite seconde de la vie.«

2 Aus: Guido Ceronetti: *The Silence of the Body. Materials for the Study of Medicine*. New York: Farrar, Straus and Giroux, 1993, S. 47. – Dt.: *Das Schweigen des Körpers. Materialien und Gedanken zu einem Studium des Menschen*. Aus d. Ital. v. Christel Galliani. Frankfurt/M.: Suhrkamp, 1990, S. 58.

3 Julia Kristeva: *Black Sun. Depression and Melancholia*. New York: Columbia University Press, 1989. – Dt.: *Schwarze Sonne – Depression und Melancholie*. Frankfurt/M.: Suhrkamp, in Vorbereitung.

4 Aus: Sigmund Freud: *Trauer und Melancholie* (1917[1915]). In: Studienausgabe, Bd. III, *Psychologie des Unbewußten*. Frankfurt/M.: S. Fischer, 1969, S. 201.

5 Herman Melville: *Moby Dick*. Aus d. Engl. v. Thesi Mutzenbecher. Hamburg: Claassen, 1984 (1955), S. 23, 30.

6 Norman O. Brown: *Life Against Death. The Psychoanalytical Meaning of History*. New York: Vintage Books, 1959. Dt.: *Zukunft im Zeichen des Eros*. Neske, o. J.; *Love's Body*. New York: Vintage Books, 1966.

7 Sigmund Freud: *Über Psychonanalyse*. Fünf Vorlesungen, gehalten zur zwanzigjährigen Gründungsfeier der Clark University in Worcester, Mass., Sept. 1909. Aus: Sigmund Freud: *Darstellungen der Psychoanalyse*. Frankfurt/M.: Fischer Bücherei GmbH, 1969. V. Vorlesung, S. 96.

8 Sigmund Freud: *Vorlesungen zur Einführung in die Psychoanalyse* (1916–17[1915–17]). *Die analytische Therapie*. Studienausgabe, Bd. I. Frankfurt/M.: S. Fischer, 1969, S. 438.

9 Sigmund Freud: *Die analytische Therapie*. A.a.O., S. 433.

10 Sigmund Freud: *Trauer und Melancholie*. A.a.O., S. 198.

11 Sigmund Freud: ebenda, S. 199.

12 Sigmund Freud: ebenda, S. 200.

13 Sigmund Freud: ebenda, S. 201.

14 Sigmund Freud: ebenda, S. 202.

15 Guido Ceronetti: *Das Schweigen des Körpers*, A.a.O., S. 14.

16 Janet Oppenheim: *Doctors, Patients, and Depression in Victorian England.* New York/Oxford: Oxford University Press, 1991, S. 5.

17 Janet Oppenheim: ebenda, S. 6.

18 Ein von R. D. Laing überliefertes Zitat von Jean Paul Sartre. In: Ronald D. Laing: *Das geteilte Selbst.* Köln: Kiepenheuer & Witsch, 1972, S.149.

19 Emile M. Cioran: »On a Winded Cicilization«, in: *The Temptation to Exist.* New York: Quadrangle/The New York Times Book Co., 1968. Dt.: *Dasein als Versuchung.* Übertragen von Kurt Leonhard. Stuttgart: Klett-Cotta, 1983, S. 27.

20 Norman O. Brown: *Zukunft im Zeichen des Eros. Studien zur Analität – Kot-Visionen.* A. a. O., S. 225.

21 Zitat aus FILE (Herbst *1975*), zit. von Jo-Anne Birnie Danzker in *General Idea's 1984 and the 1968–1984 FILE Retrospective.* Vancouver/Toronto: Vancouver Art Gallery and Art Official Inc., 1984. Diese Ausgabe von FILE war gleichzeitig Katalog einer Ausstellung in der Vancouver Art Gallery, 8. Juni bis 29. Juli 1984.

22 Aus: Maurice Blanchot: »The Essential Solitude«, in: Maurice Blanchot, hrsg. v. P. Adams Sitney: *The Gaze of Orpheus and other Literary Essays.* Übers. v. Lydia Davis. Barrytown; N. Y.: Station Hill Press, 1981, S. 62–77.

23 B. E. Leonhard: »Speculation on the Biochemical Basis of Depression«, in: S. Gershon, M. H. Lader et al.: *New Directions in Antidepressant Therapy.* London: The Royal Society of Medicine and Academic Press, 1981, S. 9, 11.

24 Louis S. Goodman, Alfred Gilman et al. (Hrsg.): *The Pharmacological Basis of Therapeutics.* 9. Aufl., New York: Pergamon Press, 1992.

25 *Diagnostisches und statistisches Manual psychischer Störungen DSM, IV.* Deutsche Bearb. u. Einf. v. Henning Saß, Hans-Ulrich Wittchen und Michael Zandig. Göttingen: Hogrefe, 1996, S. 384.

26 Broschüre *Prozac: Fluoxetine Hydrochloride* (Indianapolis: Eli Lilly and Company, bearb. 25. Juli 1991). Die wissenschaftlichen und auch einige klinische Informationen über Prozac habe ich dieser Broschüre sowie folgenden populären Publikationen entnommen: Paul Star, Ray W. Fuller/David T. Wong: »The Pharmacological Profile of Fluoxetine«, in: *The Journal of Clinical Psychiatry.* Bd. 46, Nr. 3 (März 1985),S. 7–13; *Talk Paper.* 1990 und 1991, eine Information der amerikanischen Food and Drug Administration, von den Scientologen während einer Hetzkampagne gegen Prozac veröffentlicht.

27 In *The Burning House: Unlocking the Mysteries of the Brain.* Toronto: Viking Books, 1994, schreibt der kanadische Autor Jay Ingram, Blutegel saugten »mit sehr viel größerem Enthusiasmus«, wenn man sie in Serotonin taucht. Er überlegt, was passieren würde, wenn ein Cottage-Bewohner »seinen

gesamten Sommervorrat an Prozac ins Wasser neben dem Pier kippte«. Ingrams übersichtliches Kapitel über Neuronen und Neurotransmitter gehört zu den wenigen Einführungen in dieses komplexe Thema, die auch Laien sofort verstehen. Als Quellen für meine Zusammenfassung habe ich verwendet: Ingrams *Burning House*, S. 31–41; Timothy J. Teyler: *A Primer of Psychobiology: Brain and Behavior.* San Francisco: W. H. Freeman and Company, 1975, passim; U. S. von Euler: »Historical Perspective«, in: Per Hedquist et al. (Hrsg.), *Chemical Neurotransmission: 75 Years.* London/New York: Academic Press, 1981; und besonders Sherwin B. Nulands historische Diskussion der Neurotransmitter in seiner Attacke gegen Peter D. Kramers *Listening to Prozac* in *The New York Review of Books,* Bd. XLI, Nr. 11 (9. Juni 1994). Die Vorstellung, die dahintersteckt, daß in diesem Prozeß »feine Flüssigkeiten« (»subtle fluids«) eine Rolle spielen, wird in Oppenheim: »Shattered Nerves«, S. 81, erläutert.

28 Christopher Lasch: *The Culture of Narcissism. American Life in an Age of Diminishing Expectations.* New York: Warner Books, 1979. Dt.: *Das Zeitalter des Narzißmus.* München: Steinhausen, 1980.

29 Christopher Lasch: ebenda, S. 11.

30 Christopher Lasch: ebenda, S. 12.

31 Christopher Lasch: ebenda, S. 14 f.

32 Robert Hughes: *Culture of Complaint. The Fraying of America.* New York/Oxford: Oxford University Press, 1993.

33 Jackson Lears: »A Psychic Crisis: Neurasthenia and the Emergence of a Therapeutic World View«, in: *No Place of Grace: Antimodernism and the Transformation of American Culture 1880–1920.* New York: Pantheon Books, 1981, S. 47–58.

34 George Miller Beard: Zit. in Lears: *No Place of Grace.* A. a O., S. 51.

35 Anne Collins: *In the Sleep Room. The Story of the CIA Brainwashing Experiments in Canada.* Toronto: Lester & Orpen Dennys Publishers, 1988.

36 Peter D. Kramer: *Listening to Prozac. A Psychiatrist Explores Antidepressant Drugs and the Remaking of the Self.* New York: Viking, 1993. Dt.: *Glück auf Rezept. Der unheimliche Erfolg der Glückspille Fluctin.* München: Kösel, 1995.

37 *The Discarded Image.* Cambridge University Press, 1966; S. 165 ff.. Vgl. auch Donald Mender: *The Myth of Neuropsychiatry: A Look at Paradoxes, Physics and the Human Brain.* New York/London: Plenum Press, 1994, bes. d. Kap. »Neuropsychiatry and the Philosophy of Mind«, S. 31–45.

38 Peter D. Kramer: *Glück auf Rezept.* A. a. O., S. 322.

39 Peter R. Breggin/Ginger Ross Breggin: *Talking Back to Prozac. What Doctors Aren't Telling You About Today's Most Controversial Drug.* New York: St. Martin's Press, 1994.

40 Simone Weil: *Waiting for God.* New York: Harper Torchbooks, 1973, S. 117–136.

41 Michel Foucault: »The Life of Infamous Men«, in: *Power, Truth, Strategy.* Aus d. Franz. v. Paul Foss/Meaghan Morris, hrsg. v. Meaghan Morris/Paul Patton, Sydney: Feral Publications, 1979, S. 77–91.

42 Prakash Masand/Sanjay Gupra, Mantosh Dewan: *Suicidal Ideation Related to Fluoxetine Treatment.* In: *The New England Journal of Medicine,* Bd. 324, Nr. 6 (7. Febr. 1991).